陕西出版资金资助项目

西安佛教祖庭

王宏涛　著

西安电子科技大学出版社

图书在版编目(CIP)数据

西安佛教祖庭/王宏涛著. —西安：西安电子科技大学出版社，2015.11

ISBN 978-7-5606-3905-5

Ⅰ. ① 西… Ⅱ. ① 王… Ⅲ. ① 佛教—寺庙—介绍—西安市 Ⅳ. ① B947.241.1

中国版本图书馆 CIP 数据核字(2015)第 268893 号

策　　划　高樱
责任编辑　马武装　高樱
出版发行　西安电子科技大学出版社(西安市太白南路 2 号)
电　　话　(029)88242885　88201467　　邮　　编　710071
网　　址　www.xduph.com　　电子邮箱　xdupfxb001@163.com
经　　销　新华书店
印刷单位　虎彩印艺股份有限公司
版　　次　2015 年 11 月第 1 版　2015 年 11 月第 1 次印刷
开　　本　787 毫米×960 毫米　1/16　　印　张　21.5
字　　数　425 千字
印　　数　1～3000 册
定　　价　36.00 元

ISBN 978-7-5606-3905-5/B

XDUP 4197001-1

序

前段时间，王宏涛给我发来他最近完成的一部书稿《西安佛教祖庭》，希望我能写一篇序言。一开始，我还觉得这个选题是否有点老了，因为这几年很多学者和很多部门都在关注祖庭问题，并通过多篇论文、多种专题片、资源共享数据库、各类图册、各种形式的著作、专项规划、研究生学位论文等不同形式完成和出版了大量的成果。但看了书稿之后，我觉得他在这本书中对有关佛教祖庭的资料进行了更加深入的挖掘，并在趣味性、资料性、系统性、细致性等方面有重大进展，不但对以前出版的各种佛教祖庭的成果有所继承，更可贵的是实现了很多超越，读之令人耳目一新，不禁欢喜赞叹。

与此同时，新的形势也使这一看似陈旧的选题焕发了新的生机，而新生机所携带的对祖庭文化的认识也呼唤着更加全面深入的祖庭研究成果的出现。稍微注意一下这几年的形势，大家会发现，当今时代在对待佛教文化传统方面，已非前些年那样的拘谨保守与故步自封，尤其是自从习主席在联合国教科文组织总部讲演中对佛教文化给予高度肯定之后，以及习主席相继多次谈及玄奘、法显、道元、金乔觉等佛教大师的文化贡献，并陪同印度总理莫迪参观大慈恩寺，多次接见星云大师，这些令人惊异的动作表明国家对佛教中所蕴含的文化资源及其价值的认识获得空前提升，对佛教文化的重视也达到新中国成立以来最佳的时代。与此同时，陕西大慈恩寺、兴教寺、大荐福寺、大佛寺等四处佛教寺院于2014年荣登联合国世界文化遗产名录，引起整个国人的惊喜。此后陕西又相继出台了很多与祖庭文化相关的策划，正在推进之中的有陕西省文物局负责的六大祖庭打包申遗，陕西省宗教局负责的祖庭调研、陕西省佛教协会负责的各大祖庭博物馆建设等。所以，可以这样说，西安电子科技大学出版社高樱策划的《西安佛教祖庭》一书，正是敏锐地捕捉到这一文化动态，并努力推动这一文化资源的研究日趋完善、促进这一文化的底蕴持续彰显、激发这一文化资源的价值实现转化的睿智之举。

回想起来，我与陕西佛教的祖庭也算因缘殊胜。早在高中时期就参观过唯识宗祖庭兴教寺；大学时期参访过密宗祖庭大兴善寺，唯识宗祖庭慈恩寺；研究生时期，巡礼过三论宗祖庭草堂寺、华严宗祖庭华严寺、净土宗祖庭香积寺。毕业后在陕西省宗教局工作了八年，更是经常视察各大祖庭，并与这些祖庭当年的住持和方丈们建立了友好的关系。到西北大学工作后，因为教学和研究的需要，经常到这些祖庭进行调研和参礼，与各个祖庭现任的住持和方丈们也保持着密切的来往。他们对祖庭的感情以及护持与传承的事迹也常常让我感动，他们在彰显祖庭文化个性过程中所表现出来的智慧与方便也成为我在课堂上时常会提及的现代佛教发展变化的典型案例。

2006年，陕西省政府启动“陕西中国汉传佛教祖庭调研”项目，时任副省长的张伟先生担任课题组长，西北大学佛教研究所承担其中的研究任务，最后形成一本集体完成的著作《陕西·中国汉传佛教祖庭研究》。从那个时候开始，我比较系统地关注祖庭的相关问题。2012年，我作为文化部批准的“陕西佛教祖庭文化资源宝库”项目专家组组长，指导陕西省文化资源共享工程办公室对全省佛教祖庭寺院进行调研和资源的汇总整理工作。2014年，陕西佛教祖庭文化资源宝库中的一个成果《秦川佛韵》由陕西音像出版社正式出版发行，并作为第27届世界佛教徒联谊会的指定礼品。在本成果的新闻发布会上，我作为专家组组长及本专题片内容的主设计者，对该专题片的基本框架与创作情况作了说明。该专题片由文化部全国公共文化发展中心、陕西省文化厅、全国文化信息资源共享工程陕西分中心联合出品，由《宗风浩荡》、《龙象云集》、《楼台烟雨》、《法事威仪》、《法相庄严》、《梵音清幽》、《素味平生》、《法苑清韵》、《奇宝传世》九集组成，分别讲述了陕西佛教六大宗派的渊源与特色、各大宗派的祖师、祖庭寺院建筑、法事活动、佛教造像、佛教音乐、佛教素食、佛教文学、佛教文物等，以六大宗派的祖庭为主线，全方位展现陕西佛教文化资源的无穷魅力，堪称目前展现陕西佛教文化最全面、也是最好的一部专题片。

在提交这一文化共享工程网络成果的序言中，我对祖庭问题进行了一些初步的思考。这一序言后来蒙南京大学洪修平先生主编的《佛教文化研究》的厚爱，全文收入，正式发表。在这个序言中，我认为，所谓祖庭，就是中国汉传佛教各宗派的发源地或具有发源地象征意义的寺院；而所谓一个宗派发源地是指该宗派祖师尤其是创教祖师著书立说、修行实践、弘法传教的寺院；所谓具有发源地象征意义的寺院则是指该宗派祖师尤其是创教祖师圆寂后舍利供奉的寺院；所谓创教祖师是指历史上公认的该宗派创立时期为该宗派的正式形成做出巨大贡献的祖师。因为中国汉传佛教宗派很多，而一个宗派的形成必然经过数代的努力，所以一个宗派内部也有多个创教祖师，加之一个祖师的活动地和舍利供奉地一般不会限于一个寺院，于是，一个宗派肯定是多祖庭的，而整个中国汉传佛教的祖庭就更多了。

关于祖庭的标准，至今还没有一个权威而统一的说法。我认为，凡是符合以下任何一种条件的寺院，均可视之为祖庭：第一，在历史上被奉为一个宗派之祖师的人，生前著书立说、译经弘教、收徒传法的寺院；第二，在历史上被奉为一个宗派祖师的人圆寂后舍利供奉之地；第三，被奉为祖师的人出家和驻锡过的寺院。那么，什么样的人会被奉为祖师呢？在中国佛教历史上，一个宗派的祖师序列是不同时代逐渐形成的，凡是在该宗派历史上做过重要贡献的人都可能被奉为祖师。一般来说，这种重要贡献是指以下几个方面：第一，该宗派所奉经典的翻译者和最初的弘扬者，如三论宗中土初祖鸠摩罗什，唯识宗中土初祖玄奘，密宗中土前三代祖师善无畏、金刚智、不空；第二，该宗派所奉经典的最初和最主要的注释与弘传者，如天台宗的智顗、律宗的道宣、三论宗的吉藏、华严宗的前三代祖师等；第三，该宗派所宗奉的思想与信仰以及修行方法的最初倡导者或最重要的推广者，如净土宗的慧远和善导之后的各位祖师；第四，与该宗派理论情趣与修行风格一致或因为具有一定关联性而被后世奉为祖师，如禅宗的初祖菩提达摩；第五，为该宗派的复兴或发展做出巨大贡献的，如华严宗的第四代祖师澄观，净土宗第十三代祖师印光等。

按照这个标准，历史上的佛教祖庭应该是很多的。但是，由于以下原因，今天被奉为祖庭的寺院为数不多：第一，很多具有祖庭资格的寺院早已堙没无存，如净土宗祖庭长安光明寺和实际寺，三论宗祖庭长安定水寺和日严寺，华严宗祖庭义善寺和云华寺；第二，被奉为祖庭的一般只限于创教祖师生前活动地和圆寂后舍利供奉地，而中国佛教宗派的形成在宋代之前就已经完成，所以，祖庭一般仅指宋以前各宗派祖师活动地和舍利供奉地；第三，受中国传统宗法制的影响，寻根问祖习俗更容易趋向一个单一的祖庭，所以一些在理论上可以被奉为祖庭的寺院并没有受到应有的重视，甚至失去了祖庭的名分；第四，八大宗派在隋唐时代成为中国佛教理论创新或理论昌盛的标志，为印度佛教在中国的扎根和中国佛教发展奠定了雄厚的基础，而在宋以后，这些宗派的历史影响力大降，在禅净合一的总体格局下，宗派特色消失，中国佛教实现了历史的转型，所以，除了禅宗的传承依然维系之外，菩萨信仰、经忏佛事、念佛往生、行善积福等成为佛教的主流，彻底淹没了宗派形态的佛教，而建立在宗派基础上的祖庭自然大受冷落，不受重视；第五，中国的佛教宗派不像日本那样强烈，若以日本的宗派为标准，甚至可以说中国没有宗派，尤其是禅宗之外的各个宗派，传承谱系并非绝对严格，祖师的追奉也很随意，甚至存在争论，权威性受到一定程度的影响，这也会影响到对祖庭的追奉；第六，很多人对佛教历史不是很清楚，尤其是对佛教历史与现实的佛教寺院之间的关联不够重视，不了解与祖师有关的寺院今天是否存在以及今天的寺院是否为历史上祖师的活动地，所以，很多祖庭处于无名分的状态。仅以陕西为例，若按照公认的祖庭标准，悟真寺和圣寿寺则可视作净土宗的祖庭，因为善导生前曾经在悟真寺弘法和修行，印光祖师生前曾驻锡圣寿寺而圆寂后部分舍利也供奉于此；草堂寺也可视为华严宗的祖庭，因为澄观和宗密都曾经在这里著书立说，为华严宗的发展壮大做出了重要贡献；大荐福寺可视为密宗的祖庭，因为金刚智曾经在这里译经传教。因为上述原因，这些寺院一般并没有被认定为祖庭。可见，所谓祖庭，不但是历史已经给予的馈赠，而且是经历时光冲击淹没之后的现实遗存，更是当今世人的一种公认，堪称一种独特而稀珍性的佛教文化资源。

陕西有中国汉传佛教六大宗派的祖庭，其中三论宗堪称中国佛教的第一个宗派，其祖庭是位于户县的草堂寺，该宗以研习古代印度高僧龙树、提婆师徒二人的《中论》、《百论》和《十二门论》而得名，创宗祖师是鸠摩罗什、僧肇、僧朗、僧诠、法朗、吉藏。华严宗的祖庭是长安区少陵塬畔的华严寺和终南山至相寺，以研究《华严经》而得名，创宗祖师为杜顺、智俨、法藏、澄观和宗密。唯识宗的祖庭是西安市雁塔区的大慈恩寺和长安区少陵塬畔的兴教寺，以弘扬法相唯识为宗旨，创始人是玄奘、窥基、神昉、玄应、圆测、慧沼、智周等。律宗的祖庭是长安区沣峪口内的净业寺，以研习《四分律》得名，实际创始人为道宣，在道宣之前有昙柯迦罗、法聪、道覆、慧光、道云、道洪、智首八代祖师，在道宣以后，依次传周秀、道恒、省躬、慧正等人。因实际创始人道宣长住终南山，所以该宗也叫南山宗。净土宗的祖庭是长安区神禾塬上的香积寺和蓝田县终南山悟真寺，以念诵阿弥陀佛名号、祈求往生西方净土而得名。先后对净土宗的成立做出贡献的有东晋的慧远、北朝的昙鸾、隋代的道绰、唐代的善导等，其中善导的贡献最大。善导之后还有承远、法照、少康等人。密宗的祖庭是西安市兴善寺西街的大兴善寺，主张身、口、意三密相应，因此得名，创宗祖师是“开元三大士”善无畏、金刚智、不空。不空的弟子惠果在青龙寺传法给日本僧人空海，空海回国后开创了日本真言宗。

另外，具有宗派性质的三阶教也产生和壮大于陕西地区，曾经在历史上引起强烈反响，堪称一种重要的宗教文化和社会现象，至今依然是国际学术界非常重要的研究对象，该宗派的祖庭是位于终南山下的百塔寺，实际创始人为隋代的信行。还应该特别一提的是，既超越宗派又为各宗派共同崇敬的佛指舍利供奉地——法门寺，因为在佛教信仰当中被认为是阿育王时代传入中国的释迦牟尼佛真身供奉之地而具有崇高的地位，尤其是在唐代成为最重要的佛教朝圣之地，从某种侧面来看，具有各个宗派总祖庭的象征意义。在天台宗和禅宗的历史上，陕西也拥有很重要的地位。天台宗也叫法华宗，该宗以《法华经》而得以建立起来，而《法华经》译于陕西终南山草堂寺。禅宗的实际创始人为慧能，慧能对《金刚经》极为推崇，而在慧能之前，禅宗的理论情趣与修行实践已经由《楞伽经》转为《金刚经》，可以说，《金刚经》就是禅宗的宗经，而《金刚经》也翻译于陕西。禅宗所依据的其他一些经典，如《维摩经》、《心经》等也翻译于陕西终南山。所以，这两大宗派的祖庭虽然不在陕西，但陕西终南山里面有它们的文化之源，有它们的圣地。

王宏涛于 2008 年 9 月到 2011 年 7 月间，在西北大学世界宗教文化专业下跟我从事佛教历史的学习与研究。他的毕业论文的选题与我的兴趣完全吻合，就是佛教菩萨信仰研究，我的几个博士研究生也都将毕业论文的选题确定在文殊菩萨、弥勒菩萨等方面，而他就选择了更具有难度的普贤菩萨信仰研究。当然因为时间所限制，他只是作了域外普贤菩萨信仰的初步探索。他的论文尽管还需要进一步深化与拓展，但在一片荒芜的普贤研究现状中，开创了一个基本的框架，形成了一个比较合理的体系，从而在整个学术界树立了一个新的佛教信仰研究的山头，为他以后以及学界其他人以后的研究奠定了基础，这是非常有学术意义的。

在西安读博士期间，宏涛在我主持的雁塔论坛中，主讲了十一次，成为主讲次数最多的人，其中八大宗派每个宗派各有一次讲座，形成一个完整的佛教文化系列。这对他以后的宗派研究起到了很大的促进作用。我为此感到很欣慰。这既是诸多善缘相助的结果，更是他个人不辞辛苦、积极努力的结果。

2009 年，西安出版社的编辑找我编写一本有关西安佛教寺院的书，我便将这个任务交给了宏涛，希望由他来独立完成这本书的写作工作。宏涛愉快地接受了这个任务，并按时且圆满地完成了编写任务。他的认真态度和创新的精神都在这本书中得到了体现，该书发行之后得到社会的良好反响，成为他在佛教文化研究和文化资源挖掘利用方面取得的一个重要成就，为此我们专程请来几位编辑座谈聚餐，庆贺这一可喜的成果。这次，西安电子科技大学出版社的编辑高樱将她亲自策划的“西安佛教祖庭”课题交给宏涛完成，我觉得她的作者人选是明智的。现在，经过一年多的艰苦写作，《西安佛教祖庭》一书及时出版，使这一殊胜的佛缘终于走向成熟。

宏涛撰写的《西安佛教祖庭》一书，是根据新的形势和要求写作的。我粗略翻阅了一下，觉得与当初他写的《西安佛教寺庙》尽管题目相近，却基本没有重复。宏涛这次主要使用出土碑刻、地方志、各种相关文献，对各大祖庭的历史进行抽丝剥茧式的梳理。他对文献搜罗很细，几乎参考了已经出版的所有相关研究成果，因而写作态度是认真的，思路是清晰的，特色是鲜明的，效果是令人满意的。对其中存在的极个别问题，我也坦承指出，希望他能再做斟酌或修改。我觉得西安佛教祖庭的书已经有了一些，但真正篇幅适中、定位恰当、内涵饱满、图文并茂、雅俗共赏同时又有一定深度的书还真是缺乏，所以，他这本书的出版，堪称陕西佛教文化建设进程中的一部力作，不但具有学术的价值，而且具有重要的现实意义，我为本书的出版感到由衷的高兴，因此我很乐意为之作序。

李利安

2015年8月8日

※※ 目　　录 ※※

唯识宗祖庭大慈恩寺

在长安漫长的历史上，曾出现过秦皇、汉武那样的杰出帝王，卫青、霍去病那样的勇猛战将，魏征、房玄龄那样的治世能臣，李白、杜甫那样的盖世文豪。然而，当千年历史的云烟散去，我们惊异地发现，过去被人崇拜不已的帝王将相，维护的不过是等级森严的封建社会，那种文化现在已经落伍；李白、杜甫只能算是西安历史上的过客，沧海桑田，他们诗中描绘的长安和现在的西安，已经差别很大。我们最终发现，今天依然拥有亿万信众，竟然只能是玄奘法师。玄奘法师担任第一任住持的大慈恩寺，仍旧坐落于现在西安市的中心，是西安地区闻名遐迩的旅游胜地；玄奘法师亲手建立的大雁塔，甚至还成为西安市的标志性建筑。玄奘身上表现出的志向远大、勤奋好学、不畏生死、坚定意志、爱国敬业、开放进取的精神与不崇洋、不媚外、不自大、不自卑的人生态度，毫无疑问已经成为西安文化的核心与精髓，成为西安文化的活的灵魂。

李利安教授认为，唐代是印度佛教输入中国的高峰时期，而印度佛教输入中国的第一步就是佛经翻译，所以唐代形成国家鼎力支持、僧俗密切配合、中外高僧协作的译经新局面，并在译经理论与方法、译经数量与质量、译经品种与内容等方面实现了空前的突破。中国五大译师中的玄奘、义净、不空都活跃于这个时期，并因此形成了玄奘所在的大慈恩寺、义净所在的荐福寺、不空所在的大兴善寺三个各具特色的翻译中心。玄奘的翻译成就，无论质量还是数量都是前无古人，后无来者。他一生共译出经论 75 部，总计 1335 卷。玄奘译笔之精审，所选经论之重要性，都为前人所不及。他在长安的译场—大慈恩寺也成为当时全国最大的佛经翻译场所。

大慈恩寺因玄奘、窥基两位唯识宗的创立人在此长期从事创宗立派的活动，成为唯识宗当之无愧的第一祖庭。唯识宗被称为“最印度化的中国佛教宗派”，对后世的中国佛教影响深远。就让我们先了解一下唯识宗吧！

一、唯识学概论

唯识学传于古印度，早在部派甚至原始佛教阶段，印度就有唯识思想存在，但多是蕴含在各个派别里，尚没有系统化、体系化。大乘佛教兴起以后，倡导一切皆空的般若思想兴盛一时。但是，般若思想尽管论证庞大，却存在两个致命的缺陷：其一，倘若按照《金刚经》的说法，修成正果后的佛身也是个“空”，那么修行还有什么用？其二，倘若一切都是空，那么轮回的主体也是“空”，如此则是什么在轮回？轮回还有什么意义？

般若思想的这两个缺陷如果不修正，佛教将面临失去信众甚至修行者的危险。因此在大约 4 世纪时出现了如来藏思想。“如来藏”即西方哲学意义上的“本体”，它遍在于一切，当然也存在于包括人类在内的众生身上，即为“佛性”。“如来藏”作为修行的目的当然不是空的，故而讲佛“不空”的涅槃思想继而兴起，可视为如来藏思想的发展。涅槃学说肯定佛身有“常、乐、我、净”四大美德，肯定了佛身不空，这样就解决了第一个问题，即确立了佛教的修行目标“不空”的理论。《涅槃经》又提出了“一切众生皆有佛性”，也是如来藏思想的发展。从轮回的主体的角度确认了个体修行的意义。

但如来藏思想也有自己的缺陷，如果“如来藏”遍在于一切，那么它就不可能只存在于“六道众生”，“器世间”的一切事物应该都有如来藏在里面。而这与佛教的传统理论不一样。因此，在公元5世纪，无著、世亲兄弟出，在前人的基础上提出了系统化的唯识学说，建立了瑜伽行派。他们的理论以《解深密经》为宗经，以《瑜伽师地论》为根本理论，紧紧围绕“有情世间”的众生，从“识”这个中心出发去观察和解释世界，极大地丰富了大乘佛教的理论。两人写出了大量的唯识论著，尤其世亲更被尊为“千部疏主”，奠定了唯识学的基础。世亲的最后一部著作为《唯识三十论》，但只有颂文，来不及解释他就圆寂了。围绕他的这部论著，后辈学者们进行了不同的著述，有名的有亲胜、火辩、德慧、安慧、难陀、净月、护法、胜友、最胜子、智月。一时间大师辈出，兴盛一时。

唯识宗祖庭西安大慈恩寺山门

瑜伽行派的理论重心是“识”，他们否定客观世界的存在。之所以得出这样的结论，是他们意识到了认识的细微差别。譬如，同样的气温，有人感觉很热，有人感觉不热，如果气温是客观的，为何个体的感觉却不尽一样？再如，同样一碗汤，有人觉得咸，有人则觉得甜，那么这碗汤究竟是咸还是甜？同样一个女人，有人觉得长相一般，但在情人眼里则是“西施”，那么这个人的模样还是不是客观的？

瑜伽行派将个体的“识”进行了详细的区分，总的来说，分为“心王”

与“心所”。“心王”包括“眼、耳、鼻、舌、身、意、末那、阿赖耶”等八识，称“八识心王”。“心所”即“心所有法”，即伴随着心王而兴起的各种心理现象。譬如说，你进入服装店买衣服，要眼睛先看到衣服的颜色和款式，这是眼识在起作用，然后因为你看到了这种颜色和款式而在内心升起喜欢或厌恶的情绪，这种情绪即心所，因为它为心王所有，是伴随着心王而产生的。再如，你心里想到某个人，这是意识心王在起作用，随之产生的对这个人的感受则属于心所有法。心所有法有很多种，这里不能一一介绍，感兴趣的可以参考《百法明门论》，里面有详细的介绍。

“八识”中的六识实际上部派佛教即已建立。瑜伽行派的贡献主要是建立了最后两识。瑜伽行派认为，如果只有六识，则在人休克期间，前六识均停止活动，而生命并未死亡，可见，除了六识之外，一定还有一个识在维持生命的延续，那就是“末那识”。这个识的特点就是恒常不断地执著，是我法二执产生的原因。所以说，一切“无明”的颠倒认识，也都发源于此识，故也称“染污识”。末那识也就是我们俗称的“自我心”，在人休克期间，它紧紧地将构成人体基本要素的“地水火风”四大元素抓住，尽量不让它们消散：“再等一会儿，再等一会儿，医生就来了。”那么末那识是不是最后一个识？不是。因为人在轮回转世后不记得上一世的任何事情，而末那识对于上一世的事情十分执著，所以轮回转世的主体应该不是末那识，而是另外还有一个识。另外，建立了末那识之后，问题接踵而来，前六识都有“根”，第七末那识肯定也有“根”，这个“根”就是第八“阿赖耶识”。第七识与第八识相互为根，就完成了八识的建立。

阿赖耶识又称“本识”、“藏识”、“种子识”等。它是个体生命之基体，是个体生命轮回的主体。众生所作所为就像香草熏衣服那样可以熏习出“种子”藏在阿赖耶识里。个体死亡时，前七识都没有了，但阿赖耶识仍然存在。众生此生的命运也就是由前世和今世所熏习的“种子”决定的。“种子”是一种比喻，实际上即“业力”，“业力”总要有“果报”，就像种子总会发芽一样。种下善因就会有善报，种下恶因就会有恶报。有的种子不在今世报，而是报在来世，因为阿赖耶识并不会随着个体肉体的死去而消失。这正是作为佛教基石的因果报应理论的理论依据。

每个“识”都有其内部结构，可分为“见分”、“相分”、“自证分”、“证自证分”四部分。瑜伽行派认为，阿赖耶识和种子都是实际存在的。而“种子”总要“发芽”，即“起现”。“种子”起现可分为“见分”与“相分”。“相分”即认识的对象，“见分”即认识能力。前世所熏习的种子显现为宇宙万物，众人所见略同则是由于大家无始以来所熏习的“共业种子”所变现的。众人所见不同则归于前世所熏习的种子的不同。自己的见分若依自己的识所变的“相分”为缘，即认识对象，那这个认识对象就叫“亲所缘缘”。自己的见分若依他人的识为认识对象，则这个认识对象就被称为“疏所缘缘”。

自己能够觉察到“见分”与“相分”，即认识能力和认识对象，进而认识到这些均来自于自身的能力就是“自证分”。而能觉察到“自证分”的存在并对其进行反省的能力就是“证自证分”。熊十力先生曾经形象地将“相分”比作顾客，将“见分”比作伙计，将“自证分”比作老板，将“证自证分”比作老板娘。没有“证自证分”，则识就会执著于所见的对象，永远将之视为实有，个体也就永远无法解脱。

瑜伽行派将阿赖耶识和种子视为“实有”，所以被称为“有宗”。基于这种世界观，瑜伽行派按照修行的不同阶段提出了独特的“三性理论”，即“遍计所执性”、“依他起性”、“圆成实性”。“遍计所执性”是未闻正法之人对依众缘而生的现象界的属性的认识，即凡夫的我法二执。“圆成实性”是已经解脱、修成正果的人所认识到的世界的属性。“依他起性”则是正在修行的人对世界的属性的认识。开始熏习正法时，熏习一个清净种子，就转一分染性，也就成就一分“清净依他性”；未被转净的就是“染分依他性”。故“遍计所执性”都是染污性，“圆成实性”则全是清净性；而“依他起性”则是部分染污，部分清净。随着修行者的进度越来越高，清净种子越来越多，也就离成佛越来越近，这大概就是《瑜伽师地论》所讲的主要内容。

唯识学在印度的发展经历了“无相唯识”与“有相唯识”两个发展阶段。前者也称为“唯识古学”，后者称为“唯识今学”。唯识论师中，亲胜、火辩、难陀、安慧属于唯识古学，而陈那、护法则属于唯识今学。

古学与今学的区分最重要的是对“见相二分”的性质的认识有重大不同。古学认为见分和相分都是“遍计所执”，实际是“无”。无相是指彻底的空无不有，因为分别(遍计所执)是心识在认识中产生的错误概念，没有与其相对应的实体，只是凡夫位的人将他们执著为有而已。而今学则认为“见相二分”属于“依他起”，故是“有”。唯识今学也否定离识之外境，但不是否定不离识的心所法、见相分、真如等识所显现之境。

简言之，两者对“遍计所执”与“依他起”的认识都不一样。古学认为相分实际上并不存在，凡夫的认识只是一种虚妄的看法，并没有与之相对应的“相分”。可称之为“一切即识性”。而今学则承认相分的存在，承认见相分。真如所显现之境是存在的，但“境不离识”。

上述的眼识、耳识、鼻识、舌识、身识、意识、末那识、阿赖耶识等八个识被称为“八识心王”，因为它们是起决定作用的识。除了上述八个识之外，还有一些从属于它们的心理现象，被称为“心所有法”。按照不同的特征可以将之分为“心相应行法”与“心不相应行法”。“心相应行法”是指这些心理现象的出现和主体的意志相应；而“心不相应行法”是指这些心理现象的出现和主体的意志不相应。“心相应行法”又可分为遍行心所、别境心所、善位心所、烦恼位心所、随烦恼位心所、不定位心所等六类，具体再分如下：

(1) 遍行心所(5)：① 触；② 作意；③ 受；④ 想；⑤ 思。

(2) 别境心所(5)：① 欲；② 胜解；③ 念；④ 定；⑤ 慧。

(3) 善位心所(11)：① 信；② 惭；③ 愧；④ 无贪数；⑤ 无嗔数；⑥ 无痴数；⑦ 勤数；⑧ 轻安；⑨ 不放逸；⑩ 舍数；⑪ 不害数。

(4) 烦恼位心所(10)：① 贪；② 嗔；③ 痴；④ 慢；⑤ 疑；⑥ 萨迦耶见；⑦ 边持见；⑧ 邪见；⑨ 见取；⑩ 戒禁取。

(5) 随烦恼位心所(20)：① 忿；② 恨；③ 复；④ 恼；⑤ 嫉；⑥ 悭；⑦ 诳；⑧ 谄；⑨ 害；⑩ 骄；⑪ 无惭；⑫ 无愧；⑬ 掉举；⑭ 昏沉；⑮ 不信；⑯ 懈怠；⑰ 放逸；⑱ 失念数；⑲ 散乱；⑳ 不正知。

(6) 不定位心所(4)：① 悔；② 眠；③ 寻；④ 伺。

而“心不相应行法”也可细分为二十四种：① 得；② 无想定；③ 灭尽定；④ 无想天；⑤ 命根；⑥ 众同分；⑦ 生；⑧ 老；⑨ 住；⑩ 无常(病死)；⑪ 名身；⑫ 句身；⑬ 文身；⑭ 异生性；⑮ 流转；⑯ 定异；⑰ 相应；⑱ 势速；⑲ 次第；⑳ 时间；㉑ 方位；㉒ 数；㉓ 和合；㉔ 不和合。

所以唯识学堪称佛教的心理学，它对于心理现象的分析是非常细致和深刻的。

河南偃师玄奘故里

玄奘法师弟子众多。著名的有窥基、嘉尚、普光、法宝、神泰、行友、辩机、宗哲、慧立、彦悰、神昉、顺璟等。其中窥基、嘉尚、普光、神昉号称“奘门四哲”，尤为突出。玄奘还有日本弟子道昭、智通、智达，他们先后回国，在日本建立弘扬唯识的基地，他们所传的唯识学被称作“南寺传”。

窥基俗姓尉迟，为唐朝名将尉迟敬德的侄儿，出身名门。关于他有诸多传言，如“三车和尚”及与道宣斗法等传言，都是当时门派之间相互攻讦的产物，并不可信。可信的是在玄奘圆寂后，年轻的窥基勤奋著疏，获得了“百部疏主”的美誉，他还广收门徒，开枝散叶，成为了唯识宗的实际创立人。

窥基的得力弟子为慧沼。慧沼，山东人，跟随窥基、普光二人学习，获得成就。他在窥基圆寂后长期弘化于河南、山东，后来才到长安。曾参与义净大师的译场。慧沼被公认为唯识宗的第三祖，因主要行化于黄河以南，有“河南大师”的美誉。

窥基还有弟子利贞、遁伦、神楷等人。利贞曾参与义净大师在大荐福寺的译场，担任证义，长期弘法关中。遁伦、神楷也曾长期在长安弘法。

慧沼有惠嵩、义忠、智周等知名弟子，公认为唯识宗四祖的为智周。智周为河南濮阳人，有“濮阳大师”的称号。智周著述甚多，流传之广，遍及各地。史称“虽不至长安，而声闻遐被，关辅诸德，咸仰高风。”各地的大德高僧，对他都很认可。智周有新罗弟子智凰、智鸾、智雄，日本弟子玄昉，学成后先后到日本传播唯识学，他们的所传为“北寺传”。

慧沼的另外一个著名弟子义忠，在长安弘法多年。晚年则回到故乡山西，影响很大，有“百法疏主”、“百法大师”的称号。

嘉尚、普光是玄奘门下“四哲”中的两位，都曾参与玄奘法师的译场，地位很高。普光以精通《俱舍论》广为人知。他的弟子圆晖，培养弟子众多，知名的有慧晖、有崇、道麟。

神泰、行友也是玄奘法师的弟子。他们都曾参与玄奘法师的译场，神泰更是跟随法师十八年之久。他能言善辩，精通《俱舍论》，颇受玄奘的重视，先住长安大慈恩寺，后任西明寺寺主。

玄奘法师的弟子还有辩机、宗哲。辩机，先后住慈恩寺、会昌寺、大总持寺等，才华横溢，著名的《大唐西域记》即辩机担任笔受。他还担任著名的《瑜伽师地论》的主要证义僧。宗哲也曾求法于长安，得玄奘的真传，有“得意哲”的美誉，后弘法于山西。

慧立、彦悰以《大慈恩寺三藏法师传》驰名海内外，是《大唐西域记》的姊妹篇，为世人留下了关于当时中国、西域、印度的佛教及地理、社会状况的翔实记录。他们同时也是当时知名的奘门弟子。

神昉、顺璟为新罗人，也是玄奘的弟子。神昉是“奘门四哲”之一，后圆寂于慈恩寺。而顺璟则学成后回到新罗，传播唯识学成就很大，并有著作在中国流传。

河南偃师玄奘寺山门

圆测，新罗人，十五岁离开新罗，于贞观二年(628年)来到长安，受教于摄论师法常、僧辩。而玄奘法师也曾随法常、僧辩学过唯识，说起来两者还有同门之缘。玄奘留学归来，声誉极高，圆测也慕名跟随玄奘学习，成为了玄奘的弟子。

但是，圆测实际上更忠心于真谛系唯识思想。从他的作品看，他所走的路子，是以真谛系唯识为立场，去融摄玄奘所传的唯识今学。这一点在玄奘和窥基圆寂后就很明显了。僧传中，大量记载了圆测与窥基不和的传闻。而窥基的弟子慧沼撰《成唯识论了义灯》，破斥圆测的观点，而圆测也不甘示弱，亲自著文回复。在华严、禅宗已经兴盛的情况下，唯识学派内部的这种纷争，有利于唯识义学的发展，却不利于唯识宗派的发展。

圆测主要住于长安西明寺，传播唯识学甚为得力，也深得唐高宗与武则天的宠信，弟子众多，有“西明法师”、“西明圆测”的称号。他的弟子慈善，也曾为“西明寺主”，地位很高。胜庄也是他的弟子，参加过菩提流志和义净的译场，有不少唯识论著。

圆测的另外一个弟子道证，学成后回到新罗，他有得意门生太贤，被韩国人称作“海东瑜伽之祖”，为新罗唯识学的发展做出了很大贡献。

二、唯识学的西传

思想庞大、论证精密的唯识学，对中国佛教产生了全方位的影响。近年敦煌资料的整理，可为我们了解唯识学的西传提供些资料。

敦煌遗书中，有大量玄奘的作品存在，说明至少在吐蕃占领河西之前，唯识思想应该是非常流行的。当然，其中也有其他唯识家的遗作。如现存敦煌 S. 2048 号文献《摄论章》卷一，学者考证为长安辩才寺的摄论师智凝的作品。

沙门昙旷，在长安学习唯识多年，精通唯识典籍。安史之乱后，他避战乱到了河西，名气很大，吐蕃的赞普曾慕名请其到西藏弘法，他因健康原因没去，但著文回答赞普提出的二十二个问题。昙旷为西部唯识思想的发展做出了很大的贡献。

另一位名为法成的法师，是当时最有水平的唯识大家之一，但却长期埋没，不为人知。法成精通汉文、藏文、梵文及唯识经典。他活跃于河西沦陷于吐蕃的年代，先后住于永康寺、开元寺及灵图寺，以传播唯识学为己任。他对唯识学的研究有更为广阔的视角。敦煌沦陷于吐蕃其间，他算是吐蕃人，因而对西藏前弘期所传的唯识论著非常重视，有意识地将汉译与西藏译本进行对勘，不同之处再参考梵文文献，这就使得他的研究颇有国际视野与现代特点。尤其重要的是，他将圆测的《解深密经疏》译成了藏文，为西藏唯识学的发展做出了贡献。在《解深密经疏》汉文版已经失传的情况下，藏文本的出现，为我们保留了这一珍贵的唯识名著。

会昌法难，大量唯识经典被烧，给唯识宗这一主要靠经典来维系发展的宗派以重创，它再也没有从这次打击中恢复出来。但好在唯识典籍在唐武宗灭佛之前，大部分已经被日本僧人带到东瀛，保留了下来，中国唯识宗发展几百年的成果才可再次流传于神州。近代杨仁山居士从日本带回了唯识典籍，并建立金陵刻经处来弘扬唯识思想。现在不管是学界还是教界，研究唯识的人越来越多，唯识宗大有恢复之势。

三、唯识学的特征

唯识学强调的重心在“因果律”。唯识学提出了“阿赖耶识”这一中心概念，来说明因果，它让人相信有因必有果，有果必有因，没有因就没有果，没有果也就肯定没有因，人种善因必得善果，种恶因必得恶果。那么为什么有人一辈子行善却遭恶报，有人一辈子作恶却安逸终生呢？唯识给出的解释是：人一辈子行善却遭恶报，是因为其上世作恶太多，种下了太多的恶种，上世没有报完，留到了今世，此属隔世因果，而其今世所做的善事，所种的善因在今世报不完，必然在来世得报；有人一辈子作恶却安逸终生，则属于其上世做善事太多，种下了太多的善种，上世没有报完，留到了今世，而其今世所做的恶事，所种的恶因在今世报不完，必然在来世得报，此亦属于隔世因果。

唯识学认为是阿赖耶识就是上世与今世、今世与下世之间的联系。在唯识学看来，人之所以为人，主要不是在于人的形体。肉体只是“臭皮囊”，通常所谓的人老死亡，在唯识学看来，并不是人的彻底消失，消失的只是人的前七识，也就是说，人的眼识、耳识、鼻识、舌识、身识都消失了，所以人死后，眼看不见东西了，耳朵听不到声音了，鼻子闻不到味道了，舌头不能辨别酸甜了，身体僵硬了、变冷了、腐化了，思维的功能都停止了，但是，它们的主体阿赖耶识并没有消失，《成唯识论》说得很明白：

> 阿赖耶识为断为常？”“非断非常，以恒转故。恒谓此识无始时来，一类相续，常无间断，是界、趣、生施舍本故；性坚持故。令不失故。转谓此识无始时来。念念生灭，前后变异。因灭果生。非常一故。可为转识熏成种故。恒言遮断。转表非常。犹如暴流，因果法尔，如暴流水，非断非常，相续长时，有所漂溺，此识亦尔。从无始来，生灭相续，非常非断，漂溺有情，令不出离。又如暴流，虽风等击起诸波浪，而流不断，此识亦尔。虽遇众缘，起眼识等，而恒相续……如是法喻。意显此识无始因果，非断常义。谓此识性无始时来，刹那刹那果生因灭。果生故非断，因灭故非常，非断非常，是缘起理。故说此识恒转如流。

在回答阿赖耶识的性质时，《成唯识论》认为阿赖耶识不是间断的，也不是始终不变的。因为它是“恒转”的。说“恒”是因为此识无量时间以来，始终相续，永无间断，是三界、六道、四生建立的根本，也是因为此识本性坚固，能够保持种子使之不失。因为阿赖耶识可被前七转识熏习而生成种子，故其除了“恒”的性质以外，还在不断地“转”。因为此识无量时间以来，每一瞬间其内所含的业报种子都随着前七识的熏习不断产生，种子生生灭灭，前后瞬间都有变化不同，因灭了，果生起，并非始终同一。

故说阿赖耶识“恒”是要否定其有间断，说它“转”是要表明并非始终不变。从无量时间来，生生灭灭，永远相续，非始终不变，而是长期连续不断，能使有情众生在生死之中不断轮回。

所以唯识宗与后来大兴的禅宗在理论阐发的重点方面侧重不同。禅宗重在如何引导信众放弃对人与法的执著，在这方面有理论创新，但其对因果律着墨不多。它在遇到这样的一个问题时会显得理论上有点单薄：为什么有人一辈子行善却遭恶报，有人一辈子作恶却安逸终生；既然佛说人人平等，那么为什么有人生来就荣华富贵，有人生来却流浪街头？而唯识学则将理论阐发的重点放在了“因果律”上，有了阿赖耶识这个轮回的主体，佛教的因果报应之说才真正落到了实处，它巧妙地解说了人世上福德不相应的社会现象，为处于封建社会水深火热中的广大民众，提供了一丝安慰与期待。

唯识宗的第二个特征在于它的解脱论。与禅宗重在今世的解脱不同，唯识学的解脱论则侧重于关注未来的成佛解脱。唯识学认为学习佛经，修习禅定，遵守佛教戒律，即依正理而进行“戒、定、慧”三行，是获得般若圣智的不二法门。佛法虽称有八万四千法门，但其大纲是教、理、行、果四法，所谓“因教显理，依理起行，由行克果”，就囊括了全部佛法，与教、理、行、果四法相应而言的，是佛教常说的信、解、行、证四法。信，就是信顺教法；解，就是解悟义理；行，指依教理而起的修行；证，指修行所得的圣果。通过学习正法，熏习成无漏的清净种子，藏于本识中，对治虚妄，经过无数劫(量的积累)，到一定的时间阿赖耶识就可以由染转净，由迷转悟，成就菩提佛果。

唯识学的修行是典型的渐修，清净种子只能一点一点地熏习，距离佛果也会越来越近。在菩萨位，修行的位次大概可以分为五位：资粮位、加行位、通达位、修习位、究竟位。先说资粮位。资粮位就是从菩萨发愿时起，直到生起加行位的顺抉择识以前，都属于资粮位的范围。“资粮”是比喻，比喻为成佛做前期的准备工作。菩萨在此资粮位中，对于所知障和烦恼障的粗品能够对治，但对于其种子，却不能除灭，因为它的止观力太弱。

大慈恩寺美景

次说加行位。加功而行，故名加行，此位就可以伏除所知障与烦恼障种子，该位的修行方法又可分为暖、顶、忍、世四种，总称为顺抉择分，因为顺之可以趋向真见道出世间无漏智，由于与见道位更接近，所以也称为加行道。加行位菩萨虽然能取所取皆空，可是仍然没有实证真如，只是变似如相而观，故加行位菩萨犹未见道，此位的菩萨，称为地前菩萨。

再说通达位。通达位也叫见道位，在此位中，才开始得到根本智，也叫无分别智，此智起时，即证真如，智与真如，都离开了能取相与所取相，因为它们都是分别，所得都是戏论。根本智起后，即依根本智，而起后得智，真正体认到一切法缘起性空的真理，再没有迷谬。

再说修习位。修习位也叫修道位，从初地住心乃至十地结束，都属于修道位摄，在此位中，无分别智对治本识中的二障种子，最终会达到“转依”。

最后，究竟位。无分别智最终断掉本识中的二障种子，故能转舍依他起的遍计所执，及能转得依他起中的圆成实性，由转舍烦恼障的大涅槃，转舍所知障，证无上菩提。

通过次第的修习，转八识成四智：成事智、妙观智、平等智、圆境智，最终功德圆满，证得无上菩提，成就佛果。

民国时期太虚大师曾经有过精辟的阐述：若以建立学理而印持胜解以言之，应以唯识为最适……若从决定信愿而直趣极果以言之，应以“真如宗”(即禅宗等)为最适。就是说，不能笼统地说禅宗与唯识宗谁高谁低，因为两者各有特点。笔者认为，佛曾于三时因人说法，因材施教，法门种种，目的都是解脱，特点不同，针对的是不同特点的信众，因而都有其存在的价值，都有可开发的理论空间。

综上所述，笔者认为，唯识学的两个比较鲜明的特点：一、重视对佛教因果律的阐发和说明；二、注重来世，强调通过“转识成智”逐渐达到来世的解脱，为典型的渐修。

四、大慈恩寺的建立

唐高宗题的《御制大慈恩寺碑》是大慈恩寺珍宝之一，其中介绍了大慈恩寺的缘起。先让我们了解下碑文吧！

> 朕闻：乾坤缔构之初，品物权舆之始，莫不载形后土，藉覆穹苍。然则二曜辉天，靡测盈虚之象；四溟纪地，岂究波澜之极。况乎法门冲寂，现生不灭之前；圣教牢笼，示有无形之外。故以道光尘劫，化洽含灵者矣。缅惟王宫发迹，莲披起步之花；神沼腾光，树曲空低之干。演德音于尘苑，会多士于龙宫。福已罪之群生，兴将灭之人代。能使下愚挹道，骨碎寒林之野；上哲钦风，魂沈雪山之偈。丝流法雨，清火宅而辞炎；轮升慧日，皎重昏而归昼。朕逖览缃史，详观道艺，福崇永劫者，其唯释教欤。

(大意)我听说，乾坤造化之初，万物形成之始，没有不具备形状，处于一定的位置。可是，日月照耀，我们不知其运行规律，四海之大，我们不知其极。然而，真理在乾坤造化之前，万物形成之前就已经存在了，为了教化含灵众生，其道进入轮回，化身为印度王宫的释迦王子，他将真理教之于民，使有罪的人行善，受业报将死之人重生。他宣传的教理使下层信众死后抛骨于荒野，上层信众归心于清凉之境。这种教理能让人在艰难的社会生活中不觉烦恼，让人在黑暗中看到光明。我仔细甄别各种宗教学说，发现真正能够给人带来永恒幸福的，只有佛教。

唐高宗题《御制大慈恩寺碑》

> 文德皇太后恁柯琼树，疏流掣源，德照涂山，道光妫汭。流芬彤管，彰懿则于八弦；垂训紫宫，扇徽猷于万古。遽而阴精掩月，永戢贞辉；坤维绝纽，长沦茂并。抚奁镜而增感，望陟屺而何追。昔仲由兴叹于千钟，虞丘致哀于三失，朕之罔极，实有切于终身。故载怀兴葺，创兹金地。

（大意）我的母亲文德皇太后，德行高洁，她故去后，我每看到她的梳妆台就伤感，望见光秃的山头就思念母亲。当年子路叹息自己虽有千钟之粮食，再不能让母亲食用，虞丘子常自责于自己的过失，我对母亲大人的思念与愧疚之情，正是如此。总想再能为母亲做些什么事，于是就决心创立大慈恩寺。

> 却背邠郊，点千庄之树锦；前临终岳，吐百仞之峰莲。左面八川，水皎池而分镜；右邻九达，羽飞盖而连云。抑天府之奥区，信上京之胜地。尔（示）其雕轩架迥，绮阁凌虚。丹空晓乌，焕日宫而泛彩；素天初兔，鉴月殿而澄辉。薰径秋兰，疏庭佩紫，芳岩冬桂，密户丛丹。灯皎繁花，焰转烟心之鹤；幡标迥刹，彩萦天外之虹。飞陛参差，含文露而栖玉；轻帘舒卷，网靥宿而编珠。霞班低岫之红，池泛漠烟之翠。鸣珮与宵钟合韵，和风共晨梵分音。岂直香积天宫，远惭轮奂，阆风仙阙，遥愧雕华而已哉。

（大意）大慈恩寺这个地方，位于长安城晋昌坊之东部。该地背靠长安城，前临终南山，左面八水流过，右面是四通八达的道路，真是天府之最好，京城之胜地。慈恩寺建成以后，雕轩架迥，绮阁凌虚，堪与天宫媲美。

有玄奘法师者，实真如之冠冕也。器宇凝邃，若清风之肃长松；缛思繁蔚，如绮霞之辉迥汉。腾今照古之智，挺自生知；蕴寂怀真之诚，发乎髫龀。孤标一代，迈生远以照前；迥秀千龄，架澄什而光后。以为淳风替古，浇俗移今。悲巨夜之长昏，痛微言之永翳，遂乃投迹异域，广餐秘教，乘杯云汉之外，振烟霞之表。滔天巨海，侵惊浪而羁菠；亘地严霜，犯凄气而独逝。平郊散绪，衣单雪岭之风；旷野低轮，肌弊流沙之日。遐征月路，影对宵而暂双；远迈危峰，形临朝而永只。迹穷智境，探赜至真。心罄玄津，研几秘术。通昔贤之所不逮，悟先典之所未闻。遂得金牒东流，续将断之教；宝偈西从，补已缺之文。于时乃秀灵基，栖心此地。弘宣奥旨，叶重翠于败林；远辟幽关，波再清于定水。

（大意）玄奘法师，是佛教界的栋梁之才，他志向高远，锲而不舍，因不满印度传过来的理论互有抵触，经典有不能解释之处，毅然前往印度求经，他跨越雪岭，越过流沙，深夜与月亮同行，白天与危峰相伴，终于穷尽了佛教经典的全部奥秘，以前的法师都不能达到玄奘法师的高度。玄奘法师将佛教经偈带到中原，补齐了中原所缺的经文，廓清了纷纷扰扰的争论，树立了正确的佛教理论。

朕所以虔诚八正，肃志双林，庶延景福，式资冥助，奉愿皇太后逍遥六度，神菠丹阙之前；偃息四洲，魂升紫极之境。悲夫，玉烛易往，促四序于炎凉；金箭难留，驰六龙于晷漏。恐波迁树在，夷溟海于桑田；地是势非，沦高峰为幽谷。于是敬刊贞石，式旌真境。

（大意）我因此出资建立大慈恩寺，请玄奘法师入住，以此作为文德皇太后的阴德，愿她在六道轮回时，到更好的地方去。因恐时间匆匆，岁月流逝，沧海桑田的变迁，后人不知大慈恩寺建寺的缘由，因此我书写此文，并刻于石碑上，留为纪念。

唐高宗李治的这篇《御制大慈恩寺碑》明确地给我们介绍了大慈恩寺的缘起，那就是为其过世的母后文德皇太后追冥福造功德。《兴建大慈恩寺敕令》可以作为补充说明："宜令所司，于京城内旧废寺，妙选一所，奉为文德皇圣皇后即营僧寺。寺成之日，当别度僧。"说明大慈恩寺是在废旧寺庙的基础上建立起来的。据《大慈恩寺三藏法师传》，这个废旧寺为"净觉故伽蓝"，即净觉寺。但也有资料说是"隋无漏寺"，也有人认为净觉寺是隋无漏寺的前身。侯振兵《唐代长安大慈恩寺史事钩沉》则认为，慈恩寺本身很大，占有半坊之地，原来此地有两个寺庙，一为净觉寺，一为无漏寺，故文献并不矛盾。

张舜民《画墁录》记载："慈恩与含元殿相直，高宗每天阴，则两手心痛。知文德皇后常苦捧心之病，因缄而差，遂造寺建塔，欲朝坐相向耳。"高宗李治可能患有风湿病，遇到天阴即手疼，想到母亲文德皇太后有痛心病，于是为其造寺造塔，以此功德减轻其苦痛。

大慈恩寺建于贞观二十二年(648 年)，建成后十二月敕令玄奘法师入住。《敕玄奘为慈恩寺上座令》："营慈恩寺，渐冀向功，轮奂将成。僧徒尚缺，伏奉敕旨，度三百僧，别请五十大德，同奉神居，降临行道。其新建道场，宜名大慈恩寺。别造翻经院，虹梁藻井，丹青云气，琼礎铜沓，金环花铺，并加殊丽。令法师移就翻译，仍纲维寺任。"说明大慈恩寺建成后，玄奘法师为上座，另外还有 50 名大德高僧，300 名僧人。同时还造翻经院，玄奘法师主导翻译活动。

玄奘法师当时一心想翻译佛经，曾上表请辞。《让大慈恩寺上座表》讲："沙门玄奘启：伏奉令旨，以玄奘为慈恩寺上座。恭闻嘉命，心灵靡措，屏营累息，深增战悚。"玄奘讲，听到受命为慈恩寺上座，感到紧张。我曾受命翻译佛经，希望佛法能流布华夏。现在则非常担心分心寺务，使翻译事业不能最终完成，留下永久的遗憾。"恐不卒业，孤负国恩，有罚无赦。"因而请另请他人任上座，“命知僧务，更赐重谴，鱼鸟易性，飞沈失途。”这样将使我能安心翻经，他人能尽力经营寺庙。“则法僧无悔吝之咎，鱼鸟得飞沈之趣。”这样我才能使我将来没有愧疚自责之心，完成自己长久以来的心愿。

但玄奘法师最终还是接受了上座的职务。迎接玄奘入住大慈恩寺的规格非常高。《三藏法师传》记载：“十二月戊辰，又敕太常卿江夏王道宗将九部乐，万年令宋行质、长安令裴方彦，各率县内音声及诸寺幢帐，并使豫极庄严，己巳旦集安福门街迎像送僧入大慈恩寺。”当时皇帝敕令太常卿、江夏王李道宗(文成公主的亲生父亲)，带著名的九部乐队(即龟兹乐、疏勒乐、唐国乐、高丽乐、燕乐、清商乐、安国乐、西凉乐、天竺乐，是当时最隆重的乐舞)并万年县、长安县各辖区内乐队奏乐，当天早晨在安福门迎接佛像和僧人。

> 凡千五百馀乘，帐盖三百馀事。先是内出绣画等像二百馀躯，金银像两躯，金缕绫罗幡五百口，宿于弘福寺。并法师西国所将经像舍利等，爰自弘福引出安置于帐座及诸车上，处中而进。

当时共五百多辆彩车，其中帐盖等三百多幅，绣画等二百多躯，金银像两躯，绫罗绸缎五百匹。玄奘法师从印度带回来的佛舍利经像，处于车队正中，车队缓缓前行。车队前面是经幡彩旗飘动，随后是狮子神王像，象征护法；然后是五十名大德高僧，每人坐一车，京城僧众手持香花，口唱梵呗，紧随其后；然后是文武百官，侍卫兵丁随之。九部乐队在车队两边，两县乐队在其后。皇太子李治派尉迟绍宗、王文训带领东宫官兵一千余人充人手。唐太宗李世民、皇太子李治、后宫嫔妃等在安福门相送，数十万人在集会，观看这次盛

唐太宗题《大唐三藏圣教序》碑文

大的仪式。

永徽三年(652 年)，玄奘担心遭受火灾，使历尽辛苦取来的梵本原件毁灭，于是积极筹备建立石塔，保护经卷。《大慈恩寺三藏法师传》卷 6 记述了玄奘的想法：“自东都白马、西明草堂，传译之盛，讵(岂)可同日而言者也。但以生灵薄运共失所天，唯恐三藏梵本零落忽诸，二圣天文寂寥无纪。所以敬宗此塔拟安梵本。又树丰碑镌斯序记。庶使巍峨永劫，愿千佛同观，氛氲圣迹与二仪齐固。”玄奘讲，洛阳白马寺、长安草堂寺，都曾是规模宏大的译经场所，但其所根据的梵本历经战乱与天灾，都已经不存。我担心从印度携来的梵本也遭焚毁，也担心太宗高宗二位皇帝所写的序言被火灾所毁，因此想建立石塔，保护梵本及皇帝的序言。高宗李治听闻，敕使中书舍人李义府报法师云：“师所营塔功大，恐难卒成，宜用砖造。亦不愿师辛苦，今已敕大内东宫掖庭等七宫亡人衣物助师，足得成办。于是用砖，仍改就西院，其塔基面各一百四十尺，仿西域制度，不循此旧式也。塔有五级，并相轮露盘，凡高一百八十尺，层层中心皆有舍利，或一千二千，凡一万余粒。上层以石为室，南面有两碑，载二圣三藏圣教序记，其书即尚书右仆射河南公褚遂良之笔也。”李治认为石塔耗费巨大，不易成就，建议改用砖塔，用宫内已故太监、宫女的遗产充为费用。据《大慈恩寺三藏法师传记载，玄奘法师亲自搬运砖石，参与了劳动：“时三藏亲负篑畚担运砖石，首尾二周功业斯毕。”

砖塔建成后，被称为慈恩寺塔。《长安志》记载：“永徽三年(652 年)沙门玄奘所立，初为五层，高一百九十尺，砖表土心，仿西域翠堵坡制度，以置西域经像。后浮屠心内卉木钻出，渐以颓毁。长安年间(701—704 年)更折改造，依东夏刹表旧式，特崇于前。有辟支佛牙，大如升，光彩焕烂。东有翻经院。”武则天晚年重建的这座砖塔，与原来玄奘所建的内部是土，外部是砖的结构不同，它是按照中国传统的建塔理念建立的，它内部是空心的，人可以上下攀登。事实证明，印度式砖塔 50 年就崩坏了，中国式砖塔历经千年，屹立至今。中国式砖塔结构更科学。

据《太平广记》卷 413：“慈恩寺唐三藏院后檐楷，开成末，有苔状如古苣，布于砖上，色如蓝绿，轻软可爱。谈论僧义林，大和初，改葬基法师，初开冢，香气袭人。侧卧砖台上，形如生。砖上苔厚二寸余，作金色，气如爇檀。”说明玄奘法师的嫡传弟子窥基法师圆寂后，舍利子曾埋葬在大慈恩寺，在大和年间(827—835 年)，曾经开冢，可能那时才迁到兴教寺。

《大方广佛华严经感应传》记载，华严宗的实际创立者法藏，也曾在慈恩寺讲《华严经》：“垂拱三年四月中，华严藏公于大慈恩寺讲华严经。寺僧昙衍为讲主散讲，设无遮会。”这是武则天时期的事。

五、唐代大慈恩寺的社会生活

1．雁塔题名

南宋计有功《唐诗纪事》卷 3 的记载，景龙二年(708 年)九月九日，唐中宗“幸慈恩寺，登浮图，群臣上菊花寿酒，赋诗。”期间上官婉儿献《九月九日上幸慈恩寺，登浮图，群臣上菊花寿酒》：“帝里重阳节，香园万乘来。却邪萸入佩，献寿菊传杯。塔类承天涌，门疑待佛开。睿词悬日月，长得仰昭回。”意思是说，在京师重阳节，皇帝带领重臣来到慈恩寺，将茱萸插入臂上的佩袋以祈求辟邪；将菊花放入杯中以求长寿。慈恩寺塔像承天柱从地涌出，塔门等待皇上来开，里面太宗和高宗的序文如日月般高悬，我们在长时间瞻仰后返回。

和上官婉儿同时留下诗文的还有两位。一个是杨廉，一个是孙佺。并且在他们的诗中第一次出现了“雁塔”的称呼。杨廉《奉和九月九日登慈恩寺浮图应制》：“万乘临真境，重阳眺远空。慈云浮雁塔，定水映龙宫。宝铎含飙响，仙轮带日红。天文将瑞色，辉焕满寰中。”皇帝在重阳节莅临慈恩寺，登上宝塔，眺望远方，慈云烘托着着雁塔，定水映衬着龙宫，塔铃随风而响，塔顶的相轮也染上了太阳的红晕，即将出现的瑞兆，将撒满寰宇。

唐中宗时期孙佺的《奉和九月九日登慈恩寺浮图应制》:“应节萸房满,初寒菊圃新。龙旗焕辰极,凤驾俨香闉。莲井偏宜夏,梅梁更若春。一忻陪雁塔,还似得天身。”重阳节期间,茱萸袋都已经装满,菊花圃里的菊花才开始开放,皇帝和皇后驾临慈恩寺,寺内莲花好像夏天一样盛开,梅树像回到了春天,这种反季节的景象,好像是不管什么东西,一和大雁塔相伴,就有不可思议的能力。

关于大雁塔的由来,《大唐西域记》卷九:“昔此伽蓝习翫小乘,小乘渐教也,故开三净之食,而此伽蓝遵而不坠,其后三净求不时获。有比丘经行,忽见群雁飞翔戏言曰:‘今日众僧中食不充,摩诃萨埵宜知是时。’言声未绝一雁退飞,当其僧前投身自殒。比丘见已,具白众僧,闻者悲感咸相谓曰:‘如来设法导诱随机,我等守愚遵行渐教,大乘者正理也。宜改先执务从圣旨,此雁垂诫诚为明导,宜旌厚德传记终古。’于是建窣堵波式昭遗烈。以彼死雁瘗其下焉。”印度小乘僧人吃三净肉,即不见杀、不闻杀、不为我杀的肉。有小乘僧见群雁行空,说今天我们僧人的饭食不够吃,如果你是大乘菩萨的话,就应该知道我们腹中无食物。一雁应声坠地而死。群僧以为死雁是菩萨化身示教,遂改信大乘,埋雁建塔,称为雁塔。这就是慈恩寺塔也被称为雁塔的渊源。

唐代,“雁塔题名”是长安著名的文化景观之一。《唐摭(zhi,拾)言》卷一:“元和中,中书舍人李肇撰《国史补》,其略曰:进士为时所尚久矣,是故俊乂实在其中。由此而出者,终身为闻人,故争名常为时所弊。其都会谓之‘举场’,通称谓之‘秀才’……俱捷谓之‘同年’,有司谓之‘座主’;京兆府考而升者谓之‘登第’,外府不试而贡者谓之‘拔解’……既捷,列名于慈恩寺塔谓之‘题名’,大宴于曲江亭子谓之‘曲江会’。”这里讲的就是唐代文人的风尚。讲唐代进士为社会所吹捧,凡是考中进士者,终生都是名人。所以里面讲究就很多。在地方考试的地方称“举场”,考中称为“秀才”,同时考中的称为“同年”,主持考试的官员被称为“座主”;在京师长安考中的称为“登第”；名气大不需要考试直接录取的称为“拔解”。中进士者在慈恩寺塔列名谓之“雁塔题名”，在曲江池宴会称为“曲江会”。白居易二十七岁时进士及第，在同时考中的十七人中最年轻，他挥笔写道“慈恩塔下题名处，十七人中最少年。”得意之神气荡漾在笔端。

《七修类稿》卷20：“至于题名之说，一云韦肇及第，偶尔题名寺塔，遂为故事；一云张莒本寺中闲游，戏题同年之名于塔。然人虽不同，其义其时则一也。”雁塔题名的起源有两种说法，一说是韦肇登第后在雁塔题名，后人效仿之，成为惯例；一说是张莒登第后，将同年考上的进士的名字都写在雁塔内，后人效仿之，成为惯例。

新落成的“雁塔题名碑”

但是，题名雁塔者，并非仅仅是新科进士。《七修类稿》：“昨读戴埴《鼠璞》，以谓予得唐雁塔题名石刻，细阅之，凡留题姓名僧道士庶前后不一，非止于新进士也。据此，予恐题名止于进士之说，因宋拟唐题名慈恩之故，后遂成其讹耶。”可见，唐代在雁塔上题名的，还有和尚道士。

《唐摭言》卷3《慈恩寺题名游赏赋咏杂纪》：“进士题名，自神龙之后，过关宴后，率皆期集于慈恩塔下题名。”雁塔题名是唐中宗神龙年(705—707年)之后，才形成固定惯例的，之前的题名是有，但属于个别的现象。

“雁塔题名”过程是：新科进士们先各在一张方格纸上书写自己的姓名、籍贯，并推举其中书法出众者，作文一篇以记此事，然后交与专职石匠，刻在大雁塔的石砖上。

慈恩寺作为宗教场合，也为“雁塔题名”留下了一些神异的传说，《唐摭言》卷3《慈恩寺题名游赏赋咏杂纪》记载：“郭薰者，不知何许人，与丞相于都尉，向为砚席之交。及琮居重地，复绾财赋，薰不能避讥嫌，而乐为半夜客。咸通十三年，赵骘主文，断意为薰致高等，骘甚挠阻，而拒之无名。会列圣忌辰，宰执以下于慈恩寺行香，忽有彩帖子千余，各方寸许，随风散漫，有若蜂蝶，其上题曰：‘新及第进士郭薰。’公卿览之，相顾輾然。因之主司得以黜去。”唐懿宗咸通十三年(872 年)，郭熏为赵骘所阻挠，不能考中进士。一日宰相携朝臣到慈恩寺上香，忽然天降彩贴千余，上写“新及第进士郭薰”。公卿们看了之后，知道郭熏应该是考中进士的，有司故意冤枉了他，于是将赵骘罢免。

“雁塔题名”对后世影响颇大。宋代《七修类稿》卷 20：“故宋制进士及第，必赐名于桂籍堂，拟唐慈恩之题耳。”明代的《重修大慈恩寺禅寺记》：“自古及今天下之士有志于科目者，皆知以题名雁塔为愿。予自少时习举子业亦有此志，今而幸遂矣。故今之进士题名于太学者亦循此故事也。”清代《榆巢杂识》：“进士题名之制，昉自唐时慈恩寺塔下立碑，至我朝(清朝)皆建于太学戟门外。自顺治丙戌、康熙戊戌，皆有题名碑。康熙五年，辅政大臣裁省其费，以后皆诸进士捐资立石。后雍正癸卯、甲辰两科进士题名碑，诏工部正项钱粮建立，康熙辛丑，亦行补建。嗣后照旧例题请。”元、明、清三代袭承唐朝进士题名之制，题名在京城的最高学府太学或国子监举行，在由朝廷工部备置的石碑上，镌刻新科进士的姓名、名次、籍贯。这些都是唐代“雁塔题名”的继续。

2. 画家与慈恩寺

唐代慈恩寺还有唐代名画家王维和吴道子所画的壁画。《太平广记》卷 211：“唐王右丞维家于蓝田玉山，游止辋川，兄弟以科名文学冠绝当代，故时称朝廷左相笔，天下右丞诗者也。其画山水松石，踪似具生，而风标特出。今京都千福寺西塔院有掩障，一画枫戍，一图辋川。山谷郁盘，云水飞动，意出尘外，怪生笔端。常自题诗云：‘夙世谬词客，前身应画师。’其自负也如此。慈恩寺东院，与毕庶子、郑广文，各画一小壁，时号‘三绝’。”王维是唐代著名诗人，也是中国山水画南派之祖师，开创了水墨画的新的创作形式，用墨色的深浅和浓淡来画山水，气质高雅。苏轼称王维的画为“诗中有画，画中有诗”。王维对自己也很自负，称题诗“夙世谬词客，前身应画师。”即自己的前世一定做过诗人和画师。王维在慈恩寺东院，与当时的著名画师毕庶子、郑广文各画一小壁画，当时号称为“三绝”。

《太平广记》卷 212 记载：“唐吴道玄字道子，阳翟人也。少孤贫，天授之性，年未弱冠，穷丹青之妙。浪迹东洛，玄宗知其名，召入供奉。”曾在赵景公寺画地狱变相，该寺老僧玄纵云：“吴生画此地狱变成之后，都人咸观，皆惧罪修善。两市屠沽，鱼肉不售。”

吴道子也在慈恩寺雁塔前面和西面作画。《太平广记》卷 212：“两都寺观，图画墙壁四十余间，变像即同，人相诡状，无一同者。其见在为人所睹之妙者……慈恩寺塔前面文殊普贤，西面降魔盘龙等。”

3．牡丹与慈恩寺

唐代慈恩寺风景优美，牡丹很有名。唐李肇《唐国史补》卷中有《京师尚牡丹》一节：“京城贵游，尚牡丹三十余年矣。每春暮车马若狂，以不耽玩为耻。”《南部新书》记载：“长安三月十五日，两街看牡丹，奔走车马。慈恩寺元果院牡丹，先于诸牡丹半月开；太真院牡丹，后诸牡丹半月开。故裴兵部怜白牡丹诗，自题于佛殿东颊唇壁之上。太和中，车驾自夹城出芙蓉园，路幸此寺，见所题诗，吟玩久之，因令宫嫔讽念。及暮归大内，即此诗满六宫矣。”因为慈恩寺“元果院”的牡丹比其他地方的牡丹早开半个月，“太真院”的牡丹比其他地方的牡丹晚开半个月，这一早一晚，正是慈恩寺牡丹驰名的原因。裴潾《怜白牡丹诗》：

慈恩寺壁画

“长安豪贵惜春残，争赏先开紫牡丹。别有玉杯承露冷，无人起就月中看。”长安城的豪贵争相去慈恩寺看紫牡丹，院中还有一颗白牡丹却备受冷落，在月色下更显得素雅、淡然和孤寂。太和年间(827—835 年)，唐文宗到慈恩寺，看到这首诗，非常喜欢，将之带回宫内，宫女争相传颂。

唐康骈《剧谈录》记载：

有僧思振常话：会昌中，朝士数人寻芳，遍诣僧室，时东廊院有白花可爱，相与倾酒而坐，因云牡丹之盛，盖亦奇矣。然世之所玩者，但浅红深紫而已，竟未识红之深者。院主老僧微笑曰：“安得无之，但诸贤未见尔。”于是从而诘之，经宿不去，云：“上人向来之言，当是曾有所见，必希相引，寓目春游之愿足矣。”僧但云“昔于他处一逢，盖非辇毂所见”。及旦，求之不已，僧方露言曰：“众君子好尚如此，贫道又安得藏之。今欲同看此花，但未知不泄于人否？”朝士作礼而誓云：“终身不复言之。”僧乃自开一房，其间施设幡像，有板壁遮以旧幕，幕下启开而入，至一院，有小堂两间，颇甚华洁，轩无栏槛，皆是柏材。有殷红牡丹一窠，婆娑几及千朵。初旭才照，露华半杯，浓姿半开，炫耀心目，朝士惊赏留恋，及暮而去。僧曰：“予保惜栽培近二十年矣，无端出语，使人见之，从今已往，未知何如耳。”信宿，有权要子弟，与亲友数人同来，入寺至有花僧院，从容良久，引僧至曲江闲步，将出门，令小仆寄安茶笈，裹以黄帕，于曲江岸藉草而坐。忽有弟子奔走而来云：“有数十人入院掘花，禁之不止。”僧啾首无言，唯自吁叹。坐中但相践而笑。既而却归至寺门，见以大畚盛花，舁而去。取花者因谓僧曰：“窃知贵院旧有名花，宅中咸欲一看，不敢预有相告，盖恐难於见莛。适所寄笼子中有金三十两，蜀茶二斤，以为酬赠。”

讲唐武宗会昌年间(841—846 年)，中央一些官员到慈恩寺看牡丹，有人感叹牡丹只有浅红深紫两种颜色，从来没有见过深红色的牡丹。院主笑道，怎么没有，只是你没有见过而已。于是院主带大家到一小院，院内“有殷红牡丹一窠，婆娑几及千朵，初旭才照，露华半晞，浓姿半开，炫耀心目。”院主自语：“我栽培此花近二十年，今日不小心将之说了出来，让人见到，不知道此花还能不能保留下来。”不久，这丛红牡丹被权贵抢走，以“金三十两、蜀茶二斤以为酬赠。”

唐代慈恩寺的柿子树也很有名。《书断》卷三：

> 郑虔任广文博士，学书而病无纸，知慈恩寺布柿叶数间屋，遂借僧房居止。日取红叶学书，岁久殆遍。后自写所制诗并画，同为一卷。封进，玄宗御笔书其尾，曰“郑虔三绝。”

郑虔早时无纸练习写字，知道慈恩寺内有几间房屋，内置寺僧扫地时收集的树叶(烧火做饭用)，就借住在寺内，每日取柿叶练字，后来将自己的作品献给唐玄宗，玄宗赞“郑虔三绝”。段成式在其《寺塔记》中，也将慈恩寺中的柿子树与牡丹并列。

4．慈恩寺周边的戏院

慈恩寺除了风景优美外，周边风俗也很丰富。《南部新书》卷戊云：“长安戏场多集于慈恩，小者在青龙，其次荐福、永寿。”《资治通鉴》卷248讲了一个故事，颇能说明慈恩寺戏场的吸引力。

> 十一月，庚午，万寿公主适起居郎郑颢。颢，絪之孙，登进士第，为校书郎、右拾遗内供奉，以文雅著称。公主，上之爱女，故选颢尚之。有司循旧制请用银装车，上曰：“吾欲以俭约化天下，当自亲者始。”令依外命妇以铜装车。诏公主执妇礼，皆如臣庶之法，戒以毋得轻夫族，毋得预时事。又申以手诏曰：“苟违吾戒，必有太平、安乐之祸。”颢弟顗，尝得危疾，上遣使视之。还，问“公主何在？”曰：“在慈恩寺观戏场。”上怒，叹曰：“我怪士大夫家不欲与我家为昏，良有以也！”亟命召公主入宫，立之阶下，

不之视。公主惧，涕泣谢罪。上责之曰："岂有小郎病，不往省视，乃观戏乎！"遣妇郑氏。由是终上之世，贵戚皆兢兢守礼法，如山东衣冠之族。

美丽的院落

这里讲，慈恩寺是长安城内最大的戏院集中地。唐宣宗曾将爱女万寿公主下嫁给进士出身的起居郎郑颢，并嘱托公主到郑家不得倨傲，不能看轻夫家，要守妇道，并要她借鉴太平公主和安乐公主的教训。有一次，郑颢的弟弟郑顗得了重病，情势危急，宣宗派人去看望。侍者回来后，宣宗问公主在哪里？回答说在慈恩寺看戏。唐宣宗大怒，感叹道，怪不得士大夫家不愿意和我家结亲，确实是有顾忌啊。招公主入宫，骂道：哪里有小孩有病，不去探视，而去看戏的道理！

5. 文人名士与大慈恩寺

唐代慈恩寺与长安曲江池毗邻，因而成为文人名士经常光顾的地方。《太平广记》卷 251 记载唐代名相裴休也曾到慈恩寺游玩：

曲江池本秦时岂洲，唐开元中，疏凿为胜境，南即紫云楼芙蓉苑，西即杏园慈恩寺……裴休廉察宣城，未离京，值曲江池荷花盛发，同省阁名士游赏，自慈恩寺，各屏左右，随以小仆，步至紫云楼。见数人坐于水滨，裴与朝士憩其旁。中有黄衣半酣，轩昂自若，指诸人笑语轻脱。裴意稍不平，揖而问之："吾贤所任何官？"率尔对曰："喏，郎不敢，新授宣州广德令。"反问裴曰："押衙所任何职？"裴效之曰："喏，郎不敢，新授宣州观察使。"

于是狼狈而走，同座亦皆奔散，朝士抚掌大笑。

说裴休被任命为宣州观察使，还未上任，一日和一些伙伴在慈恩寺游玩后，来到附近曲江池的紫云楼小坐。看到水边有一黄衣人酒喝得半醉，居高临下地用手指着众人说笑，一副志得意满的样子。裴休于是上前询问：“你任何官职呢？”对方得意的回答：“哦，郎不敢，新授宣州广德令。”对方反问裴休：“你任什么官职呢？”裴休也学着他的语气回答：“哦，郎不敢，新授宣州观察使。”宣州观察使是宣州地区的军政一把手，广德令只不过是宣州下辖的一个县的头头，裴休是黄衣人的上司，黄衣人一听，锐气全消，狼狈而逃，成为京城的笑料。

《太平广记》卷282记载白居易也曾经常来慈恩寺：

元相稹为御史，鞫狱梓潼。时白乐天在京，与名辈游慈恩寺，小酌花下，为诗寄元曰：“花时同辞破春愁。醉折花枝作酒筹。忽忆故人天际去，计程今日到梁州。”时元果及褒城，亦寄《梦游》诗曰：“梦君兄弟曲江头，也向慈恩院里游。驿吏唤人排马去，忽惊身在古梁州。”千里魂交，合若符契也。

唐代元稹做御史的时候，因罪被发配到四川梓潼，他的好友白居易在长安与朋友在慈恩寺赏花，忽然想起了元稹，就写诗寄给元稹，猜想元稹此刻应该到了梁州了。而元稹同时也寄诗给白居易，说梦到他在慈恩寺里游玩。这个材料说明白居易和元稹经常到慈恩寺游玩。

贾岛也在慈恩寺住过，他的《宿慈恩寺郁公房》诗云：“病身来寄宿，自扫一床闲。反照临江磬，新秋过雨山。竹阴移冷月，荷气带禅关。独住天台意，方从内请还。”讲自己因病借宿在慈恩寺，夕阳的返光照耀在寺庙的法器上，秋月的冷光洒落在竹林上，荷花的香气带来禅机，似乎刚刚从天界学法而来。

其实唐代在慈恩寺来往的普通人更多，只是史料记载较少而已。《唐国史补》：“李氏子为千牛，与其侪类登慈恩寺塔，穷危极险，跃出槛外，失身而坠，赖腰带挂钉，风摇久而未落。同登者惊倒槛内，不能起。院僧迳望急呼，一寺皆出以救。连衣为绳，久乃取之下，经宿乃苏。”这里讲一个李姓千牛卫，与同伴登慈恩寺塔，结果掉出塔外，幸而腰带上的挂钉绊住塔沿，挂在空中。僧人慌忙施救，费了好大劲才将他救下。

唐武宗灭佛时，大慈恩寺因为是左街保留的两座寺庙之一，幸免于难。但唐末的战乱，还是给慈恩寺以毁灭性的打击。黄巢起义军、李克用的勤王军、凤翔节度使李茂贞的叛军先后焚掠长安。最为致命的是朱温挟持唐昭宗迁都洛阳，朱温“以其将张廷范为御营使，毁长安宫室百司及民间庐舍，取其财，浮渭沿河而下……长安自此遂丘墟矣。”为了建设新都洛阳，朱温缺少木材，于是拆掉长安城，将拆下的木材顺渭河漂流到洛阳。

六、唐以后的慈恩寺

经过唐末的战乱，慈恩寺已经仅仅剩下一个雁塔而已。樊察《慈恩雁塔唐贤提名十卷序》碑铭：“五季寺废，唯雁塔岿然独存。有僧莲芳始葺新之，塔之内外，皆已涂圬，唐人题字，不复可见。”即使只剩下一个雁塔，慈恩寺也仍然是长安的著名游乐之地。张礼《游城南记》：“每岁春时，游者道路相属。”

五代时期，后唐西京留守安重霸重修了慈恩寺。张礼《游城南记》记载：“长兴中(930—933 年)，西京留守安重霸再修之，判官王仁裕为之记。”

张礼还记载：北宋熙宁年间(1068—1077 年)，“富民康生遗火，经宵不灭，而游人自此衰矣。”张礼于元祐元年(1086 年)游慈恩寺时，看到的情况是：“塔既经焚，涂圬皆剥，而砖始露焉。唐人墨迹于是毕见，今孟郊、舒元舆之类尚存，至其他不闻于后世者，盖不可胜数也。”

北宋重和元年(1118 年)，柳伯和、樊察、王正叔、李知常等人将唐人题名摹写，编成《雁塔题名》十卷。

张礼记载“正大迁徙，寺宇废毁殆尽，唯一塔俨然。塔之东西两龛，唐褚遂良所书《圣教序》，及《唐人题名记》碑刻存焉。”金代大正年间(1224—1227年)，蒙古兵南下，占领陕西，蒙金双方在陕西鏖战，慈恩寺再次被破坏，只剩下一个雁塔和两块碑记。

元代至明初，慈恩寺似乎是被称为“大慈恩禅寺”，说明禅宗僧人占据了慈恩寺，但具体是禅宗那个宗派，由于史料缺失，我们已经无法考证。这一时期慈恩寺曾有过修缮，寺庙又被重新建立，但具体的修缮年代和主持人也已经不可考。因为明英宗成化二年(1466年)的《重修大慈恩禅寺记》记载当时的情况是“奈何历岁荐久，寺亦倾颓，塔亦荒落，弗称敬仰。”说明当时还是有寺庙的，不仅仅是雁塔和碑记，只是寺庙老旧而已。

明代英宗时期，慈恩寺曾经有过修缮。出资者是明代就藩陕西的秦王。《重修大慈恩禅寺记》记录了修缮的缘起：“陕西旧为长安地，乃汉唐隋都会之所历，时王公贵人敬信赐教者尤众，故建寺多于天下。今郡城东南十里许平原之野，面终南，对曲江，背泾渭，山水秀丽处有寺曰慈恩……正统十四年，秦藩兴平庄惠王殿下，天性孝敬，存心慈善，因谒王孝恭靖茔所，用展孝思，回抵是寺，慨古刹之废弛，悯佛堂之狭小，矧为唐时进士题名晏游名胜之所，今则寂寥如是，奚足为名公钜卿来游之观瞻，以称夫吊古兴怀之趣邪。乃恻然树诚心，同内官陈公宝、邓公铭，舍财募缘，将为修理。不幸赍志而薨。”

这里讲明英宗正统年间十四年(1449 年)，就藩陕西的“秦藩兴平庄惠王”，因去给自己的父亲孝恭靖王上坟，回来路上经过慈恩寺，“慨古刹之废弛，悯佛堂之狭小”，想到这是唐代游人如织的著名景观，名士高官来陕，多要到慈恩寺怀古，现在寺庙却衰落成这个样子，怎么能让大家满意呢？于是发心修缮寺庙，并开始了准备工作，但还没有来得及动工，他就去世了。

今兴平王殿下嗣爵以来，为宗室之贤王，尤能以孝敬慈善为心，叹先王之志未遂，慨可为之事未为，即有兴复之意。乃命陈、邓二公督理厥事，施财鸠工，瓦甓砖石木土参页来，凡合用之物靡不毕具，乃卜吉月撤旧废残，起前后殿二，各五楹，山门、廊庑、方丈、僧堂以数峙立，塑诸佛、天王等像，各饰以金色跷，栋梁檐牙诸处俱施以五彩。塔有脱落者亦补砌之。由是整然一新，美哉轮奂，视昔有加。

现在的兴平王继承了爵位以后，感叹先王的心愿未了，决心完成先王的遗愿："盖以祖父有欲为之事而未为，子孙善继其志而成就之；祖父有已为之事而可法，子孙善因其事而遵述之。"先后建起前后大殿，以及山门、廊房、方丈室、僧堂等，新塑了诸佛、天王等像，并装饰以各种色彩，大雁塔有砖石脱落者也给予补齐。整个寺庙焕然一新，美轮美奂，比以前更加壮丽。

大慈恩寺侧院

寺庙翻新后，兴平王又聘请僧人入住慈恩寺："复请戒行僧以领庶众，朝钟暮鼓，早香夜经，于以祝延圣寿，于以阴翊皇图。"《陕西省志》记载，这次兴平王聘请的是番僧结列领占，称为"大慈恩寺灌顶净修弘治国师"。估计这次修缮还有没说明的原因，那就是在西安接待前去北京朝贡的西藏僧人。《陕西省志》介绍，成化三年(1467年)二月，结列领占曾与"蒙遣喇嘛著旦领占"向明廷贡献毛氆氇(即羊毛布)，皇帝回赠彩缎等物。这说明大慈恩寺还担负着一定的政治功能。《陕西省志》记载，明武宗正德八年(1513年)四月，大慈恩寺番僧乳奴领占向朝廷请求"修本寺方丈室"，明廷"令工部会年例物料修理，并拨官军3000人，锦衣卫士300人，赴往帮修"。光去帮忙的人就三千三百多人，可见这次修葺，绝非只是修方丈室这点地方，而是大规模的翻修，只是到底建成什么样子，由于史料缺无，现在已经无从考证。

明世宗嘉靖三十四年(1556年),关中大地震,震级约为8级以上,死亡人数约为83万人,大雁塔塔刹也被震落,但塔身安然无恙,但明武宗时期对慈恩寺的大规模修缮,经此次地震,房屋受损非常严重。

另据《慈恩寺功行碑记》记载,“明万历甲辰始修葺之。”万历甲辰年即1604年,慈恩寺的这次重修,历时好几年。《重修雁塔落成碑》有“雁塔古胜迹也,顾年久毁拆,幸当途诸公捐俸修葺,巍然新屹……万历三十三年岁在乙巳孟秋初吉”的字样,“当途”即指官员在任,“捐俸”即捐出俸禄,说明这次修葺是当地官员出资主持的。雁塔的风铃上还写有“万历三十二年重修”的字样,说明这次修葺的主要对象是大雁塔,不仅在塔内重建了楼梯,使之再次能够攀登,而且在外面包裹了36厘米至60厘米的包层,这可能是因为经受了地震后的雁塔塔身出现了裂痕的缘故吧!虽然经过了改造,但却没有改变唐代雁塔的外观,还在雁塔上重新挂上了风铃。这应该是明代最后一次修葺了。崇祯三年(1603年),李自成起义,1644年明朝灭亡。

清代康熙年间,慈恩寺称为“大雁塔寺”或“大塔寺”,当时门前的遇仙桥崩坏,原署四川崇庆州知州王毓贤等出资重建了遇仙桥。关于遇仙桥,《太平广记》卷69记载:“唐太和二年,长安城南韦曲慈恩寺塔院,月夕,忽见一美妇人从三、四青衣来,绕佛塔言笑,甚有风味。回顾侍婢曰:‘白院主,借笔砚来。’乃于北廊柱上题诗……题讫,院主执烛将视之,悉变为白鹤,冲天而去。”这里讲,女仙曾到访慈恩寺,并在大雁塔题诗。可能就是遇仙桥得名的由来。

康熙十年(1671年)的《大塔寺遇仙桥记》记载了这次修桥的缘起:“长安古建都之地,终南耸翠,三川列秀。汉唐以来,名迹犁然,其艳挎人耳目者,则曲江称最。曲江近城东南十里许,旁即大雁塔寺。盖唐慈恩古刹也。唐时进士显名于此,宴乐曲江,飞阁流丹,画舫如蚁,流觞传饮,士女竞观,真不啻如蓬瀛阆苑焉。代远时移,虽风俗非故,然而春旭夜月之际,花明紫陌,柳涨烟村,农人披蓑以犁云,红女采桑以于迈,犹足令人流连不置云。

寺前有桥名遇仙者，旧通溪流，便来往。迩乃倾圮，行者苦之。余辈经临其地，思此曲江名胜之区，名贤菠赏之地，岂可令桥梁湮废，望□褰足乎。遂相约捐资修葺，不匝月而告成。讵敢曰慈航普度，以邀无量功德，聊以利有攸□，永垂后祀，姑述其始。”王毓贤等人从慈恩寺前经过，发现遇仙桥崩坏，行人褰足，想到曲江池和大雁塔是唐长安城的胜地，现今虽然不能与当年比，但周围鲜花盛开，柳树繁盛，农夫披着蓑笠在田间耕作，少女在采摘桑叶，这种美丽的风光也足以让人流连忘返。因此和同僚发心修葺，工程不到一个月就建成了。不敢说这是多大的功德，只敢说方便路人，为后代积点阴德。最后落款人除了出资者的姓名外，还有僧人镇□、镇贤、惟忠、方真、觉义等，应为当时慈恩寺的僧人。

康熙十七年(1678 年)，“大总宪少司马哈公”等人到慈恩寺游玩，发现寺前有供人休憩的轩室一座，十分方便，但房屋破旧，已经漏水，想到唐代慈恩寺之盛况，发心修葺。《重修大雁塔寺前轩记》记载了当时的情况：“康熙十有七载，岁在戊午孟夏二日，弘唯我大总宪少司马哈公……躬与良游，盖适当春省之期而勤分休之意……于是循历香台，周览昔构，有室五楹，据势爽垲，可以留蔽芾之阴，可以命觞咏之乐，其旧可仍，其废可举也。既焉兴怀，葺其遗绪。”这次修葺不是扒掉重建，而是“缭垣之茨棘则剪之，砻证之沙砾则除之。棼呋苴其瓯漏而已，不尚雕饰也；栏先扶其颠危而已，不增丹荨也。”只是把墙上长的荆棘去掉，沙砾去掉，漏水的地方补好，损坏的栏杆修好而已，没有添加雕饰，没有布置花草。这样做的目的是“不烦手足于民，不费中人之产。”即不浪费民力。总之这次修葺是就原有的结构，维护完整而已。

《重修慈恩寺碑记》记载：“国朝康熙戊辰，川陕总督鄂公捐俸重修，底今将近二百余年，画栋朝云，珠帘暮雨，凭式而过者，孰不有今昔之慨哉。”康熙戊辰年(1688 年)，陈景富据《清史稿》，认为鄂海在康熙五十二年才担任川陕总督，因此认为《碑记》可能误将“戊戌”写为了“戊辰”。笔者认为，《碑记》为后人追记，可能参考鄂海当时的碑石纪录，应该不会有错，只因当时鄂海出资修建慈恩寺时，还不是川陕总督，但是他后来曾官至川陕总督。中国人出于对人的尊敬，一般在追记时，称最大的官职。故鄂海修缮慈恩寺的时间，应当是在 1688 年。按照碑记的记载，当时鄂海修建的规模比较大："画栋朝云，珠帘暮雨"，说明当时的殿阁雕梁画栋，珠帘垂挂。

雍正十三年(1735 年)，清国和硕果亲王到寺，机锋颇合，额题"慈云法雨"四字以赠。查"和硕果亲王"是清朝世袭亲王。康熙帝第十七子允礼被封郡王，封号果，死后谥号毅。来慈恩寺题词的就是这个允礼。

乾隆十一年(1746 年)的《慈恩寺功行碑记》记载慈恩寺当时的一次维修："当吾世有憨公者，以正法眼藏，游情翰墨，功行圆满，偈谛流传。灿(粲)公继之，超悟其功，勤息其行，不斤斤语言文字而神明内彻，数十年来，文室门必返，斋厨严整，四方冠簪，远近至者无虚日。曾几何时，而只履西归，讲坛竟寂寂尔乎。印可上人来自谓上，精心戒律，大畅宗风，瞻法座之重登，睹清规之再振，六尘不染，四大俱空，可谓得两公之真印者。"《碑记》讲当时慈恩寺的三位长老，憨公、灿(粲)公、印可上人都是当世的禅僧，很有修行。"慈氏之教，遍于天下，而名蓝宿苑或不转盼而半没于荒烟蔓草，曷可胜数！而穹窿一区，犹唐故物，千百年历浩劫而岿然独存，宁惟造物所护惜，毋亦善知识递相维持之力欤！"印可上人感叹佛教遍于天下，而像慈恩寺这样有名的寺庙居然没于荒烟蔓草之中，尤其是大雁塔，从唐代到清代，历经千年劫难而岿然屹立，于是发心修葺之。这次修葺的主要出资方与主持者是印可上人："印公志之，存菩提智，宝清净珠，功与慈恩并永，而行同雁塔争高，虽玄奘复起，能易吾言乎哉！"这时清国正处于所谓"康乾盛世"的顶峰时期，老百姓比之以前稍稍富裕，寺庙僧人才有能力化缘到足够的钱来修缮寺庙。

道光十二年(1832 年)，《重修慈恩寺碑记》："国朝康熙戊辰，川陕总督鄂公捐俸重修，底今将近二百余年，画栋朝云，珠帘暮雨，凭式而过者，孰不有今昔之慨哉。”鄂海修建的屋顶已经坍塌，雕梁露天；屋檐损坏，雨水打湿了珠帘。昔日华丽的宫殿破败成今天的样子，令人唏嘘不已。

“寺有憨公和尚，绸缪未雨；又有印可上人，经营鸠工，接踵而修，聊以蔽风雨已耳。其后殿堂倾圮，僧舍摧残，人人蒿目。”憨公和印可上人的修缮，不过是能勉强挡住风雨而已，殿堂墙壁倾斜，僧舍破烂。

“何幸而有清元长老席此方丈，精心戒律，大畅宗风，六尘不染，万应俱空，结莲社之盟，衍曹溪之派，上承圣天子劝人为善之雅意，下倡释门皈依僧法之精口，募化檀那，骤兴土木，补葺旧址，建造檐楹，重造山门三间，钟鼓楼二座，天王殿三间，客堂对面六间，厢房十四间，游廊六间，雁塔楼梯完备。即亲王临此，亦当称美矣。况乎皇朝好佛，御颁经典以赐古刹。”幸而有清元长老，禅净双修，化缘修建了山门三间，钟鼓楼两座，天王殿三间，客堂六间，厢房十四间，游廊六间，雁塔内阶梯完备，可以登攀。道光皇帝还赐藏经给慈恩寺。

同治年间，回民起义，义军转战各地。战火所到之处，很多寺观遭受毁坏。大慈恩寺也被毁坏，只留下一座宝塔。光绪十三年(1887 年)兵部侍郎、抚陕使者叶伯英“见夫故址荒凉，佛堂湫隘，题名碑碣委弃于瓦砾榛莽中，不足妥神灵而崇文教。”于是发心重建慈恩寺，建成“寺门五楹、院中增佛殿二，翼以钟鼓两楼，院西为游晏之室。四阅月落成。”这次重建，共花费三千余缗(串)铜钱，出自观察使方伯与叶伯英的私人积蓄，没有耗费民间的财力。“余维斯寺之传……历二百余年乃废而后兴，坠而复举，谓非斯寺之幸欤，而独斯寺之幸也。此邦之科第蔚起，当与斯寺无终极者。”叶伯英认为，清代陕西科举很发达，和慈恩寺与大雁塔有很大关系。陕西现在仍是中国高教大省，也许和大雁塔也有关系吧！

朱子桥(1874—1941 年)名庆澜，字子桥。浙江山阴人，生于山东省长清县。曾任督军，人称朱将军。为人爽直，居官清正，两袖清风。自皈依印光大师后，笃修净土，行持不苟。时陕西大旱，饥民死亡甚众。印公筹款，命朱子桥去陕西赈灾。子桥不辱师命，深得印公嘉许。朱子桥清末在奉天做官，后来调奉天督练公所巡警总局办事，为当时东三省总督赵尔巽所赏识，辛亥革命后积极从事慈善事业。《朱将军重修大慈恩寺功德碑》："民国庚午(1930年)，关辅大饥，适朱子桥将军由五台敦请宝生和尚赈灾来陕，暇日游访汉唐名刹，发愿恢复，如青龙、华严、千福、兴教、卧龙、铁塔等寺。倾者扶之，缺者补之，剥落凋残者涂之新之。"朱子桥在陕西期间，修复了几所著名的佛教寺庙，其中就包括慈恩寺。慈恩寺当时的住持僧常真是个很大度而谦虚的人，甘愿让出住持的位子，通过朱子桥请到山西五台山的宝生和尚来慈恩寺主持工作。这就是《朱将军重修大慈恩寺功德碑》所说的："慈恩常真和尚恭请宝生法师住持慈恩寺务，清规井井，放种施粮，开单结众，寺内置产，种种善举难述。"宝生和尚很有能力，他严格僧人的纲纪，施舍饥民粮食，添置必要物品，更重要的是重修慈恩寺："因念佛寺陵夷，一塔巍然，题名碑偈，半委荒榛，于是经营筹划，规模毕具，添筑献殿五楹，观堂一座，寮房、香积、方丈十余间，修补钟楼二楼，墙垣数十堵，基正浮图七级，金碧辉煌，栋梁灿灼，莲台佛像焕然一新。"这次维修与建设，所用经费由朱子桥老将军、铁道部总长叶虎查等捐献。慈恩寺还创办过"慈恩学院"。其发起者是朱子桥、康寄遥等居士。朱子桥为慈恩学院筹备龙藏一部，大正藏一部，并请太虚法师(擅长唯识学)、持松法师(密宗)、妙阔法师来主持学院工作。太虚法师来陕西巡礼各大祖庭，并在慈恩寺讲《弥勒上生经》。

1952 年，政府出资修缮了山门与两侧的小门。1954 年，整修大雁塔内的楼梯。1955 年，西安市政府开辟了寺内的竹林与花圃。这时慈恩寺尚有僧人八人，有住持、知客等职务区分，住持为宽宗法师，他后来去中国佛学院进修，通玄法师代理住持。1957 年时，慈恩寺僧人和兴善寺、卧龙寺、木塔寺各以本寺田产加入高级农业社。1964 年为了纪念玄奘法师圆寂 1300 周年，两次举行了国内外佛教界人士的纪念法会。

玄奘三藏院光明堂

当前寺庙的方丈为增勤法师。增勤法师于 1962 年出生于甘肃省华亭县，1988 年礼大兴善寺慧雨法师出家学佛，1991 年在河南洛阳白马寺海法法师座下求受具足戒。之后历任西安大兴善寺知客、副监院、监院。1995 年 9 月起调任大慈恩寺监院。1997 年，慈恩寺自筹资金 4500 万对慈恩寺进行全面整修，并开建玄奘三藏院。2000 年 11 月 21 日，是玄奘法师诞辰 1400 周年纪念日，这一天玄奘三藏院建成，从南京灵谷寺分出的玄奘法师头骨舍利也迎请到了玄奘三藏院，方丈室、文管院、碑廊院等也建成，对原有的塑像重新进行了彩绘。同时，增勤法师升座为大慈恩寺新任方丈。2009 年 10 月 28—30 日，由陕西省民族宗教文化交流会、陕西省佛教协会、西安佛教协会主办，西安市大慈恩寺承办，华商报社、西北大学佛教研究所协办的“净心慈恩、盛世长安”长安佛教学术研讨会，在西安市大慈恩寺举行。这次学术会议规格之高，规模之大在陕西乃至全国都是空前的，扩大了大慈恩寺的知名度和影响力。增勤法师非常重视弘扬佛法，在弘扬佛学方面作出了很大的贡献，出资成立了西安市佛教文化研究中心，在那里定期举办名为“雁塔论坛”的佛学讲座，笔者在西安读博士期间，有幸前去开讲 11 次，大大提高了自己对佛学的认识，也结识很多西安的居士朋友，至今回想起来，仍是自己人生中最美好的一段时间，本书中关于宗派介绍的部分，基本上都是当时在“雁塔论坛”上讲座的内容。相信大慈恩寺在增勤法师的带领下，会越办越好，为长安佛教所做的贡献也越来越大！

唯识宗祖庭护国兴教寺

玄奘法师生前在长安活动的主要寺庙是慈恩寺，玄奘法师圆寂后，长眠的寺庙就是著名的护国兴教寺。

护国兴教寺山门

玄奘法师原来去印度时，并未得到政府的同意，属于私自出境。故当他取经归国，走到于阗时，担心太宗不容自己，就借口驮经的大象在河中淹死，缺少坐骑，在于阗停留下来，向太宗通报此事，试探唐太宗的反应。

《自于阗归国表》就是当时玄奘的上书：

> 奘闻马融该赡，郑玄就扶风之师；伏生明敏，晁错恭济南之学。是知儒林近术，古人独且远求，竞诸佛利物之玄踪，三藏解缠之妙说，敢惮途遥而无寻慕者也？玄奘往以佛兴西域，遗教东传，然则胜典虽来而圆宗尚阙，常思访学，无愿身命。遂以贞观三年四月，冒越宪章，私往天竺。践流沙之漫漫，陟雪岭之巍巍，铁门趾险之途，热海波涛之路。始自长安神邑，终于王舍新城，中间所经五万余里，虽风俗千别，艰危万重，而凭恃天威，所至无鲠，仍蒙厚礼，身不辛苦，心愿获从。遂得观耆阇崛山，礼菩提之树；见不见迹，闻未闻经。穷宇宙之灵奇，尽阴阳之化育；宣皇风之德泽，发殊俗之钦思。历览周游，一十七载。今已从钵罗耶伽国，经迦毕试境，越葱岭，渡波迷罗川，归还达于于阗。为所将大象溺死，经本众多，未得鞍乘。以是少停，不获奔驰，早谒轩陛。无任延仰之至，谨遣高昌俗人马玄智，随商侣奉表先闻。

(大意)扶风马融精通学问，郑玄就到扶风去拜师；伏生聪明，晁错就到济南去求学。儒生为了求学都能不畏险远，佛教本是慈济众生、解脱烦恼的妙说，我怎敢畏惧路途遥远而不去求之？我因为佛教虽然东传中国，但一些重要经典还有缺失，常常想去印度求学，为此愿意付出生命的代价。于是在贞观三年(629 年)四月，不顾国家的法令，私自去天竺求经。度过漫漫流沙(塔克拉玛干沙漠)，跨越巍巍雪岭(天山)，经过狭窄的铁门关(乌兹别克斯坦南部)，路过波涛汹涌的热海(今吉尔吉斯斯坦伊塞克湖，因冬天不结冰而在唐代称为热海)。从长安出发，最终到达印度王舍城，中间行程五万里，途经风俗不同的诸国，危险重重，但倚仗着大唐的天威，最终到达印度，完成了自己的心愿，巡礼佛陀讲法的耆阇崛山，礼拜佛陀证道的菩提树，见到了汉地看不到的遗迹，听到了汉地没有听过的佛经。深刻体验到了宇宙中的灵奇，阴阳造化的奇观。我到处宣扬皇帝您的恩泽，同时也思考着异域的不同风俗。我周游各国，已经十七年，现在从印度钵罗耶伽国出发回国，经过迦毕试(今阿富汗喀布尔)，跨越帕米尔高原，渡过波迷罗河，到达南疆的于阗国。因为驮经的大象被河水淹死，所以暂时在于阗停留，但是内心很想早日拜谒陛下，所以派遣高昌人马玄智作为信使，跟随商旅，先去给您送去信息。

《全唐文》中有唐太宗《答玄奘还至于阗国进表诏》：

> 闻师访道殊域，今得归还，欢喜无量，可即速来与朕相见，其国僧解梵语及经义者，亦任将来。朕已敕于阗等道使诸国，送师人力鞍乘应不少乏。令敦煌官司于流沙迎接，鄯善于沮沫迎接。

唐太宗讲，听到法师去异国访道，现在能够归国，感到非常高兴，可速来与我相见，于阗国僧人中若有了解梵语以及理解经意的高僧，也可以随时来。他立刻意识到玄奘是精通西域史地的人才，是大唐经略西域不可缺少的人物，于是催促玄奘即刻归国，并命玄奘带于阗国精通梵语以及经义的高僧，一同回中原。太宗命于阗国护送玄奘，命鄯善方面在且末迎接，命敦煌方面在罗布荒漠迎接玄奘。玄奘弟子慧立、彦悰著《大慈恩寺三藏法师传》，讲述了玄奘到唐境以后的情况：

> 既至沙州，又附表。时帝在洛阳宫。表进，知法师渐近，敕西京留守左仆射梁国公房玄龄使有司迎待。

玄奘到沙州(今敦煌)之后，又给太宗上表，报告行程。太宗当时在洛阳，见到玄奘的表文，知道他快到长安了，就命西京留守房玄龄让有关部门组织迎接。

> 法师承上欲问罪辽滨，恐稽缓不及，乃倍途而进，奄至漕上。官司不知迎接，威仪莫暇陈设，而闻者自然奔凑，观礼盈衢，更相登践，欲进不得，因宿于漕上矣。

玄奘法师听说皇帝要亲征高句丽，恐怕不能第一时间见到皇帝，于是加速前进，提前到了长安，官员们没有想到玄奘这么快就到了，没有派人去迎接。长安百姓听到这个消息之后，纷纷前去观看，竟然将玄奘一行堵在那里，不能前行。于是只好在漕上留宿。

兴教寺玄奘塔

贞观十九年(645 年)春的一天，房玄龄派右武侯大将军侯莫陈寔、雍州司马李叔慎、长安县令李乾祐等前去迎接玄奘，遣人将玄奘所带之物搬进弘福寺，第二天将玄奘所带之物陈列于朱雀大街的南面，达数百件之多：① 在西域所得如来肉舍利一百五十粒；② 摩揭陀国前正觉山龙窟留影金佛像一躯，通光座高三尺三寸；③ 仿制的婆罗痆斯国鹿野苑初转法轮像，刻檀佛像一躯，通光座高三尺五寸；④ 仿制的憍赏弥国出爱王思慕如来刻檀写真像，刻檀佛像一躯，通光座高二尺九寸；⑤ 仿制的劫比他国如来自天宫下降宝阶像，银佛像一躯，通光座高四尺；⑥ 仿制的摩揭陀国鹫峰山说法花等经像，金佛像一躯，通光座高三尺五寸；⑦ 仿制的那揭罗曷国伏毒龙所留影像，刻檀佛像一躯，通光座高一尺有五寸；⑧ 仿制的吠舍厘国巡城行化，刻檀像等。⑨ 安置法师于西域所得大乘经二百二十四部，大乘论一百九十二部，上座部经、律、论一十五部，大众部经、律、论一十五部，三弥底部经、律、论一十五部，弥沙塞部经、律、论二十二部，迦叶臂耶部经、律、论一十七部，法密部经、律、论四十二部，说一切有部经、律、论六十七部，因论三十六部，声论一十三部。一共是五百二十夹，六百五十七部，用二十匹马驮到了长安。《大唐三藏大遍觉法师塔铭》描述当时宏大的场面：“自朱雀至弘福十余里，倾都士女，夹道鳞次。”《续高僧传》："致使京都五日，四民废业，七众归承。当此一期，倾仰之高，终古罕类也。"五天之内，老百姓竟然无人工作，都来看展览。玄奘本人对中国的政治非常了解，如此盛大的局面，说明自己有非常大的影响力，难免会引起政府的疑心，所以他极力避免出现这种情况："奘虽逢荣问，独守馆宇，坐镇清闲。恐陷物议，故不临对。"虽然场面这么大，但他作为这次展览的主角，却不出场，是害怕陷于非议，所以独坐于馆宇内。

然后，法师赶到洛阳，见太宗皇帝于洛阳宫仪鸾殿，太宗的招待规格很高。双方见面后先是客套了几句：

> 帝曰："师去何不相报？"法师谢曰："玄奘当去之时，以再三表奏，但诚愿微浅，不蒙允许。无任慕道之至，乃辄私行，专擅之罪，唯深惭惧。"帝曰："师出家与俗殊隔，然能委命求法，惠利苍生。朕甚嘉焉，亦不烦为愧。但念彼山川阻远，方俗异心，怪师能达也。"法师对曰："玄奘闻乘疾风者，造天池而非远；御龙舟者，涉江波而不难。自陛下握乾符，清四海，德笼九域，仁被八区，淳风扇炎景之南，圣威振葱山之外，所以戎夷君长，每见云翔之鸟自东来者，犹疑发于上国，敛躬而敬之，况玄奘圆首方足，亲承育化者也。既赖天威，故得往还无难。"帝曰："此自是师长者之言，朕何敢当也。"（《三藏法师传》）

太宗先是假装责怪玄奘当初出国怎么没有向他汇报？玄奘回答说，再三上报过，但没有得到皇帝的允许。太宗说：你能舍命求法，惠利众生，我很高兴，我当初没有允许是考虑山高路远，外国人野蛮，怕你到不了印度。玄奘回答很巧妙：我听说乘疾风就能到达天池，坐龙舟者渡江河不难。陛下您手握乾坤，富有四海，道德誉满九州，仁慈泽披八域，您的威名远播葱岭（帕米尔高原）之外。所以外国酋长君主，每次见到从东面飞来的鸟，都感叹是来自于上国，心生恭敬；何况玄奘我一个有教养的大活人呢！既然有陛下您的天威相助，我去来都没有遇到难处。李世民也知道他是在给自己戴高帽，就说这是法师自己的功劳，我哪里有那么大的影响力呢！

李世民在洛阳和玄奘谈了很久，所谈涉及各个方面。从天山以西以及印度的气候到物产乃至风俗，印度摩揭陀时代八王的遗迹，佛陀的遗迹等等。这些内容就连张骞和班超都不知道。玄奘法师亲自到访各地，记忆清楚，表述准确，应对得体，唐太宗非常高兴，对侍臣讲，当初苻坚称道安法师是神器，举朝尊崇；我看玄奘法师言语风雅，意志坚定，不但不低于道安，甚至比道安更在上得多。赵国公长孙无忌也同意这个说法：

> 诚如圣旨。臣尝读《晋国春秋》，见叙安事，实是高行博物之僧。但彼时佛法来近，经、论未多，虽有钻研，盖其条叶，非如法师躬窥净域，讨众妙之源，究泥洹之迹者矣。

长孙无忌说，我曾经读过《晋国春秋》，见到过道安的事迹，他确实是知识丰富、修行很深的高僧。但当时佛法来到中原不久，传入的经典不多，道安虽然钻研很深，但其所了解的只是佛学的枝叶，不如玄奘法师亲自到印度修学，讨论众妙之源和涅槃的真谛。

> 帝又谓法师曰："佛国遐远，灵迹法教，前史不能委详，师既亲睹，宜修一传，以示未闻。"帝又察法师堪公辅之寄，因劝归俗，助秉俗务。法师谢曰："玄奘少践缁门，伏膺佛道，玄宗是习，孔教未闻。今遣从俗，无异乘流之舟使弃水而就陆，不唯无功，亦徒令腐败也。愿得毕身行道，以报国恩，即玄奘之幸甚。"如是固辞乃止。

唐太宗又对玄奘说，印度这么远，具体的情况，前面的历史不能详细讲述。你既然亲自到达，应该写一本传记，将以前没有记录的事情写下来。太宗认为玄奘法师应对自然，见多识广，有治世的能力，就劝他还俗，帮助自己处理政务。玄奘法师说，我少年就出家为僧，信仰佛教，对治世的儒学，没有学习过。现在让我还俗，就像把舟船拉上岸，让其行走一样，不仅没有用，也使自身荒废。所以我希望毕生献身于佛教，用弘法的方式报效祖国。

时帝将问罪辽滨，天下之兵已会于洛，军事忙迫，闻法师至，令引入朝，期暂相见，而清言既交，遂不知日昃。赵国公长孙无忌奏称法师停在鸿胪，日暮恐不及。帝曰："匆匆言犹未尽意，欲共师东行省方观俗，指麾之外，别更谈叙，师意如何？"法师谢称："玄奘远来，兼有疾疹，恐不堪陪驾。"帝曰："师尚能孤游绝域，今此行盖同跬步，安足辞焉？"法师对曰："陛下东征，六军奉卫，罚乱国，诛贼臣，必有牧野之功，昆阳之捷。玄奘自度，终无裨助行阵之效，虚负途路费损之惭。加以兵戎战斗，律制不得观看。既佛有此言，不敢不奉。伏愿天慈哀矜，即玄奘幸甚。"帝信纳而止。

当时太宗正准备讨伐高句丽，大军云集洛阳，军务繁忙，本打算和玄奘法师短暂相见，没想到一说话，竟然不知不觉到了太阳偏西，长孙无忌提醒太宗玄奘法师住在鸿胪寺，天黑就没办法回家了。太宗说，话还没说够，想带玄奘法师到东方行走，在军务之外，还可以详谈。玄奘说，我从这么老远的地方赶来，身体还有疾病，不能经受这样的劳顿。太宗还不甘心，继续问，法师都能一个人到达印度，现在坐车，怎么能推辞呢？玄奘回答，陛下东征，必能获胜，但我并无能够助阵的能力，只是浪费国家的路费罢了。再加上士兵作战，佛教的戒律不让观看，既然佛陀有这样的规定，玄奘不敢不遵循。望陛下体谅玄奘的难处，能够理解。

法师又奏云："玄奘从西域所得梵本六百余部，一言未译。今知此嵩岳之南、少室山北有少林寺，远离廛落，泉石清闲，是后魏孝文皇帝所造，即菩提留支三藏翻译经处。玄奘望为国就彼翻译，伏听敕旨。"帝曰："不须在山，师西方去后，朕奉为穆太后于西京造弘福寺，寺有禅院甚虚静，法师可就翻译。"

玄奘法师上奏皇帝说，我在西域带回来的梵本经书六百余部，一句都还没有翻译。河南嵩山之南、少室山之北有少林寺，远离尘俗，泉石清闲，是后魏孝文皇帝所造，也是当时菩提留支三藏翻译佛经的地方。我希望能为了国家在那里翻译佛经，请皇帝批准。李世民说，不用到山里，你到西方取经后，我为穆太后在长安建弘福寺，那里有个禅院非常幽静，法师可到那里从事翻译。

法师又奏曰："百姓无知，见玄奘从西方来，妄相观看，遂成阛阓(huanhui，人聚集堵塞)，非直违触宪网，亦为妨废法事，望得守门以防诸过。"帝大悦曰："师此意可谓保身之言也，当为处分。师可三五日停憩，还京就弘福安置。诸有所须，一共玄龄平章。"自是辞还矣。三月己巳，法师自洛阳还至长安，即居弘福寺。

兴教寺玄奘法师像

玄奘法师再次上奏皇帝说，老百姓无知，听说我从印度回来，都想观看，所到之处，人群聚集，不仅仅是与国家纲纪不符，也妨碍我举行法事，希望能有人来守门，防止各种过错。太宗欣然同意，说你这是保存自身的请求啊，应该满足你的要求，命令一切事情都交与房玄龄照办。太宗认为，玄奘法师避免和信众直接见面，是"保身之言"，说明他也不希望玄奘法师成为在群众中有巨大号召力的"精神领袖"之类的僧人。而这同时也说明，玄奘以前避免出头的做法是非常必要的。他提出自己要到嵩山少林寺译经，也是主动放低身段，告诉李世民，我没有政治野心，也无意煽动百姓，而是主动隐居深山，翻译佛经。

《续高僧传》记载，玄奘法师还请求太宗在各地调集贤僧，和玄奘共同组成翻译场："既见洛宫，深沃虚想，即陈翻译，搜擢贤明。上曰：'法师唐梵具瞻词理通敏，恐将徒扬仄陋，终亏圣典。’即你中印语言都好，再找其他僧人，则恐怕翻译能力不足，有亏圣典。玄奘回答道：昔者二秦之译门位三千，虽复翻传，犹恐后代无闻怀疑乖信。若不搜举同奉玄规，岂以褊能妄参朝委。频又固请乃蒙降许。”

当初前秦和后秦的译场，有译者三千人之多，虽然经过多人的琢磨，仍然担心后代不信。如果不挑选名僧共同翻译，恐怕有人妄言所编经典为伪经。经过玄奘多次请求，太宗才答应。

据《续高僧传》的记载，玄奘还沟通了中印双方的外交与技术交流：

> 戒日及僧，各遣中使赍诸经宝远献东夏，是则天竺信命自奘而通，宣述皇猷之所致也。使既西返，又敕王玄策等二十余人，随往大夏，并赠绫帛千有余段，王及僧等数各有差，并就菩提寺僧召石蜜匠。乃遣匠二人僧八人，俱到东夏。寻敕往越州，就甘蔗造之皆得成就。

自玄奘归国后，戒日王与菩提寺的僧人，就派使者带着经书与珍宝，来到长安，献给朝廷。唐廷也派王玄策等二十多人到印度，回赠丝绸绫帛一千多段，戒日王和僧侣各有不同的数量。然后请菩提寺僧遣制糖匠二人、僧八人到唐国。这些匠人被派到中国南方，用甘蔗造糖。自此中国学会了制作食糖。

玄奘法师曾几次请求李世民给他翻译的佛经写序言。《进新译经论并求御制经序表》记载：

> 窃闻八正之旨，实出苦海之津梁；一乘之宗，诚涅脖之梯蹬。但以物机未熟，致蕴葱山之西；经胥庭而莫闻，历周秦而靡至。暨乎摩腾入洛，方被三川；僧会游吴，始沾荆楚。从是以来，遂得人修解脱之因，家树菩提之业。固知传法之益，其利博哉。次复严、显求经，澄、什继译，虽则玄风日扇，而并处伪朝。唯玄奘轻生，独逢明圣，所将经论咸得奏闻，蒙陛下崇重圣言，赐使

翻译。比与义学诸僧等，专精夙夜，不坠寸阴。虽握管淹时，未遂终讫。已绝笔者，见得五部、五十八卷。名曰《大菩萨藏经》二十卷，《佛地经》一卷，《六门陀罗尼经》一卷，《显扬圣教论》二十卷，《大乘阿毗达磨杂集论》一十六卷。勒成八帙，缮写如别，谨阙奉进。玄奘又窃见弘福寺尊像初成，陛下亲降銮舆，开青莲之目。会经论初译，为圣代新文。敢缘前义，亦望曲垂神翰，题制一序，赞扬宗极。冀冲言奥旨，与日月齐明；玉字银钩，将乾坤等国。使百代之下，诵咏不穷，千载之外，瞻仰为绝。

玄奘听说，八正道之说，是脱离苦海的桥梁；大乘佛教，是涅槃的阶梯。但是由于机缘不够，致使佛教一直在帕米尔高原以西，历经太古帝王赫胥氏和大庭氏的时代，以及周秦时代都没有接触佛教。东汉时摄摩腾到洛阳，佛教才流传于河南；三国时康僧会到吴国，江南才有佛教流传。从那时起，人们才知道怎么解脱，怎么崇敬佛教。从摄摩腾和康僧会的事迹可以知道，弘传佛法的好处所在，以及好处有多大。后来法显他们西行求经，佛图澄、鸠摩罗什他们相继翻译，虽然使得佛教有了长足发展，但却是在后赵、后秦这样的伪朝进行的。玄奘我有幸与您这样的明君相遇，将所带回的经论上奏朝廷，蒙陛下重视这个事情，并赐予侍者帮助翻译。我与诸僧专心翻译，不荒废片刻光阴，现在已经翻译成五部，十八卷，呈上皇帝御览。我又看到弘福寺圣像初成，皇帝要亲临弘福寺的佛像开光仪式，刚好遇上经论初翻译成功，是这个时代的新译。请求比照前代的例子，皇帝陛下为新译佛经写一序言，赞扬佛法的宗旨。您的序言一定能点出佛经的奥秘宗旨，与日月齐明，使百代以后，千年以后，人民仍然能瞻仰您的圣迹。

玄奘法师还有《进西域记表》：

窃寻蟠木幽陵，云官纪轩皇之壤。流沙沧海，夏载著伊尧之域。西母白环，荐垂衣之主。东夷鳖矢，奉刑措之君。固已飞英曩代，式微前典。伏唯陛下……耀武经于七德，阐文教于十伦。……

玄奘幸属天地贞观，华夷静谧，冥心梵境，敢符好事，命均朝露，力譬秋螽。徒以上假皇灵，下资迸命，飘身迈迹，求遐自远，展转衮拜之乡，流离重译之处。条支巨雀，方验前闻。猕宾孤鸾，还稽曩实。时移岁积，人欲天从。遂得下雪岫而泛提河，援鹤林而栖鹫岭。衹氏园之路，迤逦空存。王舍之基，婆陀可陟。寻求历览，时序推迁。言返帝京，忽将二纪，所闻所履，百有三十八国。窃以章亥之所践藉，空陈广袤。夸父之所凌厉，无述风土。班超侯而未远，张骞望而非博。至于玄奘所记，微为详尽。其迂辞玮说，多从剪弃。缀为《大唐西域记》一十二卷，缮写如别。

东方的蟠木和北方的幽陵，据史官记载是轩辕黄帝的国家。西边的流沙和沧海，夏代的记载是大尧的国土。西王母来朝贡，向无为而治的周穆王献上白环玉玦；东夷的首领鳖矢，向社会治理良好，没有刑狱的大王称臣。这些都是前代的英雄事迹，记载已经不是很清楚了。陛下您文治武功泽被四方，玄奘我幸而出生在贞观朝这个伟大的时代，华夏与狄夷相安无事，可以安心于佛事。可是我想去印度求经，不惜生命，取经路上生命就像朝露那样朝不保夕，力气犹如秋虫那样旦夕将亡。上借着大唐的威名，下凭着命硬，我飘身万里。史书记载条支的大鸟，我已经可以验证确实存在。拘尸那揭罗国释迦佛圆寂的鹤林园、释迦佛讲经说法的鹫峰山、第一所寺庙衹园精舍、王舍城遗迹我都亲身经历。现在回到祖国，将所经一百三八国的情况写出来。夸父追日，没有留下这些地方的记录；班超威震西域，没有到过这么远；张骞所见所闻也没有这么广博。我将这些编为《大唐西域记》十二卷，请陛下御览。

对于玄奘请求为翻译的经文写序，太宗开始并未答应。《太宗文皇帝报请作经序敕书》记载了李世民当时的回复：

省书具悉来意。法师宿标高行，早出尘表。泛宝舟而登彼岸，搜玄道而辟法门。弘阐大猷，荡涤众罪。是故慈云欲卷舒之荫四空，慧日将昏朗之照八极。舒朗之者其惟法师乎。朕学浅心拙，在物犹迷，况佛教幽微，岂孰能仰测。请为经题，非己所闻。又云新撰《西域记》者，当自披览。敕奘和尚。

你的上书我知道了。法师您道德修行高深，早已超出一般水平。您已经到达解脱的彼岸，开辟度人的法门，您阐释大道，扫荡众罪，就像慈云庇护天空，慧日朗照八方。这是只有法师您才能做到的事，我才疏学浅，俗世间的事情还使我迷惑，何况佛法高深玄妙，怎么能随便臆测？所以你请求我为经文写序，确实不是我能胜任的。至于你翻译的《西域记》，这个我会亲自披阅的。

其实这时李世民正在关注于长生术。玄奘见到李世民时，李世民已经到了他的晚年，身体大不如前。《太宗文皇帝与长命婆罗门与玄奘法师书》记载，太宗晚年曾求教于印度“长命婆罗门”，服食印度药以求长命，并向玄奘询问相关事情：

造化陶均，短长异寿，天地覆载，愚智同生。故知上圣上贤，无代不有，然而前王前帝，罕得相逢。朕自顾德薄行轻，智微力浅，幸因夙缘有庆，得遇真人。自慰药已来，手脚渐觉轻损，弥加将慎，冀得全除。抚疲躬而自欢，荷神方而多愧。唯凭命于后药，庶遐龄之可期。必望超促世而长存，驻常颜而不朽，既白之发变素成玄，已弊之躬除衰益壮。此心此愿，其可遂乎。唯竭深诚，敬伫良术。

天地造化，寿命不均。虽然世代都有异人，但前王和异人很少有相逢的。我有幸和真人相遇(长命婆罗门)，自从吃药以后，感觉手脚的毛病有望去除。寄希望于印度药石，能够延长寿命，让容颜不改，白发变黑，已经衰老的身体再次强壮。这种愿望，您觉得能够实现吧！我只有诚心相信，世间有这样的法术。

作为封建帝王，李世民首先关注的是国家的政务。在他相信有道术可以帮助自己延长性命的前提下，我们很难指望他会对佛教有多大兴趣，尤其他还以老子的后裔自居，以前还有把道教、儒教排在佛教之前的政策："太宗在贞观十一年(637 年)春，曾下敕曰：老子是朕祖宗，名位称号，宜在佛先。"（《三藏法师传》）

兴教寺玄奘塔

太宗最后两年，也许是意识到了依靠药物延长寿命的方法不靠谱，而对佛教的态度有了很大改观。贞观二十二年(648 年)六月，太宗在玉华宫诏见玄奘。再次请法师还俗当官，玄奘再次向太宗表明了自己献身佛教翻译事业的决心。对此，太宗也表示尊重，并对玄奘说：

既欲敷扬妙道，亦不违犯志可努力。今日已后，亦当助师弘道。

既然你决心阐扬佛教妙理，我就不勉强你了。从今天开始，我就帮助法师弘扬佛法。这次太宗是真的付诸了行动。他赐予玄奘法师袈裟和剃刀，以示对玄奘法师的尊敬。玄奘也上表致谢："伏奉敕旨，施纳袈裟一领、宾铁剃刀一口……谨奉表陈谢以闻。"

贞观二十二年，太宗应太子李治的请求，颁布了《兴建大慈恩寺敕令》，敕建大慈恩寺。《三藏法师传》记载，太宗在读了玄奘新翻讫的《瑜伽师地论》之后，对侍臣叹道："朕观佛经，譬犹瞻天望海，莫测高深。法师能于异域，得是深法，朕比以军国务殷，不及委寻佛教。而今观之，宗源杳旷，靡知涯际。其儒道九流比之，犹汀滢之池方溟渤耳。而世云三教齐致，此妄谈也。"并敕令有司抄写《瑜伽师地论》九部，颁赐九州，展转流通。玄奘借机再次奏请太宗为佛经写序文。这次太宗不再推托，很快撰成《大唐三藏圣教序》：

盖闻二仪有像显，覆载以含生；四时无形潜，寒暑以化物。是以窥天鉴地，庸愚皆识其端。明阴洞阳，贤哲罕穷其数。然而天地包乎阴阳而易识者，以其有像也。阴阳处乎天地而难穷者，以其无形也。故知象显可徵，虽愚不惑；形潜莫睹，在智犹迷。

《易经》讲阴阳二仪相交，产生各种生灵；春夏秋冬四季交替，成就各种事物。所以即使是凡人也知变化由天地来，但像阴阳二气这样的玄妙的道理，就是贤哲也不能说得很清楚。天地包含阴阳，之所以容易被认识，是因为它能造化出万物的形象；阴阳处于天地之中却不能被说清，是因为它没有形象。所以只要是有形象可以观察，就算是凡人也能认识；如果没有形象的话，贤哲也会迷惑。

况乎佛道崇虚，乘幽控寂，弘济万品，典御十方。举威灵而无上，抑神力而无下。大之则弥于宇宙，细之则摄于毫厘。无来无生，历千劫而不古。若隐若显，运百福而长今。妙道凝玄，遵之莫知其际。法流湛寂，挹之莫测其源。故知蠢蠢凡愚，区区庸鄙，投其旨趣，能无疑惑者哉。

何况佛理都很玄妙，讲的多是人转世轮回的道理，佛教能指引万民，保护他们，佛的法力无上，神力变化无穷，大能弥漫于宇宙，小能控制到毫厘。佛没有来去，可以历千劫而不灭，佛若隐若显，可以庇佑当前的幸福。佛理玄妙，想遵循却不知其规则，思想空寂，想接受它却不知从何处下手。所以可以知道，凡夫俗子，乡野村夫，如果学习佛教的话，能没有疑惑吗？

然则大教之兴，基乎西土。腾汉庭而皎梦，照东域而流慈。昔者分形分迹之时，言未驰而成化。当常现常隐之世，人仰德而知遵。及乎晦影归真，迁仪越世。金容掩色，不镜三千之光；丽像开图，空端四八之相。于是，微言广被，拯含类于三途；遗训遐宣，导群生于十地。

佛教的兴起，在于印度。佛陀托梦于汉明帝，从而流传于东土。当初佛陀在世时，话还没有说完，事情就能办成，不管闭关出关，人民都知道该怎么办。等到佛陀圆寂涅槃，不在世间活动，虽有画像、塑像流传却不能说明其内涵。于是，佛陀的理论开始被人重视，他的遗训，被收集整理，承担着教化的功能。

然而，真教难仰，莫能一其旨归；曲学易遵，邪正于焉纷纠。所以空有之论，或习俗而是非，大小之乘，乍沿时而隆替。有玄奘法师者，法门之领袖也。幼怀贞敏，早悟三空之心；长契神情，先包四忍之行。松风水月，未足比其清华。仙露明珠，讵能方其朗润。故以智通无累，神测未形。超六尘而迥出，只千古而无对。凝心内境，悲正法之陵迟。栖虑玄门，慨深文之讹谬。思欲分条析理，广彼前闻；截伪续真，开兹后学。是以翘心净土，往游西域。

然而，佛理过于玄妙，人们不能统一理解，从而出现各种争论。所以出现所谓空有之争、戒律之争、大小乘之争，在不同的时期表现也不一样。玄奘法师，是僧界的领袖，他年幼时就很聪明，悟到出世的道理，长大了意志坚定，能持佛教各种戒律。就是松林之风、水中明月都不能比拟其清华，仙露和明珠，也不能比拟其朗润。所以他的智慧可以通达没有形象的玄理，玄奘法师是超凡脱尘、千年不遇的大才，他静心思考，对佛理的争论感到痛心，深感当时许多理论不能被正确理解，所以想学到中土学不到的东西，断绝错误的理论，为后世开启正确的学说。于是毅然西行，到西域求经。

乘危远迈，杖策孤征；积雪晨飞，途间失地；警沙夕起，空外迷天。万里山川，拨烟霞而进影。百重寒暑，蹑霜露而前踪。诚重劳轻，求深愿达，周游西宇，十有七年。穷历道邦，询求正教。双林八水，味道餐风。鹿苑鹫峰，瞻奇仰焙。承至言于先圣，受真教于上贤。探赜妙门，精穷奥业。一乘五律之道，驰骤于心田；八藏三箧之文，波涛于口海。

玄奘法师一人一杖西行，踏着积雪，迎着风沙，路上万里山川，只有自己的影子陪伴；冬去春来只有踏着寒霜前进。他诚心求法，达到愿望，周游西域十七年。他在印度双林苑，凭吊佛陀圆寂的地方；在鹿野苑、鹫峰山，瞻仰佛陀的遗迹。向印度圣人学习佛家的玄理，穷尽了佛理的奥妙，所有的道理都藏于心田，所有的理论，都能脱口而出。

爰自所历之国，总将三藏要文，凡六百五十七部，译布中夏，宣扬胜业。引慈云于西极，注法雨于东垂。圣教缺而复全，苍生罪而还福。湿火宅之乾焰，共拔迷途；朗爱水之昏波，同臻彼岸。是知，恶因业坠，善以缘升。溴坠之端，唯人所托。譬夫，桂生高岭，云露方得泫其华；莲出绿波，飞尘不能污其叶。非莲性自洁，而桂质本贞。良由所附者高，则微物不能累；所恁者净，则浊类不能蝉。夫以卉木无知，犹资善而成善，况乎人伦有识，不缘庆而成庆。方冀兹经流施，将日月而无穷，斯福遐敷，与乾坤而永大。

玄奘法师把他所经历的国家所收集到的三藏经文，一共657部，翻译成中文，宣扬佛教。佛经中有缺失的补全，苍生中有罪过的还能重新悔过得福，能够把东土众生从迷途中引出，走向幸福的彼岸。所以知道，怎么使恶业灭去，善业生出，完全在于人自己能否依据正确的理论。打个比方说，桂树生在高山上，云露才能滋润其花朵，莲花从水中长出，尘土才不能染污其叶，这并不是因为莲花和桂花本身高洁，而是因为它们所处的环境好，浊物不能染污而已。花木没有情感，尚且能够依靠善而得到善，何况人有情感，怎能不根据正确的佛经而成就呢！所以我寄希望于玄奘法师翻译的经典，和日月一样永存；其造福泽，如同乾坤那么广大。

玄奘归国后，面临的是佛教在新兴的大唐朝被道教、儒教压制不利局面。

如何能扭转皇帝对佛教的偏见，提高佛教在社会中的地位，是玄奘一直追求的目标。为此，他不惜花费很多时间，身段柔和地与太宗、高宗、武则天周旋，千方百计使他们一点一点地提高佛教的地位。在太宗写了《三藏圣教序》之后，玄奘马上回表致谢：《谢太宗文皇帝制〈三藏圣教序〉表》：

> 沙门玄奘言：窃闻六爻探赜，局于生灭之场。百物正名，未涉真如之境。犹且远微义册，覩奥不测其神；遐想轩图，历选并归其义。伏惟皇帝陛下玉毫降质，金轮御天，廓先王之九州，掩百千之日月。斥列代之区域，纳恒沙之法界。遂使给园精舍并入提封，贝叶灵文咸归册府。名往因振锡，聊谒崛山。经途万里，怙天威如咫步。非乘千叶，诣双林如食顷。搜扬三藏，尽龙宫之所储。研究一乘，穷鹫岭之遗旨。并已载之素象，还献紫宸。寻蒙下诏，赐使翻译。名识乘龙树，谬忝传灯之荣。才异马鸣，深愧写瓶之敏。所译经论纰舛尤多，遂荷天恩，留神构序。文超象系之表，若聚日之放千光。理括众妙之门，同法云之濡百草。一音演说，亿劫罕逢。忽以微生亲承梵响，踊跃欢喜，如闻受记，无任欣荷之极。谨奉表诣阙陈谢以闻。谨言。

大殿

玄奘听说，《易经》中六爻预测事物非常准确，但也只是局限于生灭的现象界；儒教将百物规定名号，也并没有涉及世界的本源。即使如此，《易经》也能有多种总结，能够让人了解其基本内涵，儒家经典也有各种注释，能够宣扬其奥义。只有皇帝陛下您挥毫赐诏，我才能将所到的地方都写出来，所找的经文都翻译出来，能够造典成册，藏之于府，流传后世。依仗皇帝的天威，后人读《大唐西域记》，就可以将玄奘所走万里，一步走完；不用乘坐千条舟船，就可以在一顿饭的时间到达佛陀涅槃的印度双林园。在中国就可以把龙宫所藏的经论全部找到，也可以穷尽佛陀经法的宗旨。陛下您下诏让我翻译佛经，没有龙树的聪明，使我翻译佛教名相，常担心翻译出错；没有马鸣的才能，常常自责自己的愚笨。我所译的经文实际上错误很多，但皇帝陛下赐予天恩，认真题写了序文。陛下的序文超出了《周易》象数的表面想象，像太阳那样光芒四照；您所讲的道理，概括了众妙之门，如同雨水滋润百草。皇帝陛下的序言，是一亿劫都难碰到的法语，玄奘我有幸今生得到陛下的文章，高兴地如同蒙受了佛陀的授记，用语言无法表述我内心的欢喜之情。只能以此表文致谢。

唐太宗也非常谦虚：《答玄奘谢御制三藏序敕》：

> 朕才谢珪璋，言惭博达。至于内典，尤所未闲。昨制序文，深为鄙拙。恐秽翰墨于金简，标瓦砾于珠林。忽得来书，谬承褒赞，循躬省虑，弥益厚颜，善不足称，空劳致谢。

我文才不够高雅，言辞不够博达，至于佛教典籍，更是不懂。昨天所写的序文，自己感到很外行，此序文放入佛经，就像瓦石放入了珠林，我也恐怕自己用词不当，玷污了佛典。现在忽然得到你的上书，谬词褒奖，自己越想越觉得自己脸皮厚。这篇序文称不上好，还让你来信致谢。

玄奘一再请求太宗和高宗给所翻译的经论写序，目的就是为了让其流通。所以很快玄奘就给太宗上了《请经论流行表》：

> 窃以玄宗无兆，因名教以垂训；法本无为，资言象以成化。是知诠名教者法王之善权，阐言象者圣帝之能事。非夫三达遐鉴四弘俯济，孰能抚金轮之运，弘玉毫之教者欤。伏惟皇帝陛下繁齐作圣，钦明体道。革浇弊之俗，垂邕穆之化。风教被于三千，疆场掩于百亿。临八政而命驾，驭五乘而载驰。屈方外之迹，据

域中之位。四海无虞，万机有暇。储慧宝于麟阁，引智水于龙宫。

我认为大道无形，以名分来训导；道本无为，凭借传播以教化。所以知道诠释名教，是法王教主的善权方便之说；对学说进行解释和弘传，是帝王的功德。如果不是再三地学习与帮助，谁能为圣教挥毫写序呢！只有皇帝陛下体察大道，革去流弊，行无为之治，使得佛教的教化可以流布全国，受益于天下。皇帝陛下高坐中原，却能君临天下，使万国来朝，四海无虞，使国家处处充满生机，皇帝陛下将智慧的宝藏藏于麟阁，将龙宫的智慧引来。

玄奘业谢疏通，学惭稽古。肃承明诏，详译梵文。内顾庸愚，惧乖玄旨。深惟诚款，恐蛊大猷。是以夙夜非懈，身心无怠。皇化所覃，无谬一音之说；灵者见所佑，有感一人之心。皎日回三舍之明，丹诚动九重之听。爰纡神衷，序明圣教。词峰切汉，已振释主之宫；义海浮天，将动梵王之请。由是牟尼大训，资圣藻而照宣；般若微言，凭帝猷而光阐。

玄奘我才浅学疏，不敢和古代高贤相比。但承圣旨，将梵文佛经翻译为汉文，想到自己资质平庸，经常担心翻译的文句与佛经本意不符，对弘扬大道不利。所以我白天夜里都不敢懈怠，身心高度集中。皇帝所题写的序言，没有一个字错误，就是神灵见到，也会感动；太阳的光芒遇到陛下的序文，也将回避；九重之上的天人，也会觉察到陛下的诚心。陛下的序文已经撼动帝释天的宫殿；陛下所述的佛理，堪比大梵天王的请益。因为陛下的功德，佛教将凭借圣言而传播，般若学的微言大义，将凭借陛下的功德而教化。

然而幽居陋俗，未闻梵响之声；边荒远鄙，讵睹天文之丽。其见译讫经论，请冠御制《三藏圣教序》及皇太子《述圣记》，宣布远近，咸使闻知。大郡名州、各施一本。是则道不虚行，法无留滞。慧云布于遐迩，法雨澍于中外。皇灵享法施之福，永永无穷；黎元阜法财之用，生生无遗。不任诚恳之至，谨奉表陈请以闻。伏愿天慈赐垂矜允。

可是，非常偏僻的地方，仍然听不到陛下的序言，看不到陛下的序文。玄奘启请将陛下御制的《三藏圣教序》以及皇太子的《述圣记》，在各地宣布，让远近都能知道。大郡及各个州，都能分发一本。这样，大道将遍布华夏，没有滞留。佛法传布远近，法雨灌溉中外。帝祚享此功德可以永保，黎民享受这种好处，可以达到世世代代。玄奘诚恳祈求陛下能够同意我的请求。

兴教寺楼阁

唐太宗“助师弘道”的又一个举措是敕玄奘为慈恩寺上座：“营慈恩寺，渐冀向功，轮奂将成。僧徒尚阙，伏奉敕旨，度三百僧，别请五十大德，同奉神居，降临行道。其新建道场，宜名大慈恩寺。别造翻经院，虹梁藻井，丹青云气，琼础铜沓，金环花铺，并加殊丽。令法师移就翻译，仍纲维寺任。”慈恩寺就要建成了，非常美丽，但是还缺僧众。因此敕令度三百僧，另外请五十大德，进驻慈恩寺，另外再建翻经院，非常壮观，请玄奘法师入住，充认上座。

贞观二十二年(648 年)九月，太宗还做了一件“助师弘法”的事情，那就是度僧。太宗问玄奘：“欲树功德，何最饶益？”玄奘对以“度僧为最”。太宗即下诏度僧。《从玄奘言度僧诏》云：

> 昔隋季失御，天下分崩，四海涂炭，八埏鼎沸。朕属当戡乱，躬履兵锋，丞犯风霜，宿于马上，比加药饵，犹未痊除。近日以来方就平复。岂非福善所感而致此休徵耶。京城及在下诸州寺宜各度五人，弘福寺宜度五十人。

当初隋朝失去对国家的控制，天下大乱，全国人民生活于水深火热之中。我亲帅大兵戡乱，风霜雪雨中睡在马背上，四处征战。好比用药于病人，打仗死人那是没有办法的事情。近日来平复了各种战乱，岂不是善业的回报吗！京城天下诸州寺宜各度五人，弘福寺宜度五十人。

贞观二十二年，即公元 648 年，于阗国王伏阇信随使节入唐，宣布归附于唐。玄奘法师归国时从于阗国经过时，知道于阗国内存有不少他没有收集到的佛经，听到于阗归附的消息，他恳请太宗派人到于阗国取经，《请取梵本表》：

沙门玄奘言

前件经律等，并是五乘轨辙，三藏奥旨。文义既弘，学徒钦尚。玄奘往于西域，遍访遗文，所获众经，部余六百，前件经律尚未得来。至于大法流通，有所未悉。今并在于阗国，宛然具有。伏唯陛下则天御宇，光启大猷，膺录受图，弘扬正法，殊方异类重译来朝，于阗蕃王今归圣化。伏愿降敕遣进，翻译有期。

有些经律典籍，讲的都是佛教的精辟义理，所论都很重要，学习的人也很多。玄奘我去印度，寻找中土没有的经论，得到了六百部经论，但有些经律还不具备，导致弘传佛法，有些缺憾。这些经典，在于阗国还有。陛下您治理寰宇，弘扬大道，不同的国家都来归附，于阗藩王也来归化。请陛下降旨将这些经典送来，将它们翻译出来。

贞观二十三年(649 年)四月，太宗在翠微宫与玄奘论道时，对玄奘所说因果报应之理逐渐相信。太宗也许预感到自己将不久于人世，几次对玄奘法师怅叹道："朕共法师相逢晚，不得广兴佛事。"感叹自己护持佛教太晚。这年五月，唐太宗驾崩。

相比于太宗到最后两年才真正信仰佛教，高宗李治对佛教的信仰更早，因而与玄奘的关系更好。玄奘在译出第一批经《大菩萨藏经》等五部五十八卷后，请求太宗写序未果。高宗李治当时以太子身份为玄奘写了《菩萨经后序》：

盖闻羲皇至赜精粹止于龟文，轩后通幽雅奥穷于鸟篆。考丹书而索隐，殊昧实际之源。徵绿错以研几，盖非常乐之道。犹且事光图史，振虞董于八埏。德洽生灵，激尧波于万代。伏惟皇帝陛下，转轮垂拱而化渐鸡园，胜殿凝旒而神交鹫岭。总调御于徵号，匪文思之所窥。综般若于纶言，岂系象之能拟。由是教覃溟表，咸传八解之音。训浃寰中，皆践四禅之轨。遂使三千法界，尽怀生而可期。百亿须弥，入提封而作镇。尼连德水，迩帝皇之沧池。舍卫庵园，接上林之茂苑。虽复法性空寂，随感必通；真乘深妙，无幽不阐。所谓大权御极，导法流而靡穷。能仁抚运，拂劫石而无尽。体均具相，不可思议，校美前王焉，可同年而语矣。

伏羲的文化贡献就是神龟驮出的河图，轩辕黄帝的文化贡献是鸟体的篆文。考证史书，探究本源，这都是研究现象层面的东西，既和宇宙的真实本质不同，也不能让人永远解脱。但即使如此，伏羲和黄帝的贡献都足以教化四方，使生灵受益于万代。我们皇帝陛下，在东土治国，推行佛教，如同阿育王建立鸡头摩寺，佛陀在鹫峰山讲法。太宗弘扬的这种殊胜的佛法，不是文学考证能了解，也不是《周易》的象数所能比拟。由于太宗皇帝的弘法，四海之内都在学习佛教的义理，都在践行禅定的玄妙。这就使人们有了进入涅槃法界的希望，人生有了目的。也使印度的尼连德河水，流到长安的曲江，印度舍卫国的寺庙和长安的上林苑连接。佛教之法虽然空寂微妙，但有感必通，能把人死以后的一切事情讲述清楚。这就是人们所说的掌握了枢机，就可以控制自己的人生变化；佛陀的智慧，历尽劫波而永存。无论是佛教的真理还是名相，都不可思议。因此，弘扬佛教的太宗的文德，不是前王能够比拟的。

爰自开阐地限，流沙震旦未融。灵文尚隐，汉王精感，托梦想于元宵。晋后翘诚，降修多于白马。有同蠡酌，岂达四海之涯。取譬管窥，宁穷七曜之奥。洎乎皇灵遐畅，威加铁围之表；至圣发明，德被金刚之际。恒沙国土，普袭衣冠，开解脱门，践真实路。龙宫梵说之偈，必萃清台。猊吼贝叶之文，咸归册府。洒兹甘露，普润芽茎。垂此慧云，遍蝉胗走。岂非归依之胜业，圣政之灵感者乎。

从佛教出现于印度后的很长时间，都未能传到中国，致使这么好的东西，中国人却不知道。直到汉明帝夜梦金人，佛教才正式传入华夏。晋朝时期，才开始组织在白马寺翻译佛经。但那时的翻译如同用小勺子在海中取水，如同在管中看世界，怎么能理解佛法的真实之意呢？自从我大唐建立，威风达到铁围山（世界的尽头），道德泽被金刚轮（世界的支撑），恒河沙一样多的国家，都接受了佛教，修行佛教。龙宫所藏的经藏，印度流传的贝叶经文，都被收藏造册，收藏起来。这样就使得所有的生灵，都能够受到佛法的滋润，受到佛法的保护。这不正是有益于自己、有助于国家的好事吗？

大菩萨藏经者，大觉义宗之要旨也。佛修此道，以证无生。菩萨受持，咸登不退。六波罗蜜，关键所资。四无量心，根力斯备。盖彼岸之津涉，正觉之梯航者焉。贞观中年，身毒归化。越热坂而颁朔，跨悬度以输睬。文轨既同，道路无壅。沙门玄奘，振锡寻真出自玉关，长驱奈苑至于天竺。力士生处，访获者经。归而奏上，降诏翻译，于是毕功。余以问安之暇，澄心妙法之宝，奉述天旨，微表赞扬。式命有司，缀于终卷。

《大菩萨藏经》，是大乘佛教的宗旨。佛凭借修行本经，能够证得无生法忍，菩萨受持此经，修行就不会退转，其所讲的六波罗蜜和四无量心，都是修行的关键。这说明《大菩萨藏经》是到达彼岸和正觉的阶梯。贞观中年，印度归化大唐，从印度到中国的道路畅通，沙门玄奘，独自一人出玉门关，到天竺求法，从护法力士降生的地方取来佛经，回到中国后奏明圣上，皇帝下诏翻译，才有了这些经典的翻译成就。我在慰问的闲余时间，观阅玄奘法师翻译的佛经，叙述其宗旨，给予表扬，并命令有司，将之缀于卷末。

除了《菩萨经后序》外，高宗还有《述三藏圣教序记》：

夫显扬正教，非智无以广其文；崇阐微言，非贤莫能定其旨。盖真如圣教者，诸法之玄宗，众经之轨躅也。综括宏远，奥旨遐深。极空有之精微，体生灭之机要。词茂道旷，寻之者不究其源。文显义幽，履之者莫测其际。故知，圣慈所被，业无善而不臻。妙化所敷，缘无恶而不剪。开法网之纲纪，弘六度之正教，拯群有之涂炭，启三藏之秘局。是以名无翼而长飞，道无根而永固。道名流庆，历遂古而镇常。赴感应身，经尘劫而不朽。晨钟夕梵，交二音于鹫峰。慧日法流，转双轮于鹿苑。排空宝盖，接翔云而共飞；庄野春林，与天华而合彩。

没有智慧就不能显扬佛教，不是贤明就不能定其宗旨。因为佛教是非常玄妙的法门，涉及面广，推理又深，讲的都是现象界与本质界的关系和身前身后的道理。用词丰富，名相繁多，研究者常不能理解其典故由来；意义深远，修行者不知深浅。所以知道，佛陀的妙法，能立各种善业，能除去各种恶业，为人民树立行为的纲纪，弘扬六度的教理，拯救苦难的百姓，开启三藏的秘密，因此佛陀的名字没有翅膀就能传得很远，他创立的佛教没有根芽却能永远存在。佛陀的法门流传千年而不坠，佛陀的大名经历尘劫而不朽。寺庙里的晨钟暮鼓，都是佛陀在鹫峰山讲法的再现，各种佛教学说派别，都是佛在鹿野苑的初转法轮的重演，寺庙做法事的宝盖，和翔云共飞，野外树林里的招提，和大自然和谐相处。

伏惟皇帝陛下，上玄资福，垂拱而治八荒；德被黔黎，敛衽而朝万国。恩加朽骨，石室归贝叶之文。泽及昆虫，金匮流梵说之偈。遂使阿耨达水，通神甸之八川，耆阇崛山，接嵩华之翠岭。窃以法性凝寂，靡归心而不通。智地玄奥，感恳诚而遂显。岂谓重昏之夜，烛慧炬之光；火宅之朝，降法雨之泽。于是百川异流，同会于海。万区分义，总成乎实。岂与汤武校其优劣，尧舜比其圣德者哉。

只有太宗皇帝陛下，蒙上天的护佑，治理天下，才德泽被天下百姓，各国蛮夷都来朝贡。由于太宗皇帝的恩准，将印度传来的贝叶经藏入石室，将印度传来的药方收入医典。这就使印度的阿耨达水，通到了长安的八水；印度的耆阇崛山，连接嵩山的翠岭，让水深火热中挣扎的华夏民众，受到法雨的滋润。于是百川分流，汇于大海，佛经学说各种，阐述的都是法界真实。商汤和周武王的武德，尧舜的品德，都只是现象界的事情，怎么能与佛陀讲真实界的功德相比呢！

玄奘法师者，夙怀聪令，立志夷简，神清龆龀之年，体拔浮华之世。凝情定室，匿迹幽岩。栖息三禅，巡游十地。超六尘之境，独步迦维。坐一乘之旨，随机化物。以中华之无质，寻印度之真文。远涉恒河，终期满字。频登雪岭，更获半珠。问道往还，十有七载。备通释典，利物为心。以贞观十九年二月六日奉訾于弘福寺翻译圣教要文凡六百五十七部。引大海之法流，洗尘劳而不竭。传智灯之长焰，皎幽暗而恒明。自非久植胜缘，何以显扬斯旨。所谓法性常住，齐三光之明。我皇福臻，同二仪之固。伏见御制众经论序，照古腾今。理含金石之声，文抱风云之润。治辄以轻尘足岳，坠露添流，略举大纲，以为斯记。

玄奘法师，立志高远，早年就脱离了浮华的俗世，在幽谷中禅定修行，神游十地。当时的才能就冠绝中夏。因为当时中国佛教争论不息，难辨真伪，法师远赴印度求取真义。法师翻过雪岭，渡过恒河，完整了对教义的理解之后就返回故国，来回耗时 17 年。法师通达各种佛经典籍，一心利益众生，从贞观十九年二月六日奉旨于弘福寺翻译佛经，共 657 部。法师引佛法之大海，洗去众生之尘劳，永不停歇；传智慧之明灯，将黑暗照明。如果不是久远以来就有殊胜的因缘，怎么能够显扬佛教的宗旨？法性常住，与日月星三光相等，我大唐的基业，如阴阳二气般永固。我看到太宗皇帝所做的《大唐三藏圣教序》，照古耀今，理论深邃，文风优美。李治我像轻尘比之嵩岳那样，也写这样一篇序文，微不足道，仅仅略举大纲，作为纪念。

玄奘法师以《谢<述圣记>启》向李治表示致谢：

> 窃以识真者寡，每苦徂东之路；迷方者众，共仰司南之车。况乎大道玄远，妙门虚寂，非乘叡智，孰能诠序者哉。伏惟皇太子殿下体资宸极，仁被春方，照佛日以重耀，绍法轮于将坠。津梁有属，传灯斯在。玄奘志穷佛道，誓捐躯命。粤自东夏，愿至西方。皇灵护持，得经论六百五十七部，寻蒙恩敕，令玄奘翻译。爰降慈旨，为制序文。布慈云于尘劫，澍惠雨于沙界。殿下游刃三藏，仰弘十善。复令制述圣之记，光阐大猷。明实相之门，则有而不有；谈空寂之境，则空亦皆空。犹得神衷，远超系表。名未澄浊水，忽得明珠，谨当顶受奉持，永为心镜。

藏经楼

了解真谛的人很少，所以大众常常为迷惑所扰；迷路的人多，所以才要仰仗指南车的帮助。何况佛法玄妙，没有智慧，谁能给佛经写序呢？只有皇太子殿下，体智兼备，仁慈爱物，让佛法的慧日重新普照，让将要坠下的法轮重转。这样，佛法才能继续做普度众生的桥梁，并且继续存在下去。玄奘我立志献身于佛教，为此不惜付出身命。从中国到印度，由于皇灵的护持，得到经书 657 部，蒙皇帝降旨，让我翻译。随后皇帝又写了序文，就像将慈云布满尘劫，降法雨于法界。殿下您熟悉三藏经论，践行十善，又写了《述圣记》，阐释大教，讲空有之辨，空寂之境，都尽得精髓，比那些肤浅的论述强多了。

我玄奘就像还未澄清浑浊的河水，就得到了明珠，自当恭敬奉持殿下的序文，永远记在心间。

李治也知道玄奘是给他戴高帽子，就很谦虚地回复了玄奘，《答玄奘谢启书》：

> 治素无才学，性不聪敏。内典诸文，殊未观览，所作论序，鄙拙尤繁。忽见来书，褒扬赞述。抚躬自省，惭悚交并。劳师等远臻，深以为愧。

李治我素来没有才学，也不聪明。佛教经典，并没有认真学过，所写的序言，非常糟糕。忽然看到大师的致谢书这么褒奖我，感觉非常惭愧。大师这么忙，还劳大师写书致谢，感到非常不安。

显庆元年(656 年)正月，黄门侍郎薛元超、中书侍郎李义府参谒玄奘，问及古来翻经仪式。玄奘说，自苻坚、姚兴以来，翻译经论，除了僧人以外，还有文人润色，唯今没有。玄奘特请二人代为奏请高宗，派些能文之臣润色译文。高宗欣然同意，颁布《敕于志宁等助玄奘翻译令》："大慈恩寺僧玄奘，所翻经论，既新翻译，文义须精。宜令太子太傅尚书左仆射燕国公于志宁、中书令兼检校吏部尚书南阳县开国男来济、礼部尚书高阳县开国男许敬宗、守黄门侍郎兼检校太子左庶子汾阴县开国男薛元超、守中书侍郎兼检校右庶子广平县开国男李义府、中书侍郎杜正伦等，时为看阅，有不稳便处，即随事润色。若须学士任量，追三两人。"高宗命太子太傅于志宁、中书令来济、礼部尚书许敬宗、黄门侍郎薛元超、中书侍郎李义府、杜正伦等为玄奘翻译的佛经润色。可见玄奘对自己一生的事业是多么的重视，而高宗李治也给予了相应的支持。

大慈恩寺建成后，玄奘并请高宗为寺撰文建碑，皇帝应允，写了一篇文章。玄奘进一步提出"碑是圣文，其书亦望神笔。"要求皇帝撰写碑文，高宗开始未答应，但经过玄奘再次上表，高宗终于允诺。显庆元年(656 年)四月，高宗亲撰石碑刻成。玄奘知道这是抬高佛教地位的好机会，就大举造势，率僧尼至芳林门远迎，官府也组织了庞大的太常九部乐和京师长安、万年二县仪仗队送碑入寺。“从芳林门至慈恩寺，三十里间烂然盈满。”高宗看到盛况空前，也很高兴。

永徽六年(655年)11月，武则天封后，显庆元年(656年)，武则天怀孕，害怕难产，想请玄奘法师给予加持护佑。玄奘进宫为皇后护佑，还出现了祥瑞，于是给皇帝皇后上《贺赤雀飞临御帐表》：

> 沙门玄奘言：玄奘闻白鸠彰瑞，表殷帝之兴；赤雀虽符，示周五之盛。是知穹旻降祥，以明人事，其来久矣。今日申后酉前，于显庆殿庭内见有一雀，背羽俱丹，腹足咸赤。从南飞来入帐，止于御座，徘徊踊跃，貌甚从容。见是异禽，乃谓之曰：皇后在孕，未遂分诞，玄奘深怀忧惧，愿乞平安。若如所祈，为陈喜相，雀乃回旋，蹀足示平安之仪，了然解人意。玄奘深心欢喜，举手唤之，又徐徐相向，乃之逼之不惧，抚之不惊。左右之人，咸悉共见。玄奘因为受三戒，极其雅意。未及执捉，从其徘徊，遂复飞去。伏惟皇帝皇后，德通神明，恩加兆庶，礼和乐洽，仁深义远。故使羽族呈祥，神禽效质，显子孙之茂，彰八百之隆。既为曩代之体符，亦是当今之灵贶。玄奘轻生有幸，肇属嘉祥，喜惆之深，不敢缄默，略疏梗概，谨以奏闻。若其羽翼之威仪，阳精之淳伟，历代之稽古，出见之方表，所不知也。谨言。

玄奘听说，白色的斑鸠出现，预示着殷商的兴起，红色的鸟雀出现，预示着周代的繁盛，所以知道天降祥瑞，以证明人事，是很早就证明的道理。今日我在显庆殿内见到一个雀鸟，全身都是红色，连脚都是红的，从南方飞到殿内，停在御座上，跳来跳去，一点也不害怕。我看到这不是一般的鸟雀，就问它：皇后现在有身孕，还没有分娩，玄奘我非常担心，祈求她能平安生产，如果皇后果然能够平安生产，请你给显示高兴的样子。于是红雀在殿内盘旋飞行，表示会平安生产。玄奘我感到满心欢喜，举手唤之，并慢慢走向它，它也不害怕，我用手抚摸它，它也不惊慌。左右之人都看到了这个令人惊奇的场面。玄奘我因为受过三戒，知道不能捉它。它徘徊了一阵之后就飞走了。皇帝皇后，德行感动神明，恩泽亿万百姓，行礼乐，施仁义，所以让鸟类呈祥，显示子孙茂盛之意。这种祥瑞，先代出现过，今天再次出现，玄奘有幸见到此瑞兆，非常高兴，不敢隐瞒，就将事情的梗概写出，告诉皇上与皇后。此红雀的精神与颜色具足，历代的记述都没有这么详细。

玄奘据此认为武则天这次必然会平安生产，并且可能是个男孩，建议如果是个男孩，则请皇子出家为僧。后来唐高宗和武则天的三子李显果然出生，玄奘给起法名佛光王，并上《庆佛光周王三日并进衣钵锡杖表》恭贺：

沙门玄奘言：

> 名闻，易嘉日新之义，诗美无疆子孙。所以周祚过期，仅历遐缅者，应斯道也。又闻，龙门洄激，资源长而流远；桂树丛生，藉根深而芳蔼。伏惟皇运累圣相承，重规叠矩，积植仁义，浸润黎元，其来久也。由是二后光膺大宝，为子孙基，可谓根深源长矣。逮陛下受图，功业俞盛。还淳反素，迈三五之踪；制礼作乐，逸殷周之轨。不持黄屋为贵，以济兆庶为心。未明求衣，日昃忘食，藻练英贤，布之列位，裒能黜过，励精正道，一人端拱，万里廓清。虽成康之隆，未至于此。是以卿云纷郁，江海无波。日域遵风，龙乡沐化。荡荡乎巍巍乎，难得而备言矣。既而道格穹苍，明神降福；令月喜辰，皇子载诞；天枝广茂，琼萼增敷；率土怀生，莫不庆赖。

《周易》有日新的精神，《诗经》能受益于子孙。所以周朝存在时间很长。又听说龙门之水，源远流长，桂树高大，根深而花香。于此相类似，大唐皇运是李氏皇祖先多代广植仁义、造福黎民而积累下来的，并由太祖、太宗二位皇帝发扬光大。等到陛下登基，功业更大，不以黄金为贵，以百姓的福利为重。为了国事，陛下废寝忘食，挑选贤才，使其为国效劳，奖励贤能，罢黜过失，励精图治，陛下一人就使天下澄清。即便是周代成康之治，也不能与之相比。所以祥云纷纭，江海无波，天下大治。因而天降子嗣，皇子诞生，使皇家枝繁叶茂，天下生灵，都能受益于此。

在于玄奘，特百恒情，岂直喜圣后之平安，实亦欣如来之有嗣。伏愿不违前诏，即听出家，移人王之胤，为法王之子。披著法服，制立法名，授以三归，列于僧数。绍兴像化，阐播玄风，再秀禅林，重晖觉苑。追净眼之茂并，践月盖之高踪。断二种缠，成无等觉。色身微妙，譬彼山王；焰网庄严，过于日月。然后荫慈云于大千之境，扬慧炬于百亿之洲。振法鼓而挫天魔，麾胜幡而摧外道；接沉流于倒海，扑燎火于邪山；竭烦恼之深河，碎无明之巨郄。为调御士，作天人师。唯愿先庙先灵，藉孙祚而升彼岸；皇帝皇后，因子福而享万春。永握灵图，常临九域。子能如此，方名大孝，方是荣亲。所以释迦弃国而务菩提，盖为此也。岂得以东平琐琐之善，陈思庸庸之才，日论优劣，同年而议深浅矣。谨即严衣捧钵，以望善来之宾，拂座清涂，用伫猗城之驾。不胜庆慰翘禺页之至，谨奉表以闻。轻触宸威，追增战越。谨言。

玄奘我不仅高兴皇后平安生产，而且也欣喜于法王的诞生，愿皇上按照原来的许愿，让新生的皇子佛光王出家为僧，从皇王子转为法王子，穿上袈裟，起上法名，授予戒律，成为僧人。让他能光大佛教，传播佛教，断绝各种烦恼，成就正果，色身微妙，犹如天王，散发光明，超过日月。成佛后就能教化于大千世界，弘法于百亿之洲，击打法鼓，挫败天魔，高举胜利的旗帜，摧毁外道魔兵，扑灭邪山的妖火，竭尽烦恼的缠绕，可以作天人的师尊。愿皇庙先皇祖灵，能凭借后裔佛光王出家的功德都能登上彼岸；皇帝和皇后都能因佛光王的出家而享万年的幸福，永远掌握大权，君临天下。孩子能做到这里，才算是大孝，才是对父母最好。所以释迦牟尼放弃国家，出家证得菩提。怎能像陈思王曹植那样斤斤计较于小善和琐事呢！所以玄奘我为佛光王献上佛衣和钵盂以及锡杖，希望能请允许佛光王出家。对于这个冒昧的请求，内心感到触犯了天威，心里很是不安。

玄奘其实非常希望能有一个皇子出家为僧，这样就能在事实上提高佛教的地位。但李治和武则天当然不会同意自己的儿子出家，只是同意为儿子剃发，并度僧七人代替儿子出家。玄奘也不能勉强，就上《谢为佛光周王满月剃发并庆度人表》致谢：

> 沙门玄奘言：昨奉恩旨，令玄奘为佛光王剃发，并敕度僧七人。所剃之发，则王之烦恼落也；所度之僧，则王之侍卫具也。是用震动波旬之殿，踊跃净居之怀。弘愿既宣，景福弥盛。岂谓庸贱之手，得效伎于天肤；凡庶之人，蒙入道于嘉会。上下欣惘，悲嘉交集。窃寻覆护之重，在褓所先，解脱之因，落饰为始。伏惟皇帝皇后道凝象外，福洽区中，所以光启妙门，聿修德本。所愿皇阶纳佑，王郡延和，临百亿天下，毕千万岁奇。佛光高子，乳哺惟宜；善神卫质，诸佛摩顶。增华叡哲之姿，允穆绍隆之寄。新度之僧，荷泽既深，亦当翘阖道业，专精戒行。

玄奘昨日奉旨为佛光王剃发，皇帝敕令度僧七人。所剃之发，代表佛光王的烦恼落掉；所度之僧，则代表佛光王的侍卫都有了。这种功德，真能够震动魔王波旬的宫殿，摇晃净居天的天宫，宏愿既然已经发出，后福无穷。没想到玄奘我这庸贱之手，能够为皇子剃发。而庶民之子，也能托佛光王的洪福而入佛道。上下都很高兴，我自认为神佛护佑从落发开始，从襁褓开始。只有皇帝皇后能透过现象看到本质，造福海内，所以能光大佛教，培植福田。愿大唐皇室能得到护佑，天下太平，永享国祚。愿善神护卫佛光王，诸佛为佛光王摸顶，增加华叡之姿，将来能成就大事。新度的七名僧人，受到皇室的恩泽既然很深，那么就应当专心于佛教修行，严于戒律。

在李显一岁时，玄奘法师又上《贺佛光王诞辰并进法衣表》：

> 玄奘闻兰荣紫苑，过之者必欢；桂茂青溪，逢之者斯悦。卉

木犹尔，况人伦乎！况圣胤乎！伏惟皇帝皇后，挹神睿之姿，怀天地之德，抚宁区夏，子育群生。兼复大建伽兰，广兴福聚，益宝图常恒不变之业，助鼎命金刚坚固之因。既妙善熏修故，使皇太子机神日茂，潞王懿杰逾明。佛光王岐嶷增朗，可谓超周越商，与黄比崇，子子孙孙万年之庆者也。玄奘猥以庸微，时得参见王等，私心踊悦，诚欢诚喜。今是佛光王诞邵之日，礼有献贺，辄率愚诚，谨上法服一具。伏愿王子万神拥卫，百福扶持，寤寐安和，乳哺调适；绍隆三宝，摧伏四魔，行菩萨行，继如来事。不胜琼萼天枝，英华美茂，欢喜之至，谨附表并衣。

玄奘听说，兰花开时，从旁边过的人都感到高兴，茂盛的桂树，潺潺的溪水，遇到的人都会感到高兴，花卉树木尚且如此，何况人呢！更何况是圣人的后裔呢！只有皇帝皇后，以神叡之姿，怀天地之德，治理华夏，像父母一样抚育天下生灵。加上建立大寺庙的功德，广种福田，增加皇室永恒的基业，种下皇祚长久之因。这些善行的功德，使皇太子健康成长，潞王越来越聪明，佛光王越来越硬朗。皇帝皇后的功德可谓超越商周，与黄帝比高。这是子子孙孙万代的福气啊。玄奘以普通人的出身，能够参见诸位皇族，感到非常荣幸与欢喜。今天是佛光王的一岁生日，我有礼物相送，送上僧服一件，愿万神护佑皇子，让他吃得好，睡得好，绍隆三宝，摧毁四魔，行菩萨行，继如来事。看到佛光王成长的犹如天上的花木那样枝繁叶茂，高兴得喜不自禁，向您上表。

玄奘小心翼翼地和太宗、高宗、武后周旋，其实还有一个更大的目的，那就是逐步提高佛教在国家的地位。唐太宗在贞观十一年(637 年)春，曾下敕说："老子是朕祖宗，名位称号，宜在佛先。"这就奠定了当时三教在国家的地位是道教第一、儒教第二、佛教最后为第三。对此玄奘是很忧虑的，尤其是显庆元年(656 年)五月玄奘生病，危在旦夕，想在生前了此心愿，于是趁着与高宗、武后建立的良好关系，他于显庆元年(656 年)，向高宗上书，请求高宗允许僧人犯罪，由僧人按照僧律处理。应玄奘之请，高宗发布《停道士女冠僧尼依俗法治罪令敕》：

道教清虚，释典微妙。庶物藉其津梁，三界之所遵仰。比为法末人浇，多违制律。权依俗法，以申惩诫。冀在止恶劝善，非是以人轻法。但出家人等，具有制条，更别推科。恐为劳扰，前令道士女冠僧尼有犯依俗法者宜停；必有违犯，宜依条制。

道教清虚，释典微妙。凡人借助二教为桥梁，可以成仙成佛，三界都敬仰。现在是末法时期，人性顽劣，二教弟子有违反律制的，之前以俗法惩戒，目的在于止恶劝善，并不是轻辱出家人。但出家人也有律法，与国法不同，恐怕俗法影响了教门的运行。以前有令俗法来治理僧道者停止，如有违反，依条例治罪。但对于更为关键的佛道名位问题，高宗以“先朝处分，事须平章”为由拒不改正。

显庆元年(656 年)五月，玄奘法师患病，高宗对玄奘非常关心，命御医蒋孝璋、上官琮去给法师治病。玄奘也呈上《谢得医表》与《谢得医药及敕使问病表》致谢。可见，高宗对玄奘的关怀可谓无微不至。

显庆二年(657 年)初春，玄奘又陪同高宗来到洛阳。在伴驾洛阳期间，特向高宗请假回到阔别了四十多年的家乡，今河南省偃师市缑氏镇，探访亲友。《乞日营葬父母故茔表》：

沙门玄奘言：玄奘不天，夙钟荼蓼，兼复时逢隋乱，殡掩仓卒。日月不居，已经四十余载；坟垄颓毁，殆将灭夷。追惟平昔，情不自宁。谨以老姊二人收捧遗柩，去彼狭陋，改葬西原。用答昊天，微申罔极。昨日蒙敕，放玄奘出三、两日检校。但玄奘更无兄弟，唯老姊一人，卜远有期，用此月二十一日安厝。今观葬事尚寥落未办，所赐三、两日恐不周匝。望乞天恩，听玄奘葬事了还。又婆罗门上客今相随逐，过为率略，恐将嗤笑。不任缠迫忧慑之至，谨附表以闻。伏乞天覆云回，曲怜孤情。

兴教寺弥陀殿

玄奘早年不为上天怜爱，失去父母，加上隋末兵乱，只好仓促掩埋父母尸骨。父母已经去世四十多年了，坟茔颓乱，都快找不到了。想到当初与父母在一起的时光，感情难以控制。想和老姐一同将父母遗骨改葬到西原(今偃师玄奘故里)，用这种方式，表达对父母的思念。昨日陛下给玄奘放假两三天，但玄奘没有兄弟存世，只有老姐一人，卜算的迁葬日子是本月二十一日，但现在很多事情都还没有办理，陛下所批的三两天恐怕不够，希望陛下能够宽限些日子，让玄奘将这个事情处理完。况且现在来自印度的婆罗门贵宾也在我这里居住，如果对父母的迁葬事宜处理得过于简略，恐怕会被外人耻笑。再次向陛下请假，内心恐惧，但希望陛下可怜我对父母的真情。

玄奘处理完父母坟茔的迁葬事宜后，再次上表致谢。《谢赐遣营葬表》：

> 沙门玄奘启：玄奘殃深衅积，降罚明灵，不能殒亡，偷存今日。但灰律骤改，盈缺匪居，坟垄沦颓，草棘荒蔓。思易宅兆，弥历岁年，直为远隔关山，不能果遂。幸因陪从銮驾，得届故乡，允会宿心，遂兹改厝。陈设所须，复蒙皇帝皇后曲降天慈，赐遣营佐。不谓日月之光，在瓦砾而犹照；云雨之泽，虽蓬艾而必沾。感戴屏营，喜鲠兼集。不任存亡衔佩之至，谨附启谢闻。事重人微，不能尽宣。

玄奘罪业深重(指对父母埋葬草率之事)，被神灵降罚，没有死亡，偷活至今。但父母的坟茔已经是荒烟蔓草，几近无法识别。我早就想为父母迁坟，可是因为老是不在故乡，远隔崇山峻岭，不能遂愿。幸运的是，现在陪同陛下来到洛阳，回到故乡，按照以前的心愿，将父母的坟茔改迁。蒙皇帝皇后的仁慈，让我把这个事情办好，真是日月的光辉，就连瓦砾也能照到，云雨的润泽，就连野草也能够均沾。玄奘我感恩涕零，献上我的感谢。

玄奘迁徙其父母的坟茔，在当地引起了很大的影响，有上万人前去观看。显庆三年(658 年)六月，位于长安城的普宁坊的西明寺(位于今西安电子科技大学)落成。该寺的规模比慈恩寺还要大，并且景色十分秀美，俨然成为长安城内规格最高的寺庙。七月十四日玄奘法师奉旨入住该寺，继续翻译佛经。一年后，在这里完成了《阿毗达摩法蕴足论》十二卷的翻译。

玄奘法师由于早年长途跋涉劳累，回国后就向太宗提出想到嵩山去翻译佛经，但被太宗拒绝。加上后来呕心沥血翻译佛经，身心劳损很大，并且每天疲于应酬不胜其烦，因此有归隐嵩山之意：

> 沙门玄奘言：名闻，菩提路远，趣之者必假资粮；生死河深，渡之者须凭船筏。资粮者三学三智之妙行，非宿舂之类也。船筏者八忍八观之净业，非方舟之徒也。是以诸佛具而升彼岸，凡夫阙而沉生死。由是茫茫三界，俱漂七漏之河，浩浩四生，咸溺十缠之浪，莫不波转烟回，心迷意醉，穷劫石而靡息，尽芥城而弥固。曾不知驾三车而出火宅，乘八正而适宝方，实可悲哉。岂直秋之为气，良增叹矣。宁唯孔父之情，所以未尝不临食辍餐，当寐而警者也。

玄奘上书：菩提路远，追求者必须具备资粮，生死河深，渡之者须凭借舟船。所谓的资粮，就是指智慧的学习，不是吃饭的食物。所谓的舟船，指的是禅观的修行，不是河上的行船。所以两者具备，就可以达到彼岸，凡夫就只能坠入生死轮回。这样，茫茫三界，都是七漏之河，浩浩生死，都浸泡在烦恼的浪中，处于其中的人没有不心迷意醉，不能自已，不知道自己身处火宅之中，不知道应该乘佛法而出，到达彼岸，实在是可悲。就算是孔子那样知天命的人，也曾经想到生死而吃不下去饭，睡不着觉。

玄奘每唯此身众缘假合，念念无常，虽岸树井藤，不足以俦免脆；乾城水沫，无以譬其不坚。以朝夕是期，无望长久。而岁月如流，六十之年飒焉已至。念兹遄速，则生涯可知。复少因求法寻访师友，自邦他国，无处不经。涂路遐遥，身力疲竭。顷年已来，更增衰弱。顾阴视景，能复几何。既资粮未充，前涂渐促，无日不以此伤嗟，笔墨陈之不能尽也。

玄奘每次想到自己的身体是众缘假合而成，不能长久，就算是水边的树藤，临近水面，也不免折断而死。所以早有赴死的准备，并不期望能活很久。岁月如流水，60 岁已经到了，再活多少年就可以预期。我少年时期到印度取经，路途遥远，身心疲惫，近年以来，更加衰弱。前后算算，还能再活几年呢！然而资粮还未充足，时间已经有限，每天都在为此担心，笔墨不能写出我内心的忧伤。

然轻生多幸，屡逢明圣，蒙光朝不次之泽，荷阶下非分之恩，沐浴隆慈，岁月久矣。至于增名益价，发誉腾声，无翼而飞，坐凌霄汉，受四事之供，超伦辈之华，求之古人所未有也。玄奘何德何功以至于此，皆是天波广润、日月曲临，遂使燕石为珍，驽骀取贵。抚躬内省，唯深惭恧。且害盈恶满，前哲之雅旨；少欲知足，亦诸佛之诚诫。玄奘自揆，艺业空虚，名实无取。天慈圣泽无宜久明，望乞骸骨毕命山林，礼诵经行以答提奖。

可是我这一生很幸运，老是碰到圣明的君王，受到想不到的恩宠这么多年。至于爆得大名，坐在京师，受到四方的供养，享受的荣华是古代先贤没有过的。玄奘我何德何能，能够做到这样。这都是陛下将石头当做珍宝，将劣马当做良马的缘故。玄奘我躬身自省，深深地感到不安。况且水满则溢，月圆则亏，这是前人总结的教训；知足少欲，也是诸佛的教诲。玄奘自认为自己学业空虚，名不副实，陛下给予的恩泽已经太多了，希望离开京师，将自己的衰骨埋到山林。我在山林间诵经来回报陛下的大恩。

又蒙陛下以轮王之尊，弘法王之化，西域所得经本并令翻译。玄奘猥承人乏，滥当斯任。既奉天旨，夙夜非宁。今已翻出六百余卷，皆三藏四含之宗要，大小二乘之枢轴，凡圣行位之林薮，八万法门之海泽，西域称咏以为镇国镇方之典。所须文义无寻不得，譬择木邓林随求大小，收珍海浦任取方圆，学者之宗斯为仿佛。玄奘用此奉报国恩，诚不能尽，虽然亦冀万分之一也。

蒙陛下以转轮王的地位，弘扬佛法，西域得来的佛经，让玄奘翻译。玄奘本无此德，滥竽充数，但受到皇帝的敕令，昼夜不敢放松，现在已经翻出六百余卷，都是佛教经典的精华。西域诸国都认为这些都是可以护持国家与地方的经典。这些经典的存在，犹如山林，让取材的人进去可以按自己的需要随意寻取；犹如宝山，让寻宝之人随便捡取；学法之人也可以随意在这些典籍中找到自己需要的经典。玄奘我用这些来报效国恩，确实有点少，但也希望能够达到陛下期望的万分之一。

但断伏烦恼，必定慧相资，如车二轮，缺一不可至。如研味经论慧学也，依林宴坐定学也。玄奘少来颇得专精教义，唯于四禅九定未暇安心。今愿托虑禅门，澄心定水，制情猿之逸躁，絷意象之奔驰，若不敛迹山中，不可成就。窃承此州嵩高少室，岭嶂重叠，峰涧多奇，含孕风云，苞蕴仁智，果药丰茂，萝薜清虚，实海内之名山，域中之神岳。其间复有少林伽蓝、闲居寺等，皆跨枕岩壑，萦带林泉，佛事尊严，房宇闲邃。即后魏三藏菩提留支译经之处，实可依归以修禅观。

但要断伏烦恼，就需要禅定与智慧相互支撑，这犹如车之二轮，缺一不可。研究经论，这是慧学，山林禅定，这是定学。我对教义比较精通，但对于禅定还有差距。所以想到山中修习禅定，不到山中去，就不可能有所成就。个人以为河南嵩山少室山，丛林叠嶂，山涧多奇，果树药草丰茂，是海内名山，大唐境内的神山。山中还有少林寺、闲居寺等，都是法事庄严的名寺，也是后魏三藏菩提留支翻译佛经的地方，可以用来修习禅定。

又两疏朝士，尚解归海辞荣，巢许俗人，犹知栖箕蕴素，况玄奘出家为法，翻滞寰中，清风敫人，念之增愧者也。伏唯陛下，明猗七曜，照极九幽。伏乞亮此愚诚，特垂听许。使得绝嚣尘于众俗，卷影迹于人间，陪麋麀之群，随凫鹤之侣，栖身片石之上，庇影一树之荫，守察心鰤，观法实相，令四魔九结之贼无所穿窬，五忍十行之心相从引发。作菩提之由渐，为彼岸之良因。外不累于皇风，内有增于行业，以此送终天之恩也。傥蒙矜许，则庐山慧远，雅操庶追；剡岫道林，清徽望续。仍冀禅观之余，时间翻译，无任乐愿之至。谨指

再者，朝中的官员，还有退休之日，乡野的俗人，晚年也能放下劳动工具，晒晒太阳。何况玄奘出家后到处奔波，现在到老还不能休息。希望陛下能宽宏大量，允许我到嵩山去。让我能离开红尘，与麋鹿野鹤相伴，栖身于岩石洞中、大树之下，静心修行禅定，降服四魔，观法实相，既不麻烦皇室，又能增加自己的定力。如果皇上能够允许，那么像庐山慧远、东晋道林那样的传统，就可以得到继承。我还寄希望于禅观之余，能有时间从事翻译，这是我最希望做的事情。

玄奘晚年，极其思念故乡，叶落归根之念越来越大，所以他言语恳切，几近哀求。然而，高宗还是舍不得玄奘离得太远：

省表，知欲晦迹岩泉，追遁远而架往；托虑禅寂，轨澄什以标今。仰挹风微，实所钦尚。朕业空学寡，靡究高深。然以浅识薄闻，未见其可。法师津梁三界，汲引四生，智皎心灯，定凝意水，非情尘之所翳，岂识浪之能惊。道德可居，何必太华叠岭；空寂可舍，岂独少室重峦？幸戢来言，勿复陈请。即市朝大隐，不独贵于昔贤；见闻宏益，更可珍于即代。

看到了你的上表，知道你想遁迹山林，效仿佛图澄与鸠摩罗什，这样的

想法，让人钦佩。我学识浅薄，不知深浅。但就我的观点看来，没有必要这样。法师你已经是智慧、禅定非常了得的得道高僧了，还有什么情识能够干扰到您呢！况且修身养性，何必非得嵩山呢，修习禅定的地方，难道只有少室山吗？请看到我的信后，不要再来陈请。想做隐士，也不必非要向先贤学习，法师有这么高深的知识，更应该受益于当代。

高宗后来给出了一个妥协的方案，那就是到陕西铜川玉华宫去，那里有原来皇帝的行宫玉华宫，让给玄奘去隐居。这样，就离长安不远，皇帝还可以时常能够见到。于是显庆五年(660 年)，玄奘上《请入玉华宫翻译表》：

> 贞观之日，早沐殊私，永徽以来，亟叨恩遇，顾循菲劣，每用惭负。自奉诏翻译一十五年，夙夜非遑，思力疲尽。行年六十，又婴风疹，心绪迷谬，非复平常，朽疾相仍，前途讵几。今既不任专译，岂宜滥窃鸿恩。见在翻经等僧并乞停废，请将一二弟子移住玉华，时翻小经，兼得念诵，上资国寝，下毕余年。并乞卫士五人依旧防守，庶省宸造，免其灾戾。无任悬至，谨诣阙奉表以闻。轻触威严，伏深战惧。谨言。

玄奘在先皇之时，就受到重视，陛下执政以来，我更是备受恩宠。自从奉诏翻译佛经十五年来，昼夜不敢懈怠，身心精力都已经疲惫。今年我已经六十岁了，又患风疹，心绪迷乱，旧疾复发，身体不知以后会怎样。现在既然我已经不能单凭自己一己之力翻译佛经了，怎么能还像以前那样滥用皇帝的恩宠呢！现在正在翻译的僧众，我祈求皇上同意停止工作，让我带领一两个弟子到玉华宫，翻译些小规模的经典，还能够念诵佛经，这样，对上感谢国恩，对下能够颐养天年。并向陛下祈求五名卫士，依旧防守，以保安全。玄奘恳切请求陛下同意的请求，如果触犯天威，不胜惶恐。

玄奘再三要求离开长安，最重要的原因当然是抓紧时间翻译佛经，因为在长安耽搁的时间太多了。还有一个很重要的原因是，当时帝后之间的矛盾已经开始显现了。武则天于永徽五年(654 年)被李治召入宫中为昭仪，到第二年就以极其残酷的方式虐杀了王皇后和萧淑妃。和武则天打过多次交道的玄奘不可能不知道这位铁娘子的手段。武则天到显庆五年(660 年)以后，已经羽翼渐丰，而高宗李治也发觉了这一点，和上官仪联手，想废掉武则天。在这种情况下，玄奘这个经常出入宫廷的人是非常危险的，搞不好就会被利用，或者被迫选边站，而这是要冒很大风险的。所以最好的办法就是离开这个权力的修罗场与是非之地。

其实玄奘到玉华宫也并不是向他表中所讲的是去翻译些“小经”，而是恰恰是去翻译他一生中翻译的最大的一部经，即《大般若经》。《大般若经》也是所有佛经中最大的一部，长达 600 卷。占到所有佛经的将近四分之一。为什么玄奘要隐瞒自己的真实想法？又为什么要停止诸翻经僧的工作，而只带自己的弟子去？这是颇值得玩味的。高宗本来就不愿意玄奘离开长安，离自己太远。如果玄奘要求过多，他担心高宗不会同意。如果高宗知道玄奘要翻译大部头的经典，或许不愿意玄奘离开那么久的时间。玄奘要求高宗派五名卫士同去，也有用意。玄奘所到之处，凡俗都想去看，不胜其烦，干扰工作，需要有人把守。再者，以玄奘宗教领袖的影响力，估计高宗也不会很放心，让五名守卫同去，也是打消高宗的顾虑。高宗和武则天还是很体谅玄奘的，不仅批准了玄奘的请求，而且还命令翻经僧一块去，以减轻玄奘的负担。或是玄奘本来准备去玉华宫原本只是准备翻译些“小

兴教寺盛开的樱花

经”，看到高宗同意众多的翻译僧一块到了铜川后才决定翻译《般若经》的？鉴于玄奘后来对于《般若经》的高度评价来看，玄奘极有可能是早就下定决心要翻译《般若经》的。

玄奘进驻玉华宫后，曾有弟子担心玄奘的身体，建议他对《般若经》进行删减。但玄奘知道，《般若经》是整个大乘佛教理论的基石，不能有丝毫马虎，犹豫再三，他还是决定完全将之翻译成华文。他借口刚开始删减，晚上便梦见极其恐怖的事情，猛虎咬人，于是大家同意完全翻译，当晚便梦见菩萨眉间放光照到自己身上，十分惬意。玄奘告诉众僧，我今年已经六十五岁了，必将毙命于这个寺庙，《般若经》部头很大，我经常担心翻译不完，勉励大家辛勤翻译不辞辛劳。龙朔三年(663年)，玄奘终于完成了这部佛经。翻译的质量很高：“一语之安，坚如磐石，一义之立，灿若晨星。”

《般若经》翻成后，玄奘法师非常高兴，他合掌欢喜告徒众说：

> 此经于汉地有缘，玄奘来此玉华者，经之力也。向在京师诸缘牵乱，岂有了时，今得终讫，并是诸佛冥加，龙天拥祐，此乃镇国之典。

这部经与汉地有缘，我来玉华宫，就是为了翻译此经。原来在长安时，事情繁杂，没有时间翻译此经，现在翻译完毕。这也是诸佛的加持，龙天护佑的结果，这部经是镇国之宝。

玄奘从印度取经归来的十九年中，前后共译经论75部，总计1335卷，每年平均译经70卷。而在玉华宫的四年中，由于排除了俗世的干扰，译经速度明显加快，每年平均译经170卷。可见玄奘的坚毅和敬业精神，不仅仅体现在他不畏艰险、西天求法的路上，更在艰苦卓绝的译经事业中。

高宗非常关心玄奘法师的身体，《皇帝与玄奘法师飞白书十八字》记载了高宗李治的问候：“师年尊，时热，此间小窄，体中如何？方翻了未。敕。”法师年迈，气候炎热，地方狭小，身体如何？经翻译好了吗？玄奘也上表致谢。高宗还经常给玄奘赐予不少贵重的礼品。玄奘也呈上《谢施纳并杂物表》

致谢：

沙门玄奘启：垂赍纳并杂物等。捧对警惭，不知比喻。且金缕上服，传自先贤，或无价宝衣。闻诸圣典，未有穷神尽妙、目击掌中如今之赐者也。观其均彩醴淡，敬君不能犄其功；裁缝婉密，杂镂无以窥其际。便觉烟霞入室，兰囿在身。施俯自瞻，顿增荣价。昔道安言珍秦代，未遇此恩；支遁称礼晋朝，罕闻斯泽。唯玄奘庸薄，独窃洪私，顾宠修躬，弥深战汗。伏愿皇帝皇后富众多子孙，享无疆之福祚；长临玉镜，永御宝图；覆育郡生，与天无极。不任惭风之至，谨奉表陈谢以闻。施重词轻，不能宣尽。谨言。

捧着陛下赏赐的各种物品，感动得不知道说什么好。这种金缕上服，是从先贤处传下来的无价宝衣。我翻阅各种典籍，也找不到有哪朝哪代有这么好的衣服，看其色彩与做工，都是无与伦比的。穿在身上，便觉得犹如烟霞进入了室内，兰花绣到了身上，感觉自己身价倍增。当初道安受宠于前秦，支遁受宠于东晋，也没有受过此等皇家恩泽。只有玄奘我有福气，能够享受皇家超前的待遇，深深地感到皇恩浩荡。只愿皇帝皇后子孙众多，享受无边的福祚，子子孙孙永远君临天下。所有的言辞，都无法表达我内心的谢意。

由于长期超负荷地工作，玄奘法师积劳成疾，健康状况日下。他翻译完《大般若经》后，感觉身力衰竭，知道大限将至，麟德元年(664 年)正月，玄奘深感身心疲惫，对门人说，我若死后，你们将我的尸骨从俭安葬，用草席裹住，找一个偏僻的山涧安置即可，不要临近寺庙。众人听后哽咽着问：法师气力尚可，脸色也不差，何出此言呢？法师讲，我的身体我知道，你们哪里了解？

玄奘在铜川玉华宫翻译佛经期间，朝中还发生了一件大事。龙朔二年(662 年)四月十五日，高宗忽然发布了“停止父母尊者敬拜沙门令”。自东晋慧远以来，“沙门不敬王者论”很有市场，已经成为相当部分人的共识，现在高宗禁止父母以及君王贵族等尊者敬拜沙门，并且要求沙门敬拜君王，引起了轩然大波。高宗只好“大集文武官僚九品已上并州县官等千有余人总坐中台都堂，将议其事”。僧人代表西明寺道宣等三百余人也到场陈情。讨论的结果是 1539 人同意不拜，354 人要求拜。高宗无奈只好发出《停沙门拜君诏》。这次玄奘并没有积极参与，可能和他当时唯恐翻译不完《般若经》有关，无暇分心的缘故，毕竟对于一个知道自己的生命快要结束的人来说，还有什么比完成自己的心愿更重要的事呢？

麟德元年(664 年)春。一同翻经的大德以及玉华寺僧众再三敬请玄奘翻译《大宝积经》，玄奘不好违拂众意，就开始翻译《大宝积经》，可是才翻译了几行，就停住了。告诉众人说，此经部头太大，我的气力已经不够了，我的死期已经不远了，想去拜见俱胝佛像。当时口中不断念诵：色蕴不可得，受想行识亦不可得，眼界不可得，乃至意界亦不可得，眼识界不可得，乃至意识界亦不可得，无明不可得，乃至老死亦不可得，乃至菩提不可得，不可得亦不可得。高宗再次派人前去慰问，玄奘也再次上《谢遣使慰问表》。

在玄奘弥留之际，弟子大乘光等问玄奘：“和尚决定得生弥勒内院不？”法师回答：“得生。”言罢喘息渐微，一会就去世了，时间是在公元 664 年 2 月 5 日半夜，地点是在玉华寺肃成院，享年 62 岁。消息传到京师长安，高宗听了之后非常哀伤，说：我失去玄奘法师一人，可以说佛教界的大梁倒了。人生没有导师了！苦海中的大舟船沉没了！黑暗里的灯光熄灭了！皇帝说完之后呜咽不止，重臣也都跟着哭泣。麟德元年(664 年)玄奘法师圆寂后，高宗先是敕令将法师尸骨埋到今西安东部浐河东岸的白鹿原。送葬的人达到了百万人，可以说长安城几乎是万人空巷，三万人自愿寄宿到墓旁，非常感人。但由于墓地舍利塔距离皇宫大明宫太近，高宗在宫内常能看见，每次看到玄奘法师的舍利塔就感到哀伤，因此于总章二年(669 年)下令将玄奘的遗骨迁到樊川，即今天兴教寺的位置。

《资治通鉴》记载，东都由唐高宗复设于显庆年初，即公元 657 年初。

据说是因为武则天以先斩去手足，再丢入酒缸泡死的方式虐杀了王皇后和萧淑妃。之后老是做噩梦，梦见王皇后和萧淑妃血淋淋地来找她算账，她不得已从太极宫搬到大明宫，但还是常常做恶梦。后来没有办法，就劝高宗李治封洛阳为东都，搬过去住。玄奘一生极爱自己的家乡。听到这个消息，他非常高兴，还给高宗、武后上《谢故里东都封畿表》祝贺。有人经过测算，有唐一代，帝王驻足洛阳的时间为 51 年，正式设洛阳为东都后，皇帝住的时间将近五十年之久。

作为中国最著名的僧人，玄奘对中外文化交流也做出了卓越的贡献。

唐高宗永徽三年(652 年)，中天竺大菩提寺沙门法长带着中印度大菩提寺僧人智光、慧天等人的信件和方物，交给玄奘。两年后，法长又带着玄奘给智光的书信和礼品返回印度，玄奘还念念不忘遗失到河水里的那些佛经，请智光、慧天二位大师帮忙补齐。并且玄奘上书朝廷，希望将自己收集的一些袈裟、丝绸以及其他供养物品，由朝廷出使天竺的使臣带到印度，交给自己的老师和朋友。《请附讯物及书往西域表》记载：

沙门玄奘言：盖闻，隆道覆载，功玄而化广。德绥内外，迩肃而远安。是以垂则天之教，成因地之化。斯固宰物之大统，驭宇之洪范也。伏惟皇帝陛下，资玄象之盛明，纵厚载之至德，裁成品类，光阐彝伦。左衽之卿重译纳贡，反舌之俗请吏革音。非夫德通神明，仁被幽显，何以雾开重阻，风卷绝域者哉。玄奘往凭帝力，问道遐方。败奉法言，服膺梵学，博考名相之原，颇问权实之致。聿来宣译，式符玄训。上感皇情，重阐鹫山之道；远崇佛旨，再演龙宫之典。静言教义，功归近人；探赜大猷，诚惟明导；无为味法，有荷洪恩；不谢深仁，恐芜王化。玄奘爰初归国，以至于今。凡厥缁徒，深嘉求法，愍其弊服，颇惠僧衣。今者见有袈裟三领，圣恩所赐紬绫十四，诸寺访得绣像繎幡及诸供养道具之物，并附单书，敬向师友，请因今使附往天竺。冀斯凭信，用谢厚恩，则光国仁义之风，以申愚陋之志，不任怀德之诚。谨奉表陈请以闻，伏愿圣慈特垂矜允。谨言。

大道无所不包，安定远近，规范内外。所以要效法天地演化的规则，是治理天下、统御万物的基本理念。皇帝陛下您既有超玄的聪明，又有崇高的德行，您成就万物，规范人伦。众多蛮族纷纷归附，没有文化、没有信誉的国家纷纷效仿大唐，进行改革。如果不是圣人，怎么能够影响到那么广大的地域，那么偏远的地方呢！玄奘我凭着皇帝的威名，到远方去求学，考究名相的渊源，弄清楚哪些经典是佛的权且说法，极力廓清哪些是佛的真实意思。回来翻译佛经，回报皇室的恩泽，在中国重新传播新的义理。佛教法言，终究需要人来弘扬，探索佛典的义理，也需要有人给予引导。不弘扬无为真法，就会辜负陛下的恩情。玄奘从最初回国到今天，有些俗家弟子，赞许我西行求法的经历，赠予我一些僧衣，现有袈裟三件，陛下所赐的绸缎十四，一些寺庙赠送的绣像以及供养用具，都造有书单，恳请陛下允许出使印度的使臣带到天竺。印度人见到这些东西，就会感到大唐国人的仁义之风，恳请皇上能够允许。

兴教寺石碑

玄奘对中国制糖工业的产生也起了关键作用。他归国后，建议唐政府到印度请几个懂得制糖的匠人，来中国教国人用甘蔗制作蔗糖。后来果然从印度请来了两名蔗糖制作师，教会了中国南方人制作蔗糖。后来福建、广州等地受益于这项技术很多，中国人对这项工艺进行了改进，青出于蓝而胜于蓝，升级后的制糖技术又回传印度。玄奘还将《道德经》、《秦王破阵乐》与《大乘起信论》翻译成梵文传到印度。《道德经》与《秦王破阵乐》的翻译是奉唐太宗之命翻译的。《大乘起信论》则是应印度僧人的要求翻译的。《起信论》的作者传说是阿育王时代(公元前 3 世纪)的高僧马鸣，在印度影响很大，印度人一听说中国存有马鸣的作品，就要求玄奘给他们翻译回去。

永徽四年(653 年)，日本遣高僧道昭、智通、智达等先后入唐，从玄奘法师学习佛经。并于高宗调露元年(679 年)回国弘扬唯识宗。他们以元兴寺为中心而传法，称为南寺传；玄宗开元四年(717 年)，日僧玄昉入唐，从智周法师学佛法，返国后，以兴福寺为中心而传佛法，称为北寺传。日本法相宗是奈良时期(710—794 年)、平安时期(794—1192 年)最有权威性宗派之一。日本法相宗现在有四个宗派，86 个寺院，一个学院，信徒十多万人。日本法相宗，法脉一直没有断绝，也是玄奘的余光。

玄奘法师的舍利塔，就在兴教寺内，但兴教寺之名，为唐肃宗所赐，那都是安史之乱以后的事了，故笔者推断，最初兴教寺可能只是个塔院。

玄奘的年龄问题现在尚有争议。由于玄奘的生年缺乏记载，关于他的年龄，就有三种记载，《大唐三藏大遍觉法师塔铭》讲玄奘是 69 岁；《高僧传》讲玄奘是 65 岁；慧立《三藏法师传》则讲玄奘是 62 岁。《塔铭》作于 839 年，距离玄奘法师圆寂已经一百七十多年，不大可信。《高僧传》的作者道宣是玄奘同时代的人，但道宣曾在《高僧传》中诋毁玄奘法师仗势抢夺印度僧人的经书，和玄奘以及玄奘的弟子窥基关系都不好，他对玄奘的年龄的说法，也有疑问。慧立是玄奘的弟子，应该对他老师的年龄是最清楚的。所以笔者认为，玄奘的年龄，应该是 62 岁。

《大唐三藏大遍觉法师塔铭并序》记载了兴教寺在唐代的一些变化：

> 今塔在长安城南三十里。初，高宗塔于白鹿原，后于此。中宗制影赞谥大遍觉，肃宗赐塔额曰兴教。因为兴教寺。寺在少陵原之阳。年岁久远，塔无主，寺无僧，荒凉残破，游者伤目，长

庆初，有纳衣僧昙景始葺之，大和二年，安国寺三教谈论大德内供奉赐紫义林，修三藏忌斋于寺，斋众方食，见塔上有光圈如覆镜。道俗异之，上闻，乃与两街三学人共修身塔，并砻一石于塔，至三年修毕，林乃化，遗言于门人令捡曰：尔必求文士铭之。

从刘轲叙述可知，唐中宗曾谥号玄奘为“大遍觉”，唐肃宗曾赐名兴教寺。到9世纪初已经是“塔无主，寺无僧”的荒凉景象。唐穆宗长庆初年(821年)僧昙景开始了有记载的对兴教寺的第一次修葺。唐文宗大和二年(828年)，长安安国寺义林，在兴教寺内为玄奘法师忌日办斋会，玄奘法师塔的塔尖上出现了神奇的光圈，如同镜子一样发出光芒，大家都很惊奇。唐文宗听说后，与“三学人”对玄奘塔进行了维修，耗时三年修成。可是，主持者义林却圆寂了，遗言其弟子令捡，必须请文士给书写碑铭。

窥基塔

唐文宗开成四年(839年)五月十六日，令捡请文士刘轲为玄奘塔铭写序。从玄奘塔修好到塔铭写好，中间为何间隔这么长时间？原来令捡还做了另外一件事，那就是把玄奘的衣钵传人窥基的舍利塔也迁到兴教寺，让师徒二人聚在一起。

《大慈恩寺大法师基公塔铭(并序)》给我们介绍了事情的经过：

(窥基)以皇唐永淳元年仲冬壬寅日，卒于慈恩寺翻译院，有生五十一岁也。后十日，陪葬于樊川元奘法师塔，亦起塔焉。塔有院，大和二年二月五日，异时门人安国寺三教大德赐紫法师美林，见先师旧塔摧圮，遂唱其首。率东西街僧之右者，奏发旧塔，起新塔，功未半而疾作。会其徒千人，尽出常所服玩，洎向来箕敛金帛，命高足僧令捡，俾卒其事。明年七月十三日，令捡奉行师言，启其故塔，得全躯，依西国法，焚而瘗之，其上起塔焉。又明年十月，赍行状，请宏庆撰其铭，予熟闻师之本末，不能牢让。

永淳元年(公元 682 年)，窥基法师圆寂，享年 51 岁，十天后陪葬于玄奘法师塔附近，也建有塔院。大和二年(828 年)，安国寺僧义林看到窥基塔倾覆，就带头发动僧众，奏请唐文宗发掘旧塔，另起新塔，但事情尚未做完，就得病圆寂了。临终前，他召集弟子上千人，拿出自己所有的积蓄，让令捡继续完成这个工作。第二年的 7 月 13 日，令捡奉师傅的遗言，发掘出窥基的遗骨，依照印度的风俗，荼毗(火化)后起塔。再一年十月，请李宏庆书写铭文。

窥基法师，俗姓尉迟，字洪道，为鄂国公尉迟敬德的侄儿。年少时就聪明异常，经史书籍一看就懂。玄奘法师看到他很惊讶，称“若得斯人，传授释教，则流行不竭矣。”于是请求鄂国公尉迟敬德让其侄儿洪道出家，鄂国公报请天子同意。尉迟洪道于十七岁出家，就是后来的大乘基，也称窥基。

窥基后来造疏一百余部，对玄奘翻译出来的唯识经论广加阐释，对唯识宗的最终形成发挥了关键作用，因他常住慈恩寺，被尊为“慈恩大师”，唯识宗也被称为“慈恩宗”。实际上，玄奘是与窥基联合创建了唯识宗。李宏庆书写的铭文为：

佳城之南兮面南山，奘法师兮葬其间。基公既殁兮陪其后，甲子一百兮四十九。碣文移入兮本寺中，昙景取信兮田舍翁。义林高足兮曰令捡，亲承师言兮精诚感，试具畚锸兮发堂。全身不朽兮满异香，铭志分明兮是洪道，齿白骨鲜兮无消耗，瑞云甘雨兮昼蒙蒙，神祇悉窣兮罗寿宫，依教荼毗兮得舍利，金瓶盛之兮埋厚地，建塔其上兮高巍巍，铭勒贞石兮无愧辞，深谷为岸兮田为瀛，此道寂然兮感则灵。

(大意)长安城南有个终南山，玄奘法师葬其间。窥基法师圆寂后，也陪葬于附近，时间有一百四十九年，昙景和尚将窥基法师塔的碑文移到兴教寺中，义林法师的徒弟令捡奉师傅的遗命，将窥基塔发掘，发现窥基全身历经一百多年尚未腐朽，并且充满异香。窥基的遗骨完整没有腐烂，令捡将遗骨荼毗，所得舍利用金瓶装殓，埋入地下，于其上建塔，并写铭文于碑石。

广明元年(880年)，黄巢起义军攻入长安。黄巢的军队有没有发掘玄奘法师的舍利塔，现在有争议。目前比较主流的说法是：唐末黄巢之乱，乱军在兴教寺掘塔，玄奘法师遗骸为寺僧护携至终南山紫阁寺安葬。后流落到南京，抗战期间被日本人发现，后分到中国、日本、印度各地。

1942年2月23日，日本人占领南京期间，发掘一石函，上面刻有文字。由于当时的日本军人不通文墨，不知道是什么东西，就交给当时的伪中央大学教授鉴定。上面写有："大唐三藏大遍觉法师玄奘顶骨，早因黄巢发塔，今长干寺演化大师可政于长安传得，于此葬之。天圣丁卯年二月五日，同缘弟子唐文遇，弟文德、文庆、弟子丁洪审、弟子刘文进、弟子张霭。"另一面写着："玄奘法师顶骨塔初在天禧寺之东冈，大明洪武十九年受菩萨戒弟子黄福灯……普宝迁于寺之南冈三塔之上，是岁丙寅冬十月，传教比丘守仁谨志。"天圣丁卯年是北宋仁宗时期的年号，即1027年。宋理宗景定年间(1260—1264年)的《建康志》卷46记载："端拱元年(988年)，僧可政往终南山，得唐三藏大遍觉玄奘法师顶骨，为建塔归瘗于寺。"元顺帝至正年间(1341—1368年)的《金陵志》记载："塔在寺之东，即葬唐三藏大遍觉玄奘法师顶骨所，金陵可政和尚得之于长安终南山紫阁寺。"

也就是说，宋端拱元年(988年)，南京长干寺法师可政在长安发现玄奘顶骨，千里迎归南京供奉，初葬于天禧寺东岗。明洪武十九年(1386年)，寺僧守仁及居士黄福灯等将其迁葬于天禧寺南岗，建三藏塔供养。查史料可知，明成祖永乐六年(1408年)，天禧寺毁于大火，在原址上建大报恩寺，继续供奉玄奘顶骨。1856年，大报恩寺毁于太平天国战火，但舍利塔因建有地宫并未受损，自此玄奘顶骨便埋没了一百多年。清末，此地建江南金陵机器制造局，后改为金陵兵工厂。1943年12月，侵占南京的日军在建立神道时发现废塔地宫，石函交给南京伪中央大学教授后，这些学者认识到这是无价之宝，就抢先发布消息，汪精卫政府也迫于舆论压力，与日军频繁交涉。最后日本人取走了一份，供奉于东京慈恩寺。1996年，日本奈良药师寺建立玄奘三藏院，中国将南京灵谷寺的那份分出一份赠送给了日本奈良药师寺；中国留下六份，分别供奉于南京、北京、天津、成都、广州，其中，南京有两处：一份藏于玄武湖小九华山三藏塔下，一份藏于紫金山灵谷寺；成都那份差点被红卫兵毁掉，文殊院方丈宽霖法师为保护顶骨终日将其缠在腰间，挨打也不交出，终于保灵骨平安，安奉至今，现藏于成都文殊院；天津那份，原藏于天津大悲院，于1957年1月12日由达赖喇嘛代表中国政府将之赠送给了印度那烂陀寺，并捐助30万元作为建设玄奘纪念堂的经费；北京那份原藏于法源寺，后于“文革”期间被毁；广州那份原藏于广州六榕寺，后于“文革”中被毁。后来，2001年3月，西安大慈恩寺的大遍觉三藏院建成，从南京灵谷寺迎回分出的顶骨舍利一份供奉；1955年11月25日上午7时，日本将自己的那一份分出赠给了台湾日月潭的玄奘寺；1998年8月23日，南京灵谷寺又将舍利分出一份，赠予台湾新竹的玄奘大学，作为镇校之宝。大遍觉三藏玄奘大师的顶骨舍利现存于世共九份，如下：① 南京紫金山灵谷寺；② 南京玄武湖小九华山三藏塔；③ 成都文殊院；④ 西安大慈恩寺玄奘三藏院；⑤ 印度那烂陀寺；⑥ 台湾日月潭玄奘寺；⑦ 台湾新竹的玄奘大学；⑧ 日本东京的慈恩寺；⑨ 日本奈良的药师寺。

河南偃师的玄奘故里现在也建起了相当规模的玄奘寺，极想得到一份玄奘法师的顶骨舍利，河南的副省长曾为此专门到访日本，希望日本方面能分出一份法师的顶骨舍利回故里，然而日本方面态度暧昧，他们已经提前将舍利封到了一个造价昂贵的塔中，该塔设计精巧，如要去取舍利，必须将该塔全部打碎，此事也就不了了之。

但西安方面另有说法。2003 年 11 月 30 日，西安兴教寺举行了“黄巢发塔真伪辩学术研讨会”，以陕西省社会科学院陈景富研究员、陕西省考古研究所石兴邦研究员为首的一些学者提出，南京方面的文献只是孤证，并且三条文献存在着越是往后反而讲得越细致的情况，譬如说，最早的北宋仁宗时期的资料只是讲到可政到长安得到的玄奘顶骨，而二百年后南宋理宗时期的文献则说出可政得到的玄奘顶骨的地方是在长安的终南山，而最晚的元末《金陵志》则写得最清楚，说可政得到玄奘顶骨的地方是终南山紫阁寺。这是不正常的，明显存在着演绎的轨迹。

陕西师范大学胡戟教授认为，既然现在不可能再去发掘玄奘塔来鉴定真伪，就不能轻易否定南京方面的说法，况且印度、日本等都承认并藏有玄奘顶骨，宗教界的事情就是大家都承认就行了，这是宗教界的规则。

兴教寺圆测塔

《玉峰轩记》记载，宋元丰四年(1081 年)，陕西的地方官“吕公”到终南山上香，路过兴教寺，命令就在其休息的地方建立一个“轩”，即有围栏的长廊。建成后，寺僧晏静请吕公给这个轩子命名。吕公考虑到其前有玉案山，山水秀丽，凭栏而望，犹如游弋在广漠的原野、泛舟在洞庭之湖。登上该轩，可以游心于三界之外，注目于太虚幻境。宇宙之大、芥子之细，都在寸心之间，登上该轩，足可以寄心于无穷，这就是吕公建立该轩的缘故，故称之为“玉峰轩”。

《游城南记》记载，宋元祐元年(1086 年)季春戊申日，宋张礼游兴教寺时，看到该寺“殿宇法制，精密庄严”，可见当时兴教寺的建筑群是相当完整的。

《大周西明寺故大德圆测法师佛舍利塔铭(并序)》记载了兴教寺的第四次维修。这次维修主要是将玄奘的另外一个杰出弟子、新罗僧圆测的部分舍利骨从丰德寺迁到兴教寺。

圆测，也称文雅，为新罗王孙。三岁就出家为沙弥。后来到中国留学，贞观中，唐太宗度其为僧，住在京城元法寺。在玄奘归国前夕，圆测梦到有婆罗门将大捧的水果送到其怀中。等到玄奘归国，果然将唯识宗的精要教授给他。后来被召入西明寺，写成《成唯识论疏》十卷、《解深密经疏》十卷、《仁王经疏》三卷、《心经疏》、《无量义经疏》、《观所缘论疏》等。法师性爱山水，不愿在城市居住，就搬到终南山云际寺居住，还嫌不够清净，就再搬到寺外三十处的一个小屋内静居八年，后在西明寺高僧的请求下才回到西明寺，讲解《成唯识论》。

兴教寺小院

当时中天竺三藏地婆诃罗来到京师，奉旨翻译《密严经》，组建译场，圆测法师为首座。后又被武则天召入东京洛阳，参与实叉难陀的译场，翻译《新华严经》，即八十华严经。新《华严经》还没有翻译完毕，就圆寂在洛阳佛授记寺，时间是在万岁通天元年(696 年)七月二十二日。享年 84 岁。在当月的二十五日，葬于洛阳龙门香山寺北谷，舍利塔名白塔。圆测在长安的徒弟西明寺主慈善法师、大荐福寺大德胜庄法师等，认为在长安缺少供奉师父的场所，就从香山寺白塔处，分出一部分遗骨，放在宝函中，用石棺椁盛殓，葬于终南山丰德寺东岭上当初圆测法师曾经往游的地方，并且起塔供养，里面还安放佛舍利四十九枚。到宋代时，这里山高林密，人迹罕至，考虑到时间的摧残，恐怕以后无人知道这是圆测的舍利塔，于是由龙兴寺仁王院广越法师，于大宋政和五年(1115年)四月八日，将丰德寺圆测遗骨并佛舍利迁葬于兴教寺玄奘塔的左侧，起塔供养。同时还重修了窥基塔。

元代兴教寺也进行过修葺。今法堂西北角山墙顶头下压一方元碑，经度量，碑长 65 厘米，宽 45 厘米，厚 13 厘米，上面刻字外露部分是“奉政大夫华州知州刘……大元初功□兵马都元帅太师秦……”可见主持修建者为地方官员。

明代赵崡游兴教寺时，已是明万历四十六年(1618 年)夏季四月，他在《游城南》一文中写道：“游塔院，观三藏、慈恩、西明三塔。《三藏铭》刘轲撰，《慈恩铭》李宏度撰，俱建初书；《西明铭》，宋复撰书。吕大防所创‘玉峰轩’，以玉案得名，当在寺后原畔，今独陈正峰所为记，在殿壁间。寺僧有穴居者。壁间嵌古殿壁一块，唐人画地狱变相，止存阎罗王、鬼三。大不盈尺，而狰狞之状骇人心目，亦一奇也。”他在《兴教寺》一诗中写道：“败垣惊变相，残碣绣苔痕”。寺僧穴居，住在山洞里，玉峰轩已经不再，唐代的地狱变相只剩下了一角。只留下了几块碑石，记载着兴教寺的兴衰。

清代乾隆五十二年(1787 年)，兴教寺又进行了一次大修。现存于兴教寺内的一口大钟上的铭文记述了当时的情况：“世远年湮，不无颓败，鼎残碑废，游者伤目。此太荣和尚所由兴起也。此僧幼入梵林，长历山川。归而重修殿宇，增添僧房，而此寺复兴。”

清同治年间回民起义，佛寺遭到破坏，兴教寺也不能避免，寺内除三塔外，全部建筑毁于兵火。直到 1921 年，兴教寺外无围墙，内无殿宇僧舍，僧人只好住在破窑洞中。

1920 年，荐福寺的方丈应禅老和尚，派监院妙法(也称自理)去接管兴教寺。应禅老和尚圆寂后，被埋在兴教寺前崖下，属于兴教寺的六亩地里。当时制作的“涅槃证果”的牌匾，现在还悬挂在兴教寺大殿东山墙上，见证着这段历史。妙法入住兴教寺后，发现寺庙的地被俗家占用不还，他与之打官司，终于要回了土地。妙法曾主持修建东西廊房十间，充作僧人的寮房。

1922 年，一个叫做妙阔的僧人从南方回到陕西，住持兴教寺，并主持兴建法堂殿，期间妙法出走。《重修长安樊川兴教寺》给我们介绍了当时的情况：

> 妙阔法师者，乃释门之领袖也，宗教坦通，儒释咸达，1922 年入关弘法，拥锡来游，睹此荒境，发愿重兴。于是经陕西缁素公送入院。……法师自屈知寺任以来，杂草伐荆，未待期月而方丈共成。丹刻翚飞，轮负离立。越年，附修廊庑十楹为室。

可见，妙阔入驻兴教寺，是因为他发愿修复祖庭，而得到“陕西缁素”“公送入院”的。这可能与当时盛行的改革佛教的“十方选贤制”有关。而兴教寺原住持妙法则负气出走。《重修长安樊川兴教寺》碑文给我们记载了这次维修的出资人和金额：朱子桥居士一千八百元，戴季陶四百元，张继二百四十元，憨玉琨三百元，太虚法师五百元，康寄遥一百五十元，邵力子、欧阳渐一百元，高戒忍五十元等等，多数都是知名人物。可见妙阔法师人脉非常广泛。

1923 年，康有为来到陕西，并到兴教寺游玩，为兴教寺题写了寺名。1939 年刘宪章的《游兴教寺记》有记载：“佛殿前匾一曰兴教寺，南海康有为书。”康有为还留下了《康有为游城南题》：“朝饮杜曲酒，夜观樊川月”的诗句。

1931 年，兴教寺对三塔进行了修复。《重修兴教塔寺记》记载事情的经过：

> 兴教寺者实慈恩宗之塔院也，唯宗风久息，塔寺调残。1922 年，谨留破屋土窑，见者伤之。1922 年，住持□□（当为妙阔，被人故意划去，可能是妙法弟子所为）曾募建佛殿僧房。然三塔均

颓坏，未能修复，佛子犹多抱憾。去岁朱子桥长者等赈灾，来陕礼塔，得舍利，发愿重修，今年中秋动工，逾月工竣。计修奘公与基师测师三塔及钟鼓二楼，用银共一千八百元，奘基二师塔铭俱存，测师塔铭久遗，觅得不完，因依宋铭拓本重刻，各附塔后。时值慈恩宗正在兴复，而此宗之祖塔同现庄严，亦可谓殊胜因缘欤！

由朱子桥先生从山西五台山普济功德会募款维修兴教寺三塔。由于当时兴教寺为慈恩寺下寺，工程的主持者为大慈恩寺住持宝生，监工为慈恩寺僧人佛心和兴教寺监院学禅。

兴教寺石碑

二年后，因为日军侵华，所以考虑立西安为陪都，为振奋民族精神，有识之士捐钱对一些古迹进行了重新维修。《重修慈恩塔院记》记录了这次维修的情况：

民国辛未秋，倭人陷辽东，嗣又侵沪，浸及首都。于是中枢议建西安为陪都。“党国”先进张公溥泉、戴公季陶、居公觉生，皆先后来陕视察，或倡修周陵以振兴中华文化；或倡修茂陵以表现中华民族尚武精神，皆视国人以反本自奋，为救国图存之地，又其余力倡修慈恩塔院，盖以佛法救正人心，拨乱反正之本原也。

1931年秋(指九一八事变)，日本人攻陷辽东，紧接着又侵略上海，震动南京。于是当时的国民政府有意设西安为陪都。先后派张继、戴季陶、居正来陕西视察。他们有的希望维修周王陵园来振兴中华文化，有的希望维修汉武帝的茂陵来提升中华民族的尚武精神，有的倡导维修慈恩塔院，希望以佛法来救治人心，认为这才是拨乱反正的本原，都将陕西视为能激励国人奋发图强、救亡图存的基地。

> 夫慈恩宗学，传自天竺，慈恩宗名，肇于震旦，大慈恩寺仍其祖庭，兴教寺者，即其塔院。玄奘、窥基、圆测均生盛唐，当时建教长安，佛教各宗并振，而慈恩义学得三师倡导，如日经天，有目共睹，由是人心大定，文物昌明，国运因之兴隆，邻邦莫不倾向，猗欤休哉！何其盛也！

被称为慈恩宗的唯识学，传自印度，慈恩宗的名字，则来自中国，大慈恩寺为其祖庭，兴教寺即其塔院。玄奘、窥基、圆测三位法师均生于盛唐，当时的长安，佛教各宗流行，而慈恩宗由于得到三师的倡导，如日中天，有目共睹，于是人心大定，文物昌明，国运也因之兴隆，邻国都来学习、归附，哎呀，那时中国的国势是多么兴盛啊！

> 今者塔院荒凉，触目伤怀，诸大善士乃积净资为僧寮三楹，外建山门，筑院墙二百堵，并建塔亭三楹，石刻三师像各一，供亭内。奘基二师像承欧阳竟无居士函示，即依唐画钩摹，测像则相传处于宋之塑像，比刻因之，旁题像赞各一，又别为额石五方龛于壁，计共费工料银币二千三百三十五元，经始壬申年迄甲戌冬乃毕工。

现在塔院荒凉，让人看了伤心，大善知识于是集资重修僧寮三间，建立了山门、院墙，并建塔亭三个，用来供奉玄奘、窥基、圆测的石像。玄奘窥基的像是根据欧阳竟无出示的唐代画像雕刻的，圆测的画像描于宋代的塑像，旁边还题刻有对三位法师的赞颂各一，并将画有三师像的石碑龛于墙壁上。一共花费 2335 元，从 1932 开始到 1934 年完成。

> 此塔院在佛弟子习慈宗者，应视如孔教之曲阜、回教之麦加、耶教之耶路撒冷。他日者精蓝扩殿，籍振慈恩之宗风，即以植众生之福田，而国运复兴之先声，世界大同之基础，胥在是矣，是

不可以不记也，谨述胜缘并记功德芳名于后。

1932—1934 年的这次维修，捐资人有张继一百元，戴季陶四百元，居正五十元，杨虎城一百元、朱子桥一百元、高戒忍、康寄遥各二十元等等。这次维修，最大的亮点是绘出了玄奘、窥基、圆测的像。这些像从何处来，文中没有详细说明。幸而这个碑文的作者康寄遥居士有一本《陕西佛教纪略》的书传世，里面较为详细地介绍了画像的来源。据他讲，玄奘、窥基二人的画像本来供奉在唐朝宫廷内，后来由日本求法僧临摹到了日本，近代由南京支那内学院派人从日本将之拍照带回，制作为铜版，1921 年开始加上彩色流通，再由欧阳竟无带到陕西。圆测的像就比较麻烦些，由于没有他的画像流传于世。幸而在修塔时，在塔下的小堂内发现了圆测的塑像。那这个塑像是不是就是按照圆测生前的样子塑的呢？因同时在窥基的塔下也发现了窥基的塑像。人们比对了宋代窥基塑像与传自日本的窥基画像，发现非常一致，那就说明，圆测塔下的圆测像，也是按照其生前的画像雕塑的。这就解决了圆测画像的问题。画像雕好后，由欧阳竟无题写了三位法师的赞颂，欧阳竟无作为当时弘扬唯识宗的旗手，还亲自为玄奘法师像书写了赞文。

1933 年冬制作的玄奘、圆测、窥基像碑是由画师李技生摹绘，雕刻家郭希安刻，其线条生动传神，虽寥寥数笔，三人容貌性格各异，成为石刻珍品。

《玄奘法师像赞》：悠悠南行五十三德，孑影西征百二八国，千里跬步僧祇呼粟，但有至心胡夷胡侧，弘始肯骖门历后翼，竺梵支文斯轨其或，实积缘墙译千三百，常常再来晰风蹑迹。

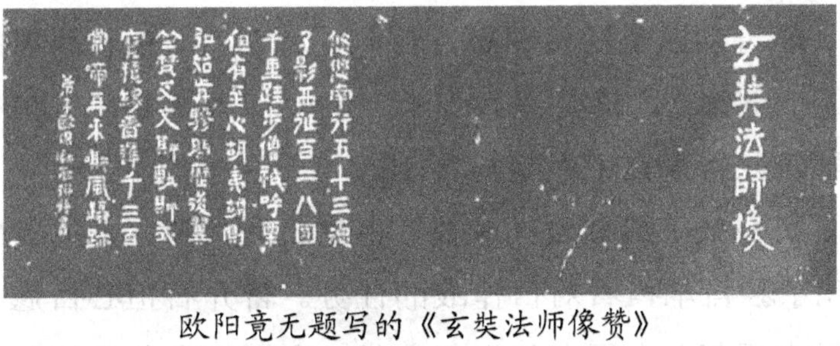

欧阳竟无题写的《玄奘法师像赞》

玄奘法师出国前就像善财童子五十三参那样，曾在中国南方问道五十三位大德，又只身西行一百二十八国，积累跬步乃至千里，只要有诚心即便是在异国他乡，学法前者光大异域，各国语言法则悉已掌握，翻译佛经一千三百卷，常常显示灵异却不张扬。

《圆测法师像赞》："未龄王孙已齿圣侪，奘门多匠掷水盈怀，基中其骐测骖其騧，各常渊衷来经典猜，唯识瑜伽竺寝支开。南山险邃兴教佳哉，新罗薪尽杂华歇醅，朗朗人来慧波无涯。"弟子朱庆澜沐书民国二十二年冬月。

幼年时期王孙就出家为僧，玄奘门下贤才很多，您却翘楚其中。窥基法师和你都是玄奘法师门下奇才，都对唯识经论广作释读，发扬光大了唯识学说。终南山上的兴教寺风光好，新罗僧圆测的烛光燃尽，但薪火永传，永远没有尽头。

《窥基法师像赞》："英英将种不紫而缁，截流行象横笔吼狮，开骊勒阁抉惠护逵，立姓朗耀百本葳蕤，那烂慈恩匪竺匪支，思何渊渊姿何离离，析薪者奘负荷者基，宗斯仰矣恶如何其。"

将门虎子没有继承家业却披上袈裟，拿起大笔挥毫狮吼，弘扬弥勒菩萨的唯识学说，您写的百部论疏流传千古，使那烂陀寺和大慈恩寺不分彼此，您的思维是多么的渊博，您的姿态是多么的雄伟，玄奘的贡献就像砍下薪材的人，而窥基你就是那背柴的人，是你们两人共同创立了唯识宗，对于您，我们只有崇敬不已。

1933 年，还将慈恩学院由慈恩寺移到了兴教寺，但仅仅维持了一年，便因种种原因无法继续，因这是兴教寺唯一的一次办佛学研究机构，所以也为以后办理佛学研究所积累了经验与传承。

1939 年，抗战处于最紧要的关头，也是日寇最嚣张、抗战形势最灰暗的时候，中国几乎独自承担着对日作战的任务。蒋介石担心日寇入侵关中，就在北方设立天水行营，由程潜任行营主任，指挥整个北方战区，行营实际上驻在西安。程潜曾发起修建兴教寺大殿及藏经楼的倡议，并电明中央，冠“护国”二字于兴教寺。《重修护国兴教寺碑》记载了经过：

中日友好碑

中央委员沧州张继、政务委员会常务委员朱君庆澜与住持妙阔呼信众，擎补葺三塔，虽远虚将久，而美备未彰，潜民二十八年春来驻西安，冥怀宿诚，瞻拜遗迹，思扩灵宇。于是始召工。估计则需费钜万。既丞请于军事委员会委员长蒋公，复走书于国内大德长者，若鼓应桴，布金满地，大福庄严，标誉檀越，十万之数，克日而足。……越明年夏五月，无扰三时，其庸一旅，劳而不怨，告厥成功，若大殿、若藏经楼、若山亭、若门庑，翼如轩、如轮矣……缙绅洊臻，无不抠衣礼谒，翘首警赞，咸曰：壮哉化城！

松凌、汪清明于 1944 年所写的《捐资名录碑》记录了程潜这次募捐的具体情况：“蒋介石捐银元 20000 元，程潜 15000 元，蒋鼎文太夫人 10000 元，阎锡山 10000 元，大华纱厂 13000 元，朱子桥、石凤翔各 5000 元。白崇禧、马鸿逵、川陕公司各 2000 元。李宗仁、韩德勤、薛岳、卫立煌、龙云、沈鸿烈、康寄遥等各 1000 元。李汉魂、交通银行等，各 500 元。傅作义等各 300 元。”所书的《捐资碑》，计有蒋介石等国民党政府要员及陕西军政要员、知名人士共 95 人，捐款 105 006 元，公司、工厂、银行捐款 22 000 元，共 127 006 元。另有蒋鼎文施玉佛一尊，水田 12 亩。

虽然《重修护国兴教寺碑》讲 1940 年 5 月就修缮完毕，但实际上工程并没有结束。1940年，程潜奉命调离西安。但兴教寺维修工程继续进行，直到1942年，由程潜倡修的兴教寺工程才圆满竣工。自1939年至今，由程潜题写的“护国兴教寺”寺额一直保存在兴教寺山门上。当年由其发起修建的大殿、藏经楼、山门等建筑也一直得到保护。谁也没有想到，2013年4月，这座在抗战期间凝聚了无数仁人志士心血的寺庙，却面临着大规模的拆迁，幸而在僧俗各界的强烈呼吁下，才保全了这些历史建筑。我们为发生这样的事情感到痛心，我们可以责怪那些申遗专家们对陕西历史缺乏了解，同时也应该反省我们自己对这些历史文化挖掘的不够，让他们误以为是现代建筑。

1950年至1953年这3年里，韦村小学由于校舍紧张，曾用殿宇廊房做教室上过课。1953年春，因周恩来总理要陪同印度尼赫鲁总理来兴教寺参观访问，政府拨款修葺刷新兴教寺，韦村小学也从兴教寺搬了出去，大雄宝殿、法堂、藏经楼又油漆一遍，并在藏经楼下布置了客厅。新中国成立后兴教寺寺内占地约十八亩，果园菜园约十亩。1955年、1956年曾有过两次修缮，大殿僧房总共四十间以上。妙阔法师被任命为陕西省人民代表，省政协委员，中国佛教协会理事等职务，法因法师为监院。常住寺庙僧人有四人。康寄遥曾在1950年代作《兴教寺》一诗：“慈恩列祖振宗风，古今中外仰奘公；巍巍三座传灯塔，永放光明日月星。”1958年，从中国佛学院毕业的常明法师到兴教寺任住持。

“文革”期间兴教寺遭到冲击，寺僧被解散。改革开放后，常明法师回到寺庙，兴教寺也迎来了新生。1990年，日本法相宗大本山日本奈良药师寺为纪念玄奘大师圆寂一千三百三十五周年，捐款120多万元兴建了兴教寺卧佛殿。1992年春，正值中日邦交正常化20周年之际，日本亚细亚文化交流会送来400株樱花栽种在兴教寺，并树立“中日永远友好纪念碑”。

常明法师于2009年4月18日15时在长安兴教寺圆寂，世寿九十二岁，僧腊七十二载。宽池法师于2009年9月21日正式就任长安护国兴教寺住持，并于2014年5月2日荣膺方丈。这一年好事连连，2014年6月22日在卡塔尔多哈召开的联合国教科文组织第 38 届世界遗产委员会会议上，兴教寺内的兴教寺塔作为中国、哈萨克斯坦和吉尔吉斯斯坦三国联合申遗的“丝绸之路：长安—天山廊道的路网”的一处遗产点成功入选《世界遗产名录》，护国兴教寺，这个已经走过一千三百多年历史的古寺，正在焕发出迷人的魅力！

三论宗祖庭草堂寺

陕西户县的草堂寺是三论宗祖庭，也是中国著名寺庙之一。但其早期的历史，却缺乏有效的文献记载。下面我们先来梳理一下草堂寺的早期历史。

一、草堂寺的早期历史

《草堂寺志》认为草堂寺初建于西晋，却没有进一步的说明，不知有何根据。笔者也认为草堂寺始建于西晋，并且认为其历史可以追溯到竺法护。草堂寺在姚秦时期被称为“大寺”，其名字与位置我们还可以稍加分析。道宣在《大唐内典录》里提到：“西晋沙门竺法护……是晋武帝长安青门外大寺沙门也。”唐圆照撰的《贞元新定释教目录》中也提到：“《众经录》一卷，右西晋武帝代，长安青门外大寺，西域沙门竺法护翻译众经因出其录。”唐代智升编成的《开元释教录》也提到：“西晋武帝代，长安青门外大寺，西域沙门竺法护翻译众经。”同书中还提到：“《须真天子经》三卷，事经太始三年十一月八日，于长安青门外白马寺出，安文惠等传，聂承远等笔受。”聂承远是竺法护的弟子，他在青门外白马寺译经，提示我们竺法护所在的“大寺”，极有可能就叫白马寺。联想到中国最早的翻译佛经的道场就是洛阳的白马寺，那么竺法护来到长安后，将他所在的寺庙称为白马寺是很自然的，显然这里有继承先贤译经事业的意思在里面。也有资料讲，长安白马寺位于长安青门内，如梁僧佑的《出三藏记集》记载：“《须真天子经》，太始二年十一月八日。于长安青门内白马寺中，天竺菩萨昙摩罗察口授出之，时传言者，安文惠帛元信，手受者，聂承远张玄泊孙休。”此文与智升所讲是同一件事，只是几个字不同，当是抄写时的笔误。从时间上看，僧佑所处的梁代，比法护所处的时代更接近得多。早于道宣、圆照和智升的隋代费长房的《历代三宝记》也认为白马寺在长安青门内：“《须真天子经》二卷，太始二年于长安青门内白马寺出。安文惠、白元信传语，聂承远、张玄伯、孙休达笔受。”因此笔者相信，当时被称为“大寺”的长安白马寺，位于长安青门内，至少是位于长安青门附近，它就是草堂寺的前身。这种可能性是很大的。后秦姚兴父子尊崇鸠摩罗什，让他在西晋竺法护曾经翻译过佛经的地方开译场，可能也有继承先贤事业的考虑。如此，草堂寺的前身很可能就是长安白马寺，开山祖师就可能是著名的敦煌菩萨竺法护。

三论宗祖庭草堂寺

《草堂寺志》认为，东晋时期著名高僧法显，也曾住于草堂寺，但也没有进一步的说明，不知有何根据。笔者翻了很多关于法显的记载，没有见到法显入住草堂寺的直接依据。

梁《高僧传》记载，“(法显)以晋隆安三年(399 年)，与同学慧景、道整、慧应、慧嵬等，发自长安，西度流沙”，去印度求经。而同书记载：“释慧嵬，不知何许人，止长安大寺。”“大寺”被认为是当时人对草堂寺的称呼。既然慧嵬确定是草堂寺的僧人，而法显曾经和他是“同学”，似乎也可以推定法显曾在草堂寺学习过，但这只是一种推定。并且法显与慧嵬的“同学”，究竟指的是他们在“大寺”的同学，还是一起去西行的同学，都很难说。因此，我们认为，法显是有可能在草堂寺呆过，但现有证据还不能够证实。

真正确立草堂寺三论宗地位的，是鸠摩罗什和他的僧团。公元 300 年左右，印度一位名叫鸠摩炎的贵族舍弃了宰相的职务，毅然出家并越过帕米尔高原来到我国新疆地区的小国龟兹，即现在的库车，被龟兹王聘为国师，他就是鸠摩罗什的父亲。他后来与国王的妹妹结婚并生下了罗什，罗什七岁时和他的母亲一起出家，学习非常勤奋。罗什开始的时候学的是小乘，后来在须利耶苏摩的点拨下发奋学习大乘经论，很快便声名鹊起。公元 379 年，道安正在长安译经，苦于翻译人才极缺，听闻罗什大名，极力劝苻坚请罗什入华，苻坚遂于公元 382 年派大将吕光出兵西域。吕光极富军事才能，他到了西域后，灭国三十六，将鸠摩罗什掳到了凉州(今甘肃武威)，但是这时前秦淝水之战战败的消息传来，吕光便于 386 年称王，建立后凉，定都凉州，但他不信佛法，强行将龟兹公主许配给罗什，于是罗什便以出家人的身份有了妻子。

公元 401 年，后秦姚兴将后凉击败，将鸠摩罗什迎入长安。罗什进入长安，标志着中国佛教迈入了一个新的阶段，他发现流行在关中地区的佛教并不能如实地反映佛经的本意，就在长安组织了庞大的僧团，从事佛经翻译。罗什译经，能深刻体会“秦人好简”的特点，翻译风格简明扼要，深受僧俗欢迎，代表作即著名的《金刚经》，连后来玄奘的翻译也未能超过其水平，至今仍是最通用的本子。鸠摩罗什在中国翻译佛经十二年，由于有后秦国主的支持，他培养了一批优秀的弟子，虽然后来罗什圆寂后不久，东晋大将刘裕就率军攻破了长安，灭了后秦，但罗什的弟子和再传弟子们还是将他一生着力弘扬的般若思想继承了下来，吸收其他思想，并在隋代建立了三论宗。

鸠摩罗什大师也有一些有意思的轶事。据说罗什到了晚年，有一次忽然对秦王姚兴说，自己昨夜梦到有几个小孩围着自己嬉闹，十分可爱。姚兴一听，哈哈大笑，立即将宫中的宫女挑选了四名赠予罗什。这样一来不得了了，因为罗什第一次破戒娶妻是因为被吕光逼迫的，还情有可原。而这次破戒可是自己要的，于是他的一些弟子便吵着也要结婚。罗什没有办法，只好从怀中掏出一把银针，吞入了口中，然后说道，谁修到了这般神通，即可结婚。才将众人压了下去。但是，毕竟破戒是无法回避的，所以罗什每次讲法之前都要说：莲花出污泥而不染，你们不要学我这污泥，要学出污泥而不染的莲花。

李利安教授对鸠摩罗什的贡献有高度评价："后秦时代鸠摩罗什在长安的译经事业，既诞生了中国历史上最早的国立译场，也组织起了中国历史上最大规模的译经机构和团体，号称八百人的译经队伍，就其人数规模来说，是空前绝后的。罗什前后所译，现在还在的，有40部，三百余卷。罗什不仅在所译经论的内容上第一次系统地介绍了根据般若经类而成立的大乘性空缘起之学，印度大乘空宗思想之所以能在我国流行起来，主因便是罗什在长安的传译。他在翻译文体上也一改过去朴拙的古风，开始运用达意的译法，使中土诵习者易于接受理解。因此，他所译的经典大都为国人所喜爱，即使后来的玄奘另有新译，也无法全然

鸠摩罗什纪念堂

取代，所以在佛典传译史上，他的影响力是无与伦比的。从鸠摩罗什开始，中国的译经事业进入成熟时期。长安的佛经翻译也从此开始了一个新的时代。”

鸠摩罗什为中国五大翻译家中最早的一家，率弟子僧肇等八百余人，译出《大般若经》、《妙法莲华经》、《维摩经》、《阿弥陀经》、《金刚经》等经和《中论》、《百论》、《十二门论》和《大智度论》等论，共七十四部，三百八十四卷。由于译文非常简洁通畅，妙义自然显现无碍，所以深受众人的喜爱，而广为流传，对于佛教的发展，有很大贡献。

鸠摩罗什所介绍之中观学说，为后世三论宗之渊源。著名弟子有僧叡、道生、僧肇、道融，时称“四圣”。据说当时在长安翻译佛经时，罗什已经破戒，有妻子一人、妾十人并有了小孩，再加上当时著名的译师佛驮跋陀罗攻击罗什的师承不明，质疑罗什所译经典的可靠性，所以罗什圆寂前发愿：如果我所口述的佛法符合佛经原义，请让我的舌头不烂。罗什圆寂后，弟子将其火化，果然发现罗什的舌头没有烧毁，于是大家对罗什的翻译才最终信服。后来，罗什的舌头舍利就安葬在了西安户县草堂寺，建了舍利塔，这位西域来的高僧，就长眠在了这里。

僧肇(384—414 年)，东晋著名的佛教高僧、学者、理论家。俗姓张，京兆(今陕西西安)人。原来喜欢老、庄，读《维摩诘经》，后来对鸠摩罗什欣赏不已，就拜鸠摩罗什为师，他是后来公认的鸠摩罗什最出色的弟子，被称为“法中龙象”。他擅长般若学，曾讲习鸠摩罗什所译三论，被称为罗什门下“四圣”或“十哲”之一，人亦称为华夏“解空第一”。僧肇曾在姑臧(今甘肃武威)和陕西长安参与鸠摩罗什译场，从事译经和经论评定。他的四篇论文《不真空论》、《物不迁论》、《般若无知论》、《涅槃无名论》，语句优美，内容深邃、精辟、简洁，在中国佛教史上具有非常崇高的地位，直至今天仍被众多佛子和佛学专家研读，此四论合称为《肇论》。僧肇也因此被后世尊为三论宗祖师之一。弘始十六年(414 年)，天纵奇才僧肇英年早逝，年仅三十一岁，令僧俗大众痛感惋惜。

关于僧肇的死亡，西藏方面的史料中透露出一些信息。据说当时后秦王姚兴的一个宠妃羡慕僧肇的才学，倾心于他。可是僧肇不为所动。于是这名妃子就将自己的发簪藏在僧肇的铺垫之下，然后去向姚兴告状，说僧肇调戏她。姚兴大怒，将僧肇处死。佛教传入西藏是在僧肇死后二百年之后的事情，这个传言究竟是否可靠，还有争议。但藏人所讲，也肯定有所本，所以这个说法总不会是藏人无中生有编出来的吧？

三论宗主要弘传般若思想，般若学以600卷《大般若经》为宗，以《中论》、《百论》、《十二门论》、《大智度论》等典籍为中心，宣传“真空假有”、“真俗中三谛义”等中观思想。

《大般若经》体系庞大，宣传了智慧度的作用，成功地抬高了文殊菩萨的地位，使他成为了“佛母”（即任何人要成佛就必须掌握文殊的智慧），在佛教教义修行体系中地位崇高：他是释迦佛的左胁持菩萨，和佛一起接受众生的供养；他的弘法道场五台山成为了中国形成的第一个菩萨道场。

二、三论宗的传承

三论宗的传承系统为：

龙树——提婆——罗睺罗——青目——须利耶苏摩——鸠摩罗什——僧肇、僧睿——僧朗——僧诠——法朗——吉藏

龙树著有三论中的两论，即《中论》与《十二门论》，所以被尊为是三论宗初祖。提婆是龙树的弟子，著有三论中的一论，即《百论》，故尊为三论宗的二祖。罗睺罗是提婆的上座弟子，青目著有《中观论释》都为弘扬般若作出了巨大贡献，故尊为三祖、四祖。须利耶苏摩是西域莎车国的王子，也是点化鸠摩罗什由小乘改宗大乘的导师，后来也来内地弘法，故为五祖。鸠摩罗什在长安地区翻译了量大质优的佛经，结束了传统的“格义”造就的“六家七宗”的历史，使中国人可以准确地理解佛法的本意，开创了中国佛

教的新局面，故为六祖。僧肇才华横溢，文辞优美，著有《肇论》四篇，均为经典之作，但惜乎早逝；僧睿在跟随罗什之前就有才名，《中论序疏》中这样评价他："什公门徒三千，入室唯八，睿为首领。"故他与僧肇同列第七祖。

鸠摩罗什舍利塔

什、肇之学，原本只是在关中地区传播，是僧朗将三论学说传到了江南地区，他后来掌管南京摄山栖霞寺，在梁武帝时期培养了一批优秀的弟子，开创了三论宗史上著名的"摄山系"，成为了弘扬三论的主流，他是三论宗发展史上的关键人物，故被尊称为第八祖。僧诠是梁武帝向僧朗推荐的十人之一，深得朗公的三论法门，当时有"山中国师"之美名，为第九祖。

法朗是僧诠的门下，南陈时驻锡南京兴皇寺，弟子遍及全国，为三论宗第十祖。吉藏大师为法朗的四大弟子之一，成就最为卓著。他是三论学的集大成者，写了大量的相关著作，培养了大批的弟子，法脉一直传到日本，为三论宗第十一祖。下面我们了解下三论宗的几个最著名的祖师。

龙树于公元三世纪生于南印度，他自幼就学会了四吠陀经，天文、地理、道术以及图纬密藏无不通晓，他年轻时是个浪荡公子，曾经和三个朋友一起使用隐身术进入王宫侵凌女眷，国王发觉后，秘密将甲兵埋伏在宫内，发现有隐身人进来后，马上挥刀在宫内乱砍，龙树的三个朋友被砍死，龙树由于站到国王旁边而侥幸逃脱，悟出爱欲为受苦的根源，于是出家学佛。他最开始是在大众部出家，学了一些大乘经典，又从北印度一个老比丘那里得到了一些经典，最后有人带着他到了龙宫。和中国人认为龙宫在海里不同，印度人一般认为龙生活在雪山中的大湖里，故当时龙树可能到了喜马拉雅山中的一个地方，取得了大量的大乘经典，通达之后，他就开始创立自己的学说了。

当时小乘说一切有部兴盛，宣传“诸法实有，三世恒有”，一时成为了显学；另外还有一个方广部，则刚好相反，宣称什么都是不存在的，都是虚幻的，连生死涅槃也是不存在的。龙树不同意这两派的看法，他运用佛陀开创的中道观去折中他们的争执，认为执有说一切有部观点的人不是佛教徒，因为佛陀不说诸法实有，而方广部的说法也不对，因为那是断灭空，所以最后的结论是：诸法既不是实有，也不是断灭空，而是非空非有、即空即有，有是缘起有、名言有，空是实相空、真性空，所以佛所说的十二缘起就是中道，佛常对弟子说：“见缘起则见法，见法即见佛”，小乘中的声闻与缘觉，只见空而不见缘起，就会偏向人我空，而不是毕竟空。

龙树才华横溢，大乘佛教虽然在公元一世纪就已经出现，但直到龙树才算真正站住了脚跟，所以后来许多经典、派别都尊龙树为祖师，如华严经也说是龙树从龙宫里取得的，密宗也尊龙树为祖师。龙树在当时极有可能卷入了政治斗争，他凭着才学得到了桥萨罗国王的支持。据传说，龙树修得了长生术，活了二三百岁，而国王也得到龙树的帮助而得以长寿，这令急于接替王位的太子来说是不能容忍的，于是太子便派人去找龙树，说听说真正的菩萨是什么都舍得给予的，那么我现在急着要你的头，你就把你的头施舍给我吧。龙树被迫自杀。

二祖提婆大师也非常有传奇色彩。他本是斯里兰卡的王子，瞎了一只眼睛，只有一只眼睛能看东西。但是他能言善辩。斯里兰卡和龙树生活的南印度很近，只有一水之隔。他知道龙树的大名，就想去和龙树辩论，那时龙树已经年老，住在南印度的吉祥山上，听说提婆来了，叫学生端了一满钵盂的水给他，一句话也没有说，提婆看了之后，立刻要了一根针投了进去，也是一句话没说。龙树很惊讶提婆的聪明，才开始与他交谈。龙树给他一满钵盂的水，意思是说我的智慧已经像水一样无器不满，提婆投一根针进去就是表示自己绝顶聪明，可以如针进水一样一探究竟，提婆本来是来和龙树辩论的，但和龙树一接触就服了，于是做了龙树的学生。

烟雾井

提婆的一生是与外道战斗的一生，当时摩揭陀国旧都华氏城佛教衰微，被外道击败，被禁止活动长达十二年之久。龙树听说后就想去辩论，提婆认为自己去就可以了，但龙树不放心，就自己扮演外道，和提婆辩论多日，并不能击败提婆，于是就派他前往。提婆到了华氏城，果然将外道击败，重新开始了佛教的活动。提婆于是就在北印度、中印度一带外道比较强盛的地方从事破外道的工作，并著有《广破论》，是对其长期破外道活动的总结。直到龙树圆寂后，他才回到南印度，又发现当时的国王不信佛，就去教化了他，同时又和外道辩论，使好多外道弟子改宗佛教。

提婆这样咄咄逼人的态度使得他树立了很多敌人，据说当他在树林里隐居著书时，有外道弟子来寻仇，声言自己的老师被提婆辩论击败而自杀，“你以空刀杀我师”，我辩不过你，但是你既然说一切都是空，我就偏偏以实刀将你杀死，于是提婆为道殒命。

吉藏是中国三论宗的实际创立者，释吉藏，俗姓安，本西域安息人。祖上因避仇移居南海交趾，后迁金陵而生吉藏。吉藏年少时，其父引他去见后来被尊为中国五大翻译师、摄论宗创始人真谛法师，请真谛给孩子起名，真谛赐名吉藏。后到兴皇寺道朗法师处听讲，年至七岁在朗法师处出家，学习经论，十四岁就学习了《百论》，南陈末年他已经非常有名，隋兵攻取南京时，他四处收集佛教经典文献，战争结束后吉藏便到了会稽山的嘉祥寺，深研佛法，为他后来的创宗打下了坚实的基础，当时跟他学法的人达一千多，后人便称他为嘉祥大师。这里的道朗法师就是三论宗第十祖法朗大师，吉藏传承法朗的法脉，写成《三论玄义》，他也成为三论宗的实际创立人。吉藏临终之时，写成《死不怖论》，写完之后就圆寂了。文中讲，凡是生灵，都贪生避死，这是没有觉悟的缘故。因为死是从生来，因此如果怕死的话，也应该怕生，没有生哪里来的死，所以应该畏惧的是生而不是死。

当吉藏在酝酿自己的学说的时候，智者大师的《法华玄义》已经写出，吉藏受其启发而做《三论玄义》，相对于罗什门下僧肇、道融的“关河旧说”，他的学说被称为“新三论”。正是在吉藏时期(隋朝)建立了中国佛教史上著名的三论宗。

三论宗在吉藏大师死后，师承就不明了。但其后学与新兴的禅宗结合，融入了南禅之中，一直影响至今。

三、三论宗的思想

准提观音

三论宗主要是讲般若的，思想体系庞大，仅《大般若经》就有六百卷之多。般若是佛教的一种空观智慧，它否定一切存在的真实性，认为我们所感觉到的世界不是“有”，因为它们都无自性，都不是恒常存在的，因而现实世界的存在是“假有”；但这个世界也不是“无”，因为既然其能让我们的感觉器官感觉到，那就不是什么也没有，因而是“非无”。最后得出的结论是世界万物的存在是“非有非非有，非无非非无”的“中道义”。“般若”就是讲“空”的。它的思想集中在一个“空”字上。一些著名的偈子就是般若思想的凝结。

1．两个著名的偈子

著名的“三是偈”：“因缘所生法，我说即是空；亦为是假名，亦是中道义。”四句话中有三个“是”字。什么意思呢？

这里的“法”，即指“色法”，也指“心法”，指的是现象界，包括物质界和精神界两界，就是说我们感受到的世间万象，没有永恒存在的东西(即“实体的有”)，一切存在都有条件，当条件失去时，这个存在也就灭亡了，因为一切事物都要依条件而生，而条件处在不断地变化之中，故世间万物也就处于不停止的变化之中，没有恒常的“实体有”。如人体实际上由“地、水、火、风、识”等五大要素构成，这五大要素聚则人成，这五大要素散则人亡。为什么这么说呢？人身上都能搓下土垢，这说明“地”是构成人体的一个元素；人需要不断地补充水分，故“水”也是构成人体的一个元素；人的身体是热的，所以“火”也是构成人体的一个元素；人需要不断地呼吸，故“风”也是构成人体的一个重要元素；这四种元素构成了人的物质身体，但如果没有“识”，也不能形成正常的人，所以“识”也是构成人的重要元素。当一定的条件具备，人要死亡时，首先会感到口渴，这是“水”走了；其次身体会变冷，这是“火”走了；再次只能出气，不能吸气，这是“风”走了；然后身体腐烂，这是“土”走了；最后就是“识”再次进行转世轮回。人什么时候生，什么时候死，不以自己的意志为转移。故说一切事物都是“自性空”，即无法主宰自身的命运，没有自性，故这里的“空”并不是什么都没有，而是特指“自性”而言的。

这里的“名”是“名言”之意，意思是说在我们生活的这个有情世间其实就是个名言世界，我们把各种本来没有自性的东西执为实在，用名称来进行确定，而不知道它们都是因缘和合而成的有条件之物，故实际上这些现象界的“有”即实在是我们用“名言”确定的“实在”，而实际上并不是确定真实的存在，故现象界的“有”实际上是“假名有”。

句中的“假”是“依”、“凭借”之意，一切有感情的众生都凭借这些被“名言”固定的、我们执为真实存在而实际上是因缘和合的“无自性之物”而生活和交流，并为这些“名言”所牵引，去疯狂地追求“名、利”这些“假名有”，不知道这些荣誉、财产总有一天会失去，自己不可能永远享用。所以我们应该如何对待它们呢？我们既要认识到现象界的自性是空，不要对它们的得失太过于执著，又要认识到这些现象虽不是永恒的，但在现有的条件的前提下还是存在的，我们也不能做纯粹的主观主义者，对一切现象视而不见，这就是“中道义”。

《金刚经》里也有个著名的偈子：“一切有为法，如梦幻泡影，如露亦如电，应作如是观。”

“有为法”就是有生灭的现象界的一切事物，泛指万事万物。就像梦里的梦境和沙漠里的海市蜃楼、或肥皂泡上所映的影像一般难以持久，也像早晨的朝露一样，遇到太阳光就蒸发了。也像打雷时的闪电一样，电光火石，一闪而逝。我们应该这样看待我们所面对的金钱、美色、权势甚至生命，乃至所有的一切，我们要认识到这些东西都不能持久，不能主宰自己的命运，因为它们都是靠缘分而成，缘散而散的，都不是真实的存在。我们应该持这样的世界观，才能放下执著，彻底解脱。

说到底，这两个偈子讲的就是“缘起性空”的道理。它的主要目的就是要人们改变对世界的看法，放弃对事物的执著。

2.“八不”缘起说

“八不”是指《中论》中的四句话：“不生也不灭，不常也不断，不一也不异，不来也不去。”四句话中有八个“不”字，故称“八不”教，也叫做“八不正观”或“八不中道”，是对生灭、断常、一异、来去四双八见的否定。

草堂寺僧肇堂

第一句“不生不灭”，是从真实义层面说的。一切法本来不生亦无所灭，只因众生虚妄分别，不知诸法因缘而假名有，自性本自不生，毕竟空寂。为什么这么说呢？因为生是灭之生、灭是生之灭。如果一个事物是永恒的确定的存在，它根本就不用再生，如果一个事物本来就什么也没有，那么没有“因”怎么会生出“果”来呢？违背了因果律，因此诸法本自不生；不生则无灭，对生而说灭。若法不生时则无法可灭，故言不灭。所以我们说就“法”的真实层面讲是“不生不灭”。我们平时所言“生灭”，都是不了解宇宙真实，而妄谈现象的“戏论”。

第二句“不常不断”，是从世俗谛层面来说的。诸法因缘所生，因坏而果生，因为“因”坏故，不可言是“常”，而果从因生，有果可生故不可言断。种坏而芽生，对种而言是非“常”；由种而生芽，对芽而言是非断。若法是常则种不能生芽，也不可名为“种子”，若芽是常则其是自生而不应从种生。这段话实际上说的是事物的发展是连续性和断灭性的统一：用种子来比喻“因”，用种子种下后发出的新芽来比喻“果”，则“因”不是恒常的，否则就不能生芽，种子只有坏掉才能转化成新芽，就说明种子本身不能恒常，但新芽和种子之间还是有一定的联系，这就叫做“不常不断”。

第三句“不一不异”，这是从本质与现象界的关系方面来说的。这里的“一”为“相同”之意，“异”为“不相同”之意，“不一不异”翻译过来就是任何两个事物“既不相同，又不不相同”，那“不不相同”也就是“没有不相同”，也就是“相同”，为什么说两个事物既相同又不相同呢？说它们相同是从真谛方面说的，从真实义方面说，一切现象界的事物在“自性空”方面都是一样的，这是“不异”；从现象界方面说，天下没有两片完全相同的树叶，故森罗万象的世间是“不一”。

第四句“不来不去”，这是从时间的角度从纵向来看的。讲的是佛教的动静观，僧肇的名著《物不迁论》就是解释“不来不去”的典范，他将时间划分为“昔”（即过去）、“今”（即现在）、“往”（即将来）三个阶段，僧肇认为，“昔物不至今”，就是说，过去的事物只能存在于过去的时间，无法存在于现在的时间，譬如说假定你今年三十五岁，那么二十五岁的你并不能到现在的阶段，二十五岁的你只能存在于十年前，现在三十五岁的你也不可能重回到十年前；同样道理，四十五岁的你也不能现在出现在你的面前，因为四十五岁的你只能存在于十年后的时间里，因此我们知道事物总是存在于一定的时间中，我们不能够打破时间的界限来妄谈来去。这就叫“不来不去”。

3．三论宗的主张

既否定“有”，也否定“非有”，更否定“非非有”；既否定“无”，也否定“非无”，更否定“非非无”；主张“非有非非有，非无非非无”，即坚持有无双谴的“中道”观。它主张否定一切真实的存在，然后才能去除执著，去除烦恼。藏传佛教有个“中观应成派”的观点，宗喀巴大师非常认同：不管你说什么我都反对，这叫做：只破不立。“空”本身存在是真实的吗？不是，连“空”自己的存在也要否定，那就是“假有”或者“妙有”，叫做“真空妙有”。

四、草堂寺屡废屡兴

东晋刘裕于义熙十三年（417 年）灭姚秦。第二年，大夏王赫连勃勃又攻陷了长安。连番的战乱，使得鸠摩罗什留下的弟子们纷纷南逃，盛极一时的北方文化中心衰落下去。444 年，北魏太武帝灭佛，长安所有的寺庙都被摧毁，草堂寺也不能幸免。

灭佛运动结束后，草堂寺逐渐恢复。北魏孝文帝迁都洛阳后，曾于太和二十一年(497 年)下诏书敕令恢复草堂寺，《魏书·释老志》记载："罗什法师，可谓神出五才，志入四行者也。今常住寺犹有遗地，钦悦修踪，情深避远，可于旧堂所为建三级浮屠。又见逼昏虐，为道珍躯，既暂同俗礼，应有子嗣，可推访以闻，当加叙接。"孝文帝笃好佛理，常于宫中讲习经论，对鸠摩罗什非常仰慕，下令重建草堂寺。并嘱咐既然鸠摩罗什有家室，"应有子嗣"，让臣下仔细查访，给予帮助。孝文帝时期距离鸠摩罗什的时代已有近百年，这一时期战乱不止，如果能找到鸠摩罗什的子嗣，应该是重孙子辈吧。

草堂寺美景

史书记载，北魏孝武帝元修被鸩死在逍遥园。永熙三年(534 年)，北魏孝武帝元修不堪高欢父子的欺凌，逃到长安投奔宇文泰，同年十二月被宇文泰鸩死在逍遥园。《北史》给我们留下了当时的情景："潘弥奏言：'今日当慎，有急兵。'其夜帝在逍遥园宴阿至罗，顾侍臣曰：'此处仿佛华林园，使人聊增凄怨'，命取所乘波斯骝马，使南阳王跃之。将攀鞍，蹶而死。帝恶之。日宴还宫，至后门，马惊不前，鞭打入。谓潘弥曰：'今日幸无他不？'弥曰：'过夜半则大吉。'须臾，帝饮酒遇鸩而崩，时年二十五岁，谥曰孝武。殡于草堂佛寺十余年，乃葬云陵。"这里讲的华林园，位于北魏洛阳城的最北方，皇帝的寝宫后面，属于北魏最负盛名的皇家园林。孝武帝受到宇文泰的挟制，看到逍遥园类似华林园，触景生情，回想起当年北魏的强盛与今天的分裂，感到凄怨。当时孝武帝正宴请阿至罗国的使者，这里讲的"阿至罗"，即历史上高车人建立的"阿伏至罗国"，也称"高车国"。高车就是铁勒，也称敕勒，原本为柔然统辖，后副伏罗部酋长阿伏至罗率众向西迁徙到今新疆北部，与北魏联合反对柔然，后来汉籍史书就以其王“阿伏至罗”的名字称呼高车国，简称阿至罗。魏孝武帝永熙二年（533 年）三月，当时北魏为高欢控制，高车国遣使修好，史载“是月，阿至罗十万户内附。”高欢常赐高车国“粟帛”，“其酋帅吐陈等感恩，皆从指挥。”第二年孝武帝逃到长安，却在逍遥园宴请阿至罗国（即高车国）的使者，说明高车也曾遣使到西魏，孝武帝会见其使者，也许是想借助高车的力量恢复自己的权力，但旋即被害。他遇害前，平日所乘的波斯马忽然死亡，孝武帝就有不祥的预感。进宫门时马匹又惊，孝武帝终于被鸩死。尸骨安放在逍遥园十几年，后来才葬于云陵。

现在看到的资料都认为草堂寺就是逍遥园，逍遥园就是草堂寺，真的是这样吗？或许我们先得确定逍遥园的位置。逍遥园究竟在哪里？学术界颇有争议，有人认为是在城北，有人认为是在城西北，有人认为是在城东。杨守敬、熊会贞《水经注图》与《水经注注》认为是在城西。黄盛璋认为逍遥园是在城西北。综合看来，黄盛璋先生的看法是正确的。黄盛璋先生举出了很权威的证据，《出三藏记集》卷八记载僧叡曾讲鸠摩罗什“以弘始五年岁在癸卯四月二十三日于京师之北逍遥园中出此经，法师手执梵本，口宣秦言……”钟凤年认为是在城东，理由是《清一统志》和《读史方舆纪要》认为逍遥园是在明清长安城西或西北，那么肯定是在汉长安城东。这个推论是不可靠的。因为汉长安城本来就在明长安城的西北，如此逍遥园也可能是在汉长安城的西北。不管是上述哪种说法，都不是现在草堂寺所在的位置城西南。

草堂寺美景

逍遥园不在户县，那么它与草堂寺是不是在一处？隋代费长房在《历代三宝记》卷 8 中记载："三千德僧同此一处，共受姚秦天王供养。世称大寺，非是本名。中构一堂，权以草苫。即于其内及逍遥园二处翻译。"《历代三宝记》提到大寺与逍遥园为"二处"，提示我们逍遥园与草堂寺并不在一个地方。

那么，早期的草堂寺会不会在户县？《历代三宝记》记载："魏末周初，衢街稍整。大寺因尔成四伽蓝。草堂本名即为一寺。草堂东常住寺，南京兆王寺，京兆后改安定国寺。安定国西为大乘寺。"也即到北周初年的时候，草堂寺被道路冲开，分而为四，规模较之以前大大缩小。这点记载，可以肯定当时的草堂寺不会是现在的草堂寺的位置。因为记载明确讲是因为"衢街稍整"，大寺被分为四。今天草堂寺所在的地方距离当时的长安主城区颇为遥远，当时此地真的有那么繁华的街道吗？恐怕没有，那就说明，当时的草堂寺不在今天的户县，而是在当时的长安城内。如果这个结论成立，那么在今天草堂寺的位置附近寻找常住寺、兆王寺、安定国寺、大乘寺几近缘木求鱼。可见逍遥园与草堂寺并非俗常所宣传的就在一处。姚兴对鸠摩罗什十分崇信，按理也不会将他的僧团安置在如此偏远城区的户县。

草堂寺宗密堂

北周时期，草堂寺迎来了著名的天竺高僧阇那崛多。阇那崛多随其师阇那耶舍等人于北周明帝成武元年(559 年)携经来长安，止于草堂寺。不久移锡京城婆伽寺。次年，明帝敕建"四天王寺"供其师徒居住、译经。约天和五年(570 年)八月，阇那崛多随谯国公宇文俭赴益州，住龙渊寺(在今成都)，任益州僧正三年，并译经咒。建德六年(577 年)，北周武帝毁佛、道二教，阇那崛多等四人被"以礼放遣"，其余三人返国途中相继亡故，崛多“只影孤寄”在突厥，“随方利物”。后与北齐相州西行求法而归宝暹、道邃、智周等共同校阅所携的梵经。开皇四年(584年)，隋文帝遣使迎请崛多返回长安。同年冬，崛多在洛阳朝见文帝，后返长安。五年春，崛多奉敕入内史省，与印僧若那竭多等整理梵文典籍与天文图书。开皇九年，崛多奉命移席大兴善寺，主持译场。崛多通华语，不用翻译，“理会义门，句圆词体。”共译经30余部。

北周建德六年(577年)，北周武帝灭佛，草堂寺再遭劫难。隋朝建立后，倡导佛教，草堂寺再次恢复。

隋代郑州刺史李渊，曾为其子李世民的眼疾，去草堂寺许愿还愿：“郑州刺史李渊，为男世民目患，先于此寺求佛，蒙佛恩力，其患得捐。今为男敬造石碑像一铺，愿此功德，资益弟子男及合家大小福德具足，永无灾障。弟子李渊一心供养。大业二年(606年)正月八日建立。”隋末天下大乱，关中地区屡遭荼毒，寺毁人散。

李世民似乎还记得在草堂寺许愿的事，后来再次去草堂寺凭吊鸠摩罗什法师时，留下了“秦朝朗现圣人星，远表吾师德至灵。十万流沙来振锡，三千弟子共翻经。文含金玉知无朽，舌似兰荪尚有馨。堪叹逍遥园里事，空余明月草青青”的诗句(《唐太宗赞罗什法师诗》)。唐代草堂寺迎来了著名的净土高僧飞锡。飞锡，生卒年月不详，主要活动时间在唐天宝初年(742年)至大历年间(766—780年)。史书记载他外研儒墨，颇有文才，曾为楚金、忠国师撰写墓志铭。忠国师就是南阳慧忠国师，亡于775年。由此知飞锡此时尚存于世。飞锡于天宝初年(742年)来到长安，住在草堂寺。可知唐初“空余明月草青青”的局面已经大为改观。飞锡时代的草堂寺，应该就是现代草堂寺的位置。因为此后关于草堂寺的记载基本上没有中断。笔者因此推断，草堂寺可能是在唐代早期迁到户县的。会不会是唐太宗感念早年医治眼病的恩泽，出资重建了草堂寺呢？很有可能。也许需要在草堂寺遗址建立宫殿，就将其重建于户县的可能性最大。杜斗城也认为，现在的草堂寺，从现有的

资料看是建于唐代。（见杜斗城：《河西佛教史》）

飞锡之后，入住草堂寺的著名僧人是华严宗四祖澄观。澄观早年在江南演习、传播鸠摩罗什所传之关河三论，史载“三论之盛于江表，观之力也。”(宋高僧传)后又在大历年间，在南京瓦棺寺学习《起信论》与《涅槃论》；再就天竺僧诜法师处，学习《华严经》；再从天台湛然法师处学习天台止观；还从学于南禅牛头法融，决疑南宗禅法；再从北禅慧云法师，了北宗玄理。对于经史子集、天竺悉昙学、密教经咒，无不研习，《高僧传》评价说“多能之性，自天纵之。”后归心于华严。唐德宗时期，印度乌荼国(今孟加拉)国王进献《四十华严经》，德宗请罽宾国般若三藏翻译此经。召请澄观入译场担任勘正，并为《四十华严经》作疏。

因为这个因缘，澄观入住草堂寺。据其门人清沔记载，澄观曾发下十个誓愿：一是住只在方丈地，只保留三件衣钵。对自己要求生活简朴。二是放弃当代的名利，弃之如敝履。三是眼睛不看女人。四是不住俗家。五是常诵读《法华经》。六是常读大乘经典，普施布施。七是常讲华严大经。八是夜不卧眠。九是不邀名惑众，打压良善。十是不退大慈悲，普救法界众生。澄观生前受宰相武元衡等信奉，后被称为“清凉国师”。

飞锡与澄观都还只是暂时性的入住，他们来到草堂寺，并不是将之作为自己的寺庙来经营的。唐代高僧宗密就不一样了。他不仅是禅宗第十一祖，也是华严第五祖。他是唐代佛教的集大成者，将华严与禅宗合流，称为“华严禅”。宗密大师的思想即使是在今天的佛学研究中也受人重视，关于他的思想究竟是禅或华严的纷争现在还未有结果。

《宋高僧传》讲宗密是四川人，早年博览群书，曾经为《圆觉经》、《华严经》、《涅槃经》、《金刚经》、《起信论》、《唯识》、《盂兰盆法界观》、《行愿经》等多种经论作疏，并为禅宗各派做了总结，并总而序之，现留至今，成为《禅渊禅源诸诠都集序》，在禅宗史上很有影响。他于会昌元年(841 年)坐灭于兴福塔院，享年六十二岁。

宗密圆寂后，其弟子按照其生前的嘱托，将其尸身放入树林，布施鸟兽，后收其骨而焚之。宗密圆寂于唐武宗会昌元年，在唐武宗灭佛前夕去世，这是他的幸运，否则一生弘法传教的大师眼见寺庙被毁，僧人被迫还俗，经论被大批焚烧，该有多伤心啊！唐宣宗继位后，重新扶植佛教，追谥其为定慧禅师，立塔名青莲塔。

草堂寺宗派传承碑

当时宗密的好友宰相裴休为宗密写了墓志铭，总结了他的一生，给其极高的评价。首先，从裴休的介绍看，裴休是把宗密当做禅宗十一祖来看的（“于达摩为十一世”），这于我们今天一般将宗密列为华严祖师的看法颇不一致。鉴于宗密与裴休关系密切，我们也基本可以认定这也是宗密本人所认可的，否则裴休不会在他的墓志铭里明确宣讲。其次，裴休为宗密阐教的方法进行了辩护。当时有人批评宗密广讲经论，不重视禅定。裴休讲，心是“万法之总也”，“分而为戒定慧，开而为六度，散而为万行。”坐禅，本是六度之一，怎么能仅以禅定少就否定宗密大师呢？佛的十大弟子，或以神通见长，或以解空见长，或以苦行见长，怎么没人去指责他们呢？再次，裴休讲宗密对弟子的影响力。“有出而修政理，以救疾苦为道者；有退而奉父母，以丰供养为行者；其余憧憧而来，欣欣而去，扬袂而至，实腹而归，所在甚众，不可以纪真。”宗密的弟子中，有出去从政，造福于一方者；有归家奉养父母，在家行孝者；大家怀着希望而来，高兴满意而归，来时有所不足，走时理论满腹，这样的例子很多，不能一一给予介绍。“真如来付嘱之菩萨，众生不请之良友。”在行文的最后，裴休讲自己与宗密大师“于法为昆仲，于义为交友，于恩为善知识，于教为内外护。故得详而叙之，他人则不详。”宗密住锡草堂寺，是草堂寺历史上的一件大事，当时著名的“甘露之变”就与之有关。

重臣李训，看到当时宦官当权，唐室衰微，就诈称宫内降生甘露，企图哄骗宦官仇士良等入宫时，伏甲兵击之。怎奈有人告密，仇士良派兵追杀李训等人，李训奔走草堂寺，希望宗密收留他。宗密将之藏了起来。后僧众恐受其牵连，劝其逃奔凤翔，半路被杀。后来仇士良将宗密逮捕，打算追究他的责任，问他为何藏匿要犯。宗密坦然回答道：我认识李训多年，也知道他是因反叛而逃到草堂寺。然而佛法宗旨，遇难而救，不惜身命，即使为此而死也甘心。中尉鱼恒志赞赏他的人格，为其开脱，没有问罪。宗密愈为世人所重。

宗密圆寂后的第二年，唐武宗就发动了影响深远的“会昌灭佛”运动。会昌五年(845 年)达到高峰。东西二京各留两寺，每寺三十僧。其他州府各留一寺，上寺二十人，中寺十人，下寺五人。拆毁天下寺庙四千六百所，兰若四万所(兰若是指远离闹市的山野小寺)，拆下的木材用来建造驿站等，铁像用来制造农具，铜像用来造币，收得良田数千万顷，奴婢十五万人，僧尼归俗者二十六万五百人。草堂寺也在拆毁之列。

五、唐以后的草堂寺

唐末五代时期直到宋元，草堂寺为居进法师及其法子法孙所有。其中缘由，《宋高僧传》卷 7《洛京长寿寺可止传》有所透露。释可止，俗姓马，范阳(今北京)人，十二岁出家，先后学习律法、禅定、经论，通达因明，十几岁就开坛讲法，僧俗归心。十九岁至五台山求戒。在长安大庄严寺讲法收徒几年，声名大震，于乾宁三年即 897 年获唐昭宗召见，并获赐紫衣袈裟，在内殿讲法。后被卢龙节度使(辖北京地区)刘仁恭请回老家范阳，诵读青龙疏三载，感蟒蛇来听。后李存勖攻陷幽州，俘获刘氏父子，范阳大乱，可止避难中山(今河北南部)，后唐宰相冯道命招讨使王晏休找到可止，以车马送到当时的首都洛阳，被朝廷赐号“文智”。曾作《顿渐教义钞》一卷行于世。

释迦牟尼佛

可止法师乃当世高僧，且文采飞扬，与当时的名士交心，并曾奏请唐昭宗修复草堂寺，并获皇帝手书的匾额。《高僧传》卷7《后唐洛京长寿寺可止传》：“(可)止顷在长安讲罢，游终南山逍遥园，是姚秦什法师译经之地，年代寖深，鞠为茂草。且曰：吾为释子，忍不兴乎？奏昭宗乞重修。帝允，仍旧赐草堂寺额。后请樊川净休禅伯，聚徒谈玄矣。”

《京兆府重修清凉建福禅院之记》碑介绍，唐末居进法师曾于唐昭宗乾宁年间随侍“宝智禅师游逍遥废寺，是罗什译经之所，乃宗密造疏之园……便谋兴建。”这里的“宝智禅师”为曹洞宗大师休静，《宋高僧传》卷13则把休静称为“洛京华严寺释休静”，《唐会要》称，洛阳华严寺位于洛水北岸的景行坊，可见他是洛阳华严寺的僧人。《新修科分六学僧传》卷8记载有关于休静的故事，主要是他参悟曹洞宗创始人洞山良价的禅语。洞山问他“情”从何而来，休静回答这正是我想问的。洞山说你要到万里无草的地方去找。休静说万里无草处，有“情”还是无“情”？洞山问答：“就这么去找。”这里的万里无草处，比喻指现象界背后的本体，“情”也是由本体生出。可见休静为典型的曹洞宗禅僧。后唐庄宗李存勖建都洛阳，曾经到过洛阳华严寺。他看到一尊护法神，就问休静法师这是什么神？法师回答是护法神。李存勖问，既然是护法神，为何唐武宗灭佛时没有反应？法师回答：“天降雨露，不为荣枯。”意思是护法神也要遵循天道。皇帝听了很高兴，赐予“宝智师”的称号。

居进，本蓟门人，少有天纵之才，早年悟道。唐昭宗乾宁年间(894—897年)，来到长安，看到历经会昌法难后草堂寺已经毁废，想到这是鸠摩罗什译经的场所，也是宗密大师造疏的寺庙，于是上书要求重新修复，获得批准。草堂寺于唐末再次复兴。

《京兆府重修清凉建福禅院之记》碑还给我们介绍了五代时期草堂寺的演变情况。“大梁开平中，既有京兆府观察判官天水正郎上申使府，特给公文，舍隙地于明街，崇福田于释氏，即为□院，便议经营。”说明后梁时期，有司拨给草堂寺一些建设用地，草堂寺又一次修整。这次修整的结果是：“稍除燥温之虞，渐起招提之像。长廊广阔，方成缔构之功；刻角雕楹，未假装修之力。”也可由此推知，唐末可止与居进所修建的只是寺庙的局部，还未成“招提之像”。后梁时期的这次修整，长廊广阔，雕梁画栋，使得草堂寺初具寺庙的规模。

然而到了后周初期，寺庙就又出现了“鸳鸯瓦坠，空增萧索之踪；鸜鹆(qu yu)轩来，莫假因缘之功。”从后梁到后周初，也不过就四十年，就算是古代的土房子，也能维持百年之久，所以这次毁坏，多半是五代时期的兵乱所致。《京兆府重修清凉建福禅院之记》碑还给我们提供了草堂寺经历后周世宗灭佛的材料：“寻值显德初年，世宗御宇，忽行厘革，欲议废停。蒙本府以飞笺奉皇牒而准。”可见在地方官的积极努力下，草堂寺躲过了这一劫难。

草堂寺池塘

到了宋初，草堂寺“旧房廊渐坏”，院主清绍、逍遥寺主清范、修造主修广等主持了又一次修建。在宋初崇佛的气氛下，修造比较顺利：“红楼在建，宛如唇吐之形；绀殿重修，屹若风翔之势。”修建了庵萝园和弥勒院：“庵萝园内，遂兴宝盖之功，弥勒院中，即契龙华之会。”

宋代商品经济发达，寺庙庄园经济繁盛。由于草堂寺具有一定的经济实力，在地方信众的支持之下，寺僧法普、法珍、法全、法明等，为寺庙添置了水磨。《大宋京兆府户县逍遥栖禅寺新修水磨碑记》为我们留下这方面的材料。《碑记》叙述了修水磨的缘起：“今寺主法普始一日与同志曰：‘此处地堧(ruan)涧口，水会众流，欲树建于磨亭，似不烦于巨力。”水磨建成后：“危楼崛起，疑吐云而成；骇浪奔轮，若虬蟠而转影。”水磨旁边还建有客馆与僧房：“其磨亭正座五间，都成七架，西开客馆，东敞僧房。”水磨形成的积潭很深：“下之水也，莹碧澄潭，深沉无底，人而过者，莫敢而窥。”水磨建成后，大有用处：“九夏绝于炎殃，则可滋于稼穑；一方溉于畦垅(qi long)，则挹之弗穷……岂止独利于禅林，抑以务资于闾里。”周边的村民也跟着受益，不再害怕夏天的干旱，随时用水都可以灌溉。

宋代草堂寺是长安地区著名的怀古胜地，常有文人骚客前来咏诗游玩。北宋庆历年间，文人李周、李邵、杨致祥、种古、种珍等曾在草堂寺游玩赋诗。四十五年后，处讷以左宣德郎的身份出任知户县事，即担任户县知县，从草堂寺过，进去更衣(如厕)，发现了父亲四十五年前在草堂寺墙壁上留下的诗句，于是出资将诗句刻于石碑上留念。这个处讷，究竟是谁的儿子，没有明说，但提到“家君……尝与种太质昆仲洎一二僚友游草堂寺”，“种太质昆仲”显然指的是种古和种珍，说明处讷肯定不是种氏的后人，那么要么是李氏后人，要么是杨氏后人。从碑文将李周、李邵放在前面的情况看，处讷很可能是李氏后人。

文人李章也曾在草堂寺题诗。其子李百坚访草堂寺，发现其父的诗文，“恐岁月久，将逐湮没”，于是刻石成碑。宋代文风很盛，类似此类宋代文人诗词题记，现今保留有记录的还有二十七人之多，诗歌几十首，足见宋代经济繁荣，社会安定，文人有此雅兴来此郊游留念。

金代道奥法师曾住持和修建草堂寺。《草堂辨正大师奥公僧录塔铭》给我们留下了金代草堂寺的一些资料。道奥，俗姓王，字子深，乾州礼泉人(今陕西礼泉县人)，年幼即“天粹慧明，风标卓华。”弱冠出家，拜草堂寺僧礼屺(qi)为师。他并不满足于在草堂寺内所学的知识，决定出去游学。他先后到五台山、燕京(当时金的首都)，“遍历讲肆，冰释狐疑，学富而复归草堂。”成戒法师见到他后赞叹道：“任大法之牛车欤！佛宇之隆栋欤！苦海之舟楫欤！”于是给他传戒。金国大定年间，被举为僧录，授予紫衣袈裟，金世宗赐号辨正大师。金章宗明昌年间，回到户县，重修了草堂寺。这次修整，使草堂寺增色不少，《塔铭》记载：“梁栋宏丽，檐楹高敞。”道奥法师还想内外全部翻新，可惜 1194 年夏圆寂，这一计划未能实现。荼毗时，送葬者达万人，服孝者千人。所得舍利显现白光，七日才熄。葬于圭峰山下。立塔纪念，道奥法师塔毁于文化大革命。道奥法师俗寿七十二，僧腊六十一。笔者按，塔铭前后有不一致的地方，弱冠之年出家为二十岁，俗寿七十二，则僧腊应为五十一岁。道奥法师剃度弟子二人，传戒弟子四人。元光二年(1223年)十二月，官府请道奥法孙了印住持草堂寺，并立此塔铭为念。

元代草堂寺也曾在官府的支持下进行过修缮。《皇太子令旨重修草堂寺碑》记载了元代草堂寺的这次修整。这里的皇太子指的是蒙古大汗窝阔台的次子阔端大王。他坐镇凉州，总督陕甘四川、青藏地区。碑文提到：“据草堂禅寺多岁，故旧有损坏，去处欲行修完，僧众数少，独立不前，金长老说将来也……圣旨大条理不得损坏，佛像、寺舍科差骚扰僧人底……我底令旨不肯听从时，分将来说的理落底。”大意是说，本来准备修缮，因僧众数少，金长老说等将来在修，于是阔端大王下令，不许损坏佛像与僧舍等，也不许差役骚扰僧人，否则将

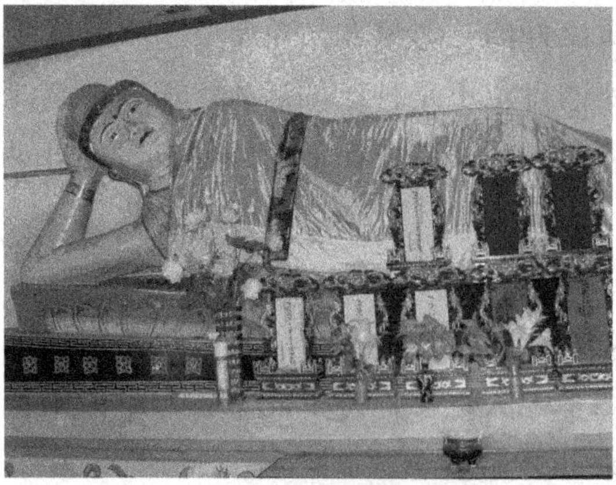

草堂寺卧佛

追究相关人员的责任。

阔端大王的第二道令旨，命令“马珪不妨本职，提领修盖”，“于姚小底处，见管不兰奚内选拣年壮可以出力气男子一百人，不兰奚牛二十头”。这里的“不兰奚”，系元代蒙古语，意思是逃跑的奴隶、牲畜被官府收押，称为“不兰奚”，即“无主的人或物”，故后文接着说：“若有主人，识认了底，却行补数。”阔端让马珪挑选不兰奚男子一百人，牛二十头，如果这些奴隶和耕牛中有被主人认出了的，要补足数目。另外，再从官府工匠中拨出木匠八人，瓦匠三人，铁匠二人，泥匠二人，从事草堂寺的修造工作。行文最后，阔端又重申了官府“无得科差、骚扰僧人，侵占寺院田土。如违，究治施行……金长老将执……”

阔端大王第三道令旨：“有草堂寺金长老告不兰奚一百人并匠人一十五人，缺少穿着、粮食，你每觑当，休教阙少者。逃去了底不兰奚人，你每却补与数者，钦奉如此。”让有司注意给工匠、劳工补充粮食与衣物，如有奴隶逃亡，随时补充。第四道令旨重复了第三道令旨的内容。

明代草堂寺留下资料不多，万历年间一些文人入寺庙怀古，留下一些资料。如徐仕升《草堂寺》：“古寺萧条十里烟，偶逢众妙胜游遍……丹青野殿半磨灭，一拂残碑忆昔贤。”张衡《草堂寺》：“逍遥宫殿紫云深，帘卷苍山玉树林。罗什讲坛空蔓草，只留龙井到于今。”可见到明万历时期，草堂寺已经十分衰败。明朝末年，李自成、张献忠大起义，天下大乱。《新建安善团记》为我们留下了明末草堂寺周边乡民筹建民团堡垒的情况。碑文介绍筹建团练的原因是“夫自流寇飙起，户邑被其蹂躏者四。于是居民共愤，为御侮计”，建立此堡垒。文章介绍了安善团堡的地理位置：“夫斯寺（草堂寺）乃户之东南隅，大山屏其前，支流带其北，以东则子午，而出者切窥飁之……斯地诚可谓善用之足以制敌，不善用之易为受荼毒者，不可不筑斯城以镇之。”然后介绍了安善堡即以草堂寺为堡：“唯我邑侯张君同人神之谋，立久远之图，相方面而建议，览形势以决策，鸠尔工而经营，用即寺以为堡。”

碑文最后，介绍了该堡建成后的形势："因山为城，绝贼子之凭陵；依水为池，寒饮马之捕寇。宁不足聚风气之雄，折东西敌来之冲也哉……迨工事告竣，屹然东南一保障。视户之诸堡，方称完璧，进战退守，握胜算矣，故因记之，以垂不朽云。"由此可知，明朝末年，草堂寺住持正招法师号召僧众和乡民共同结成了团练，以草堂寺为基地建立安善堡，曾有效保护了地方不受流寇的侵害。

《清乾隆三十三年重修草堂寺记》记载，清代雍正十二年(1735 年)，"奉旨封僧肇为大智圆正圣僧，改为圣恩寺。"说明清代草堂寺曾改名为圣恩寺。后来寂法发起重修草堂寺的活动："寺内荒残，殿宇颓败，往来行人莫不环顾而叹息，几为此地没而弗彰矣。不意积数十年之后，有本寺僧寂法者，目击心伤，慨然修废之念起，创新之志动。于是于乾隆三十一年，率众僧徒修残补缺，整饬殿廊，更且不惮勤劳，不惜货粮，鸠工庀(pi，治理)材，创修天王殿五间，而寺内焕然聿新，形影如昔。"可见这次修整，最重要的是修建了天王殿，并对寺内其他损坏部分进行修饬。另外，寺僧还在寺庙左侧的安家河上，修建石桥一座，"俾(bi，使)人无厉揭濡轨之患何，莫非济世刊物之心猗欤！"使人们不再受到水侵之患，同样是佛教济世利人之举，故一并记录于碑文，"以志不朽云。"立碑的时间是乾隆三十三年(1768 年)。

日人所送之法华石经

同治元年(1862 年)回民起义，草堂寺也被烧毁。当时文人贺复斋留有《草堂有感》一诗："草堂山寺太平东，胜迹烧残劫火红；唯有圭峰青不改，晴峦千古插天空。"光绪三十年(1904 年)高鹤年在《游访记》中记载草堂寺："残破不堪，令人目不忍睹。"

《长安史迹考》记载："今草堂寺极为简陋，仅有本堂与二僧房，由一贫僧护守之，僧则一方耕地，一方托钵于村落，未闻读经梵钟之声……后堂堆积砖瓦断碑，宗密碑已折为二。"1930年，陕西省佛教会成立，1934年，推举慈云法师任会长，对草堂寺较为重视，建议将之改为"十方院"，可能对之进行过建设，但成效不大。1938年，国民党黄埔军校第七分校派士兵将部分经幢及碑碣运走，新中国成立后才移回。

到中华人民共和国建立时，寺庙还有佛殿五间，东西厢房四间，元代铁钟一口，高1.5米。1953年春，印度尼赫鲁总理来华访问，周恩来总理拟陪同来草堂寺访问。借此机缘，草堂寺迎来了新中国成立以来的第一次修缮，寺院面貌焕然一新。1956年，草堂寺被陕西省公布为第一批省文物保护单位之一。政府拨出四万元，对草堂寺进行了大修缮，初步奠定了今天草堂寺的格局。

1957年后"左倾"政治运动频繁，草堂寺受到严重冲击。"大炼钢铁"时，元代的铁钟被融，"文化大革命"时期，红卫兵冲进寺庙，砸毁佛像，焚烧经书，毁坏法器，幸而镇寺之宝《影印宋版碛(qi，堆砌)沙藏》被住持净觉和隆悟、玄真暗中送至户县文化馆保留了下来。（见《草堂寺志》236页），1971年，草堂寺被改为了文物保管所，寺僧安置寺内从事生产劳动，僧人逐渐还俗，至1978年，寺僧仅剩圆照一人。1984年2月29日，草堂寺重新交给僧人管理，恢复寺庙性质。1985年3月，宏林法师被请为草堂寺方丈。2004年，谛性法师被选为草堂寺方丈。

1990年，宏林法师主持，谛性法师主管，重修了草堂寺，新建天王殿三间，大雄宝殿七间，法堂殿七间，其他客堂、僧寮等不一一列举，重修时间长达十年，至2000年才算大功告成，并于当年五一举行了"大雄宝殿落成暨佛像开光法会"。

除了硬件上的建设外，草堂寺也很重视内涵建设。寺院分别于1993年、2000年、2003年举行了三次大规模授戒活动，惠及二十余省的1344人，其中比丘戒1073人，比丘尼戒271人。影响较大。

与此同时，草堂寺的对外联系也取得进展。1980年9月，日本日莲宗以本山松井大周为团长的二十三人访华团访问中国，参访草堂寺。日莲是日本镰仓幕府时期(相当于我国南宋)的僧人，由于成功预见到了蒙古国入侵日本，受到日本朝野的重视，由此创立日莲宗。此宗以《妙法莲华经》为本，是日本化的佛教宗派。因为鸠摩罗什为《法华经》的翻译者，草堂寺又保存有鸠摩罗什的舍利子，因而日莲宗追认草堂寺为日莲宗祖庭。

自此，日莲宗代表团先后来拜访草堂寺十余次，宏林、谛性法师等也先后去日本回访五次。为感恩鸠摩罗什的恩情，本着知恩报恩的心愿，日莲宗组成“日莲宗鸠摩罗什遗迹显彰会”，表示愿意出资在草堂寺供奉鸠摩罗什三藏圣像，1982年4月13日，鸠摩罗什三藏法师塑像开光法会如期举行，赵朴初会长、金子日威团长为法像揭幕。1990年，日莲宗又出资资助草堂寺建立“鸠摩罗什纪念堂”，1991年10月完工，举行了法像迁座仪式。中日双方还于2004年10月16日，在草堂寺联合举办了以“鸠摩罗什译经与中日两国佛教文化——纪念鸠摩罗什诞辰1660周年”为主题的学术研讨会，获得了成功。杨曾文、高桥弘次、王亚荣、吕建福、福原隆善等著名学者都提交了有分量的学术论文。

21世纪以来，草堂寺在谛性法师的带领下，名气逐渐扩大，规模也逐渐扩大，已经成为西安著名的文化圣地，草堂寺这座有千年历史的古寺，焕发出了无穷的魅力。

唐密祖庭大兴善寺

【唐密简史】

1．汉魏南北朝时期的密法——早期密法

这一时期密教被称为“杂密”，也就是早期密教，“杂密”没有什么教理，只讲“明咒”、“瑜伽”、“护摩”等所谓的“事相”。“明咒”就是咒术；“瑜伽”就是禅定；“护摩”就是以祭品投入火中，以求得到佛菩萨的加持，实现自己的愿望。佛教在初期虽然反对咒术，但是很快也认可了这种法门，《杂阿含经》里就记载有佛陀向弟子舍利弗说毒蛇护身咒，可见密法历史的悠久。东晋十六国时期来华的高僧佛图澄，就精通咒术和瑜伽；北凉时期的深受国主沮渠蒙逊相信的昙无谶，就有“大咒师”的美称。

2．隋唐时期的密教——中期密法

隋唐时期是密教最终形成时期，由于大乘佛教发展到顶峰曲高和寡，人民选择了密教的形式，与其他宗派不同的是，密教在印度和在中国的传播几乎是同步的，并且当时最有成就的上师善无畏和金刚智都到了中国，以至于有的斯里兰卡人要学密法还要到中国来学。中国密教实际上是善无畏、金刚智、一行、不空四位高僧一起创立的。上述四位僧人中，三位番僧善无畏、金刚智、不空后来被称为“开元三大士”。密教在不空三藏时期在中国达到了鼎盛。

3. 隋唐以后的密教——后期密法

随着唐后期“会昌法难”的浩劫，密教在中国汉区衰落了，但是，这不是密教在中国的退场，它继续在西南的四川、云南地区长期存在，最后融入到汉传的其他宗派之中，当今佛教中的手印、咒语、神通、气功包括法事仪式都带有很强的密教元素。

一、早期的大兴善寺

大兴善寺最初名为遵善寺，建于晋武帝时期，距今已经有一千七百年的历史。隋文帝杨坚年少时受封“大兴郡公”，从此事业发展顺利，大兴而得天下后，认为“大兴”一词对自己很吉利，《历代三宝记》中提到，杨坚建有“大兴城”、“大兴殿”、“大兴门”、“大兴县”、“大兴园”、“大兴善寺”，可见他对“大兴”一词的喜爱，这是大兴善寺寺名中“大兴”的来历。又由于寺庙位于遵善坊，所以于“大兴”之后加一“善”字。这是寺名的来历。

大兴善寺

那为何会恰好选址在遵善坊呢？这也是有原因的。当时的中国北方，承袭汉代的谶纬神学，对风水堪舆十分看重。旧长安城屡为战场，久经丧乱，宫殿残破，隋文帝认为是“吉凶之土”，不宜建都，希望能够依“阴阳顺序”来兴建新都。新都选在东南方之龙首山上，由名家宇文恺负责建造，经过堪舆，发现沿着朱雀大街南北，有六道高坡，和《易经》乾卦之六爻刚好相符，宇文恺就在象征君德的九二之位建设了皇宫，在象征臣德的九三之位设立各司部门，而九五的至尊之地，一般人不能居住，故要建立寺庙以镇之。刚好隋文帝的“布衣知友”灵藏受隋文帝的委托“任选形胜而置国寺”，大兴善寺就顺理成章地建到了这里。

因为大兴善寺地处尊位，寻常人家不许入住，故史载大兴善寺当时占尽“一坊之地”，即整个遵善坊都是寺庙的。据王亚荣先生的考证，大约相当于现在的 261,082 平方米，当时寺内的主殿为“大兴佛殿”，其“崇广”为“京城之最”，“制度与太庙同”，也就是说，寺庙的主殿是京城寺庙里最高大的，寺庙的规格和皇家的祖庙是相同的。大兴佛殿耸立在大兴城的第五道高岗上，金碧辉煌，与皇宫、行政官署等交相辉映，正如寺碑所言“壮甲海内”。

大兴善寺实际上是隋朝的“国寺”，政治地位极高，隋朝的最高国家宗教管理部门就位于大兴善寺内。隋代僧官可考的有“大统”、“昭玄统”、“昭玄都”三种，在某一时期都是隋代最高僧官的名称，如僧猛曾任“大统”，担任“昭玄统”的有昙延、昙迁，灵藏曾任“昭玄都”，这几个最高的僧官都是大兴善寺的僧人。因此大兴善寺实际上就是全国佛教的领导中枢。

隋代，大兴善寺作为“国寺”，第一次成为了全国最大的佛经译场。“开皇三大士”是这一时期译经的主将。那连提黎耶舍偕同弟子道密等入住大兴善寺，五年间翻经 8 部 28 卷，大兴善寺作为佛经的译场初具规模。耶舍入寂后，阇那崛多升任主译，入住大兴善寺，达摩笈多、高天奴兄弟同参翻译，出经 31 部，165 卷。李利安教授认为，“开皇三大士”的译经为隋代佛教的发展提供了“法宝”，他们创建大兴善寺译场的努力，也为唐朝译经事业的发展奠定了基础，因此，大兴善寺在中国佛教史、中国佛经翻译史上都有重要影响，大兴善寺译经场后来发展成为唐代三大译场之一也与其在隋代翻译事业的繁盛是分不开的。

赵朴初题“密藏宗风”牌

大兴善寺是隋代复兴佛教的基地和大本营。早在北周大象二年(580 年)，杨坚便以大丞相的身份，令法藏与竞陵公负责检校度僧 120 人，这些僧人蓄发、着僧衣，故名菩萨僧。大兴善寺落成之后，这些僧人入住其中，这 120 人实际上是隋文帝复兴佛教、管理佛教的主要依靠力量。开皇七年，隋文帝钦定六位高僧为“大德”，他们是洛阳慧远、魏郡慧藏，清河僧休、济阴宝镇、汲郡洪遵、彭城昙迁。他们被称为“隋初六大德”。正如陈景富先生所说：“他们既是隋文帝振兴佛教的智囊团，同时也是佛教义学的专家小组，他们身居大兴善寺，却以整个国家为其弘法教化的舞台。”据陈先生考证，开皇年间，隋朝从全国各地选择名僧，汇集京城，并按其影响大小分为若干等级，最高者为“众主”，约有二十五人，这二十五个众主大多数都出自大兴善寺，都是各有专长的大德高僧。其中洪遵为宣讲律法的众主，宝袭、法彦为大论众主，智隐为讲论众主，法聪、童真、善胄为涅槃众主，灵粲、慧迁为十地众主，慧影为摩诃衍众主，僧粲为第一摩诃衍匠，僧琨为教读众主。正是这些高僧引领隋代佛教日益兴盛。天台宗、三论宗两大佛教宗派在隋代率先成宗，律宗、华严宗、三阶教等酝酿在隋代这都不是偶然的，一方面是南北佛教自身发展的必然结果，另一方面也得力于这批佛门法将所创造的良好的条件。

二、唐代的辉煌

唐代西安名寺较多，如慈恩寺、荐福寺、西明寺等，大兴善寺失去了“国寺”的地位，但仍然是长安城最知名的寺庙之一，其地位主要表现在三个方面：

第一，大兴善寺成为了唐密的祖庭。

密教是大乘佛教发展到后期形成的一种特色明显的教派，它的主要特点为：(1) 对“咒”、“仪轨”的地位、方法作用等非常重视，强调上师对弟子的指导作用的重要性。(2) 强调密教修持可以“即身成佛”。(3) 以法身佛毗卢遮那(即大日如来)为最高的教主。(4) 将崇拜的主要对象由“菩萨”信仰提高到了“金刚”信仰。(5) 具有强烈的“入世色彩”，突出强调了佛教在“护国”、“息灾”等方面的作用。

唐以前就有以咒语和印契为主要特征的“杂密”在关中地区流传，竺法护、鸠摩罗什、耶舍崛多等都在长安地区翻译过密教经典，在北方民间谶纬风气较为浓厚的背景下，这些杂密教法传播很快，隋代的那连提黎耶舍、阇那崛多、毗尼多流支等也弘传过密法。唐代高僧善无畏、金刚智先后到来，带来了胎藏密法与金刚密法，但其在中国的传播并不顺利，正如陈景富先生所说，“大师居无定所，时彼时此，密典虽出，但未周详，弘化固绍，然未深广。”直到不空三藏时期，朝廷才开始重视密教，不空曾在玄宗宫中设坛场，为玄宗灌顶。天宝十五年，不空奉诏入住大兴善寺，这是大兴善寺后来成为密教祖庭至关重要的一件事。安史之乱后，不空入宫建坛，为肃宗皇帝授“转轮王位七宝灌顶”，不空本人以及其所弘传的密法自此在最高统治者心中确立了“至尊”的地位。

普同塔

不空是唐密的实际创立者。他努力翻译了大批的密典，有了这些密典，密教的义理、轨则才堪称齐备，他不断结坛灌顶，传播密法，影响及于城乡，密教遂风行海内，尤其重要的是，他培养了一大批优秀的弟子，得法弟子有六人，分别是：金阁含光、新罗慧超、青龙惠果、崇福慧朗、保寿元皎、觉超。可以看出，这六人都是各寺的名僧，他们在不空以后继续弘传密法，分灯续明，使密法有了传承。不空之后，密教已经传播到京城内外，据陈景富先生考证，青龙寺、玄法寺、净住寺、礼泉寺、崇福寺、景公寺、慈恩寺、安国寺、永寿寺、永保寺、兴唐寺、荐福寺、会昌寺、龙兴寺都有密法弘传。密法也就成为了具有宗派意义的密教，不空也成为了著名的“开元三大士”之一。

不空在大兴善寺当住持约 20 年，他逐渐将大兴善寺打造成了密教的弘阐中心，大兴善寺也就成为了密教向全国传播的基地，不仅发挥了核心作用，也因此成为了中国佛教密宗的祖庭。大兴善寺在唐代失去了“国寺”的地位，但确立了密教祖庭的地位，可谓“失之东隅，收之桑榆”，再次放射出奇异的光彩。

第二，大兴善寺成为了唐代三大翻译中心之一。

唐代是中国佛经翻译的鼎盛时期，中国五大译师中的玄奘、义净、不空都活跃于这个时期，围绕这三位大师，唐代出现了玄奘的慈恩寺、义净的荐福寺、不空的大兴善寺三个各具特色的翻译中心。不空时期的大兴善寺以密教类经典的翻译为主。今传大藏经中的密教要典大部分都是在这一时期中译出的。不空对佛经的翻译十分重视，乾元元年(758 年)，他上表请搜访梵文经夹加以修补，并翻译传授，得敕许将中京(长安)慈恩、荐福等寺，东京圣善、长寿等寺以及流散在各县的寺舍、村坊中的旧日大遍觉玄奘法师与义净、善无畏、菩提流志、宝胜等三藏所带来的梵夹都集中起来陆续翻译。这是唐代梵夹在兴善寺的一次大规模集中。不空一生翻经 110 部，合 143 卷，其中包括《金刚顶瑜伽真实大教王经》、《金刚顶瑜伽般若理趣经》、《大吉祥天女经》、《金刚寿命陀罗尼经》、《大孔雀明王经》、《大云请雨经》、《佛顶尊胜念诵法》、《七俱胝佛母陀罗尼经》、《仁王般若念诵法》等著名的密教经典。不空的翻译将印度纯密系统的经典输入我国，奠定了我国密教的基础。这些为数甚多的密典，在我国兴盛一时，唐末之后逐渐失传。但是在唐代的时候由长安的青龙寺东传日本，促成日本真言宗的诞生，并代代相传，影响深远。

第三，唐代的大兴善寺是中外文化交流的圣地。

唐代统治者胸襟开阔、兼收并蓄。印度文化、中亚文化甚至西亚的波斯文化、犹太文化、基督教文化都为唐文化注入了新的因子。宽松包容的文化环境使得唐代文化颇具有世界性，或者也可以说其本身就是一种世界性的文化，仅次于阿巴斯时期的阿拉伯文化而成为了亚洲乃至世界的文化高地之一。如果从文治武功来说，汉代与清代都不弱于唐代；如果从富裕程度与科技水平来说，宋代可能也在唐代之上；但只有唐代能够不但被中国人自豪，也被日韩等世界各国所敬仰与尊重。这就是文化软实力的作用。

密教在肃宗、代宗时期已成为了文化交流的主力之一。密教向外的传播，韩国在前，日本在后。早在杂密阶段，新罗就有明朗、惠通和明晓来唐学习密法；纯密阶段新罗来的僧人更多，善无畏门下有新罗僧玄超、义林、不可思议法师。善无畏门下第三代法嗣有新罗僧惠日、悟真，第五代法嗣有弘印。

日本僧来华研习密教，比之韩国要稍晚，但却明显有后来居上之势。著名的日僧空海，到长安青龙寺随不空弟子惠果修习“金胎”两部大法，回国后在日本高野山金刚锋寺创立根本道场，法脉绵延至今。与空海同时，日僧最澄入天台山学习“台密”；后来的圆仁、圆行、常晓、惠运、圆珍、宗睿都先后来唐修学密法，虽然他们学习密法的地点不在大兴善寺，但不管是纯密还是台密，其所依的经典都出自大兴善寺，尤其是当时大兴善寺作为密教祖庭的地位已经确立，作为佛教密宗的修习者巡礼祖庭是必然的心理需求。

唐武宗灭佛，给蒸蒸日上的密教以沉重的打击。大兴善寺由于不是唐室所建，故也被拆毁，海量的梵夹、典籍被毁，壮丽的宫殿、佛塔被拆成一片瓦砾。幸而唐宣宗登基后复兴佛法，大兴善寺又重新建立，僧宝满月、智慧轮先后入住大兴善寺，翻经弘扬密法。满月法师是西域人，译出《陀罗尼集》四卷、《佛为毗戍陀天子说尊胜经》一卷。智慧轮也是西域人，著有《佛法根本》、《示教指归》，达几千言，智慧轮还培养出绍明等杰出弟子，说明密教在唐代的传承仍在。1987年法门寺地宫发掘震惊中外，从法门寺地宫文物及其摆放位置均可看出皇室与密教的特殊关系。据地宫发掘时的现场观察，在真身舍利入藏地宫时，曾举行过密教的舍利供养仪式。凡供养物及造像的摆放程序及形式，都按密教的仪轨进行。以后室的布局最有代表性，后室本身呈正方形，其中间摆放着八重宝函，内置佛指舍利一枚。两边有护法天王，四角各置阏伽瓶，宝函前放五足朵带银香炉，正前左右两侧为波罗子和银芙蕖。其与密教供养法中的护摩坛场相同。大兴善寺的密宗大师智慧轮正是当年亲自策划和组织了法门寺迎送佛骨活动者之一，《物账碑》将他所供奉的物品单独列出，显然是如实记载并为突出其地位之尊崇与在法门寺组织“结坛于塔下”的特殊作用。特别是所供奉的银函，曾用于迎送供奉佛指舍利，银函正面有錾文曰：“……智慧轮敬造银函壹，重五十两，献上盛佛真身舍利……”法门寺地宫的出土，提示着人们至少在会昌法难之后，密教并未马上衰落，佛经翻译与密法传承都仍在进行，在朝廷与民间仍具有极大的影响力。唐朝末年，长安地区久经劫难，有史记载的就有中和、光启、乾宁、天佑四次大规模的破坏，最后的结果是“长安自此遂丘墟矣”。这恐怕才是密教衰落的根本原因吧。

三、唐以后的大兴善寺

唐灭以后，长安失去了全国政治、经济、文化中心的地位，佛教弘传中心也随之东移。长安佛教至此跌入了最低谷。大兴善寺也随之衰落，于此后数百年间默默无闻，香火虽未断绝，但也甚为寂寞荒凉。直到明代永乐年间，云峰禅师住寺弘扬禅宗。天顺年间，满德和尚住寺，筑碑叙述大兴善寺的过去。万历年间，明神宗赐藏经一部，这是大兴善寺自唐以后第一次获得皇帝的赐物。清代大兴善寺屡次修葺，并于雍正年间获赐大藏经一部。但到1862年寺院再遭兵火，以致在1924年康有为谒寺时，产生“惆怅千房今尽毁”

之叹。1938 年，朱子桥捐资修葺大殿，才使得大兴善寺再次屹立。当时，朱子桥与华清法师拟邀请倓虚法师筹办大兴善寺佛学院，并请倓虚任大兴善寺住持、佛学院院长兼教务主任，华清为教授，招学生 21 名，陕西才有了培育僧才之所。这是自唐以来大兴善寺最有意义的一次文化活动。朱子桥与沪上名绅李祖神、陕西康寄遥、杨叔吉、高戒忍等居士全力支持，西安军政首长杨虎城、冯钦哉、王一山等均赞成此事，各有捐助。1942 年康寄遥与太虚法师定在大兴善寺开办世界佛学苑巴利三藏院，并于锡兰摩诃菩提会商定互派二僧，以便促成大乘佛教传播于锡兰，小乘佛教传播于陕西。但由于当时交通不便，锡兰僧人未能到达西安，大乘佛教与小乘佛教的交流未能实现，但高僧大德的良苦用心为人赞叹。朱子桥将军还曾经筹划复兴唐密，他曾邀请持松法师来住持此寺，惜因故中断未能成行。当时正值国难期间，大兴善寺却出现了“小中兴”，出现恢复之相，彰显了密教祖庭非凡的魅力。

密藏宗风碑

四、新中国的新面貌

新中国成立以后，1956 年为保护佛教名胜古刹，政府拨款对大兴善寺进行了大规模整修。由卧龙方丈朗照任住持，慧雨任监院。将其与卧龙、慈恩、庄严四寺合并，组成了农业社，十多名僧人拥有四十多亩土地。他们坚持“农禅并重，以寺养寺”的传统，粮食和蔬菜自给自足，生活得到保障。可惜在“文革”中寺庙再遭劫难。

1984 年 4 月，陕西省佛教协会接管大兴善寺后，用半年时间，修复殿堂、僧房 41 间，并重塑了一些破毁佛像，翻整了二十余亩荒地，修剪绿篱一千余米，增加盆花六百余盆，植黄杨、冬青、刺柏等三万株美化环境，购置了一批接待用品，使大兴善寺面貌大为改观。当时大兴善寺有僧二十多人，慧雨法师任方丈，源慧法师为维那，僧众过着正常的宗教生活，讲经礼佛，举行各种法事活动。国内游人香客络绎不绝，外国友人和港澳台同胞也常常来此烧香礼佛，参观访问。

1996 年 5 月，界明大和尚升座为大兴善寺方丈。界明法师俗名陈都乾，宝鸡陈仓区人，1935 年 12 月生。他宿俱善根，自幼聪颖好学，1986 年 6 月 19 日在扶风贤山寺依慧莲老和尚舍尘出家。1988 年 12 月在四川成都文殊院登坛受戒后被宽霖老和尚请为僧值。1989 年元月，被四川宝光寺请为书记，并任宝光寺佛学院讲师。1990 年 3 月任法门寺知客。1991 年 12 月应慧雨老和尚之请任西安大兴善寺监院，随任大兴善寺管委会主任。界明大和尚主持大兴善寺以来，领众熏修，悲智并摄，使寺院在总体建设、佛事活动、旅游接待、文物保护、弘法利生诸方面取得全面进展，特别是他注重密宗祖庭的恢复和发展，整理密宗典籍和仪轨，组织年轻僧人学修，使大兴善寺的发展迈上了新台阶。

大兴善寺为省级重点文物保护单位，保持着明清以来重修后的基本格局。会昌法难后，大兴善寺屡有重修，以清康熙年间的修复工程最多，先后重修了方丈、殿堂、钟鼓楼和山门等。清同治年间，寺院建筑再次被毁，仅存钟鼓楼和前门。

新落成之大雄宝殿

进入山门，东西两旁有钟楼、鼓楼以及天王殿，天王殿内居中是弥勒佛，为宋代木刻，两侧站立着四大天王。

天王殿后就是位居正中的大雄宝殿，气势雄伟，庄严巍峨。2008 年以来，大兴善寺宽旭大和尚接续界明法师的遗愿，推进大兴善寺的各项寺务建设，增强寺院文化建设的力度，努力把大兴善寺建设成为名副其实的密宗祖庭。

为了凸显大兴善寺唐密祖庭的特色，近年来又投入巨资兴建了金刚堂，内供大日如来、阿閦佛、宝生佛、阿弥陀佛、不空成就佛等诸如来以及大威德明王、军荼利明王、降三世明王、马头明王等密教护法神。

大兴善寺之千手观音殿

大雄宝殿北边就是著名的观音殿了，里面供奉着著名的千手千眼观音，造型优美，庄严肃穆。

大兴善寺内现有文物清碑四方，即清康熙年间《重修隋唐敕建大兴善禅寺来源记碑》、《重修大兴善寺碑记》，乾隆年间《隋唐敕建大兴善寺祖庭重口口口记》和咸丰年间《大兴善寺法源碑记》，皆为研究大兴善寺的重要史料。寺内还藏有三帧巨幅清朝西藏彩绘《阿弥陀佛像》、《极乐世界图》和《弥勒像》是西藏绘画艺术珍品。

露天地藏菩萨像

随着改革开放的进一步深化，大兴善寺与世界文化交流也进一步加深。1985年10月，日本空海大师同志会为纪念空海示寂一千一百五十周年，向真言宗的发祥地——大兴善寺敬献了一尊青铜地藏菩萨立像，高约1.70米，底座用汉白玉砌成。10月25

日，大兴善寺隆重举行了地藏菩萨像奉安开光仪式，由 167 人组成的日本空海大师同志会友好访华团参加了法会。1996 年 7 月，界明方丈率领西安市佛教协会代表团访问日本，同年日本佛教界朋友多次前来大兴善寺参加礼拜，共举法事；美国檀香山华侨佛教总会虚云寺董事长知定法师来大兴善寺参拜、礼佛；香港圣一法师到大兴善寺朝拜、礼佛。1997 年，台湾台北佛教同修会会长、中坜宝莲寺主持广心法师率四众弟子 120 人来大兴善寺参拜、礼佛。2005 年，闽南佛学院第九届本科毕业班“西安祖庭朝圣团”来到大兴善寺朝拜密宗祖庭，进行学术交流。2008 年，由香港旭日集团启建的祈福消灾法会在西安大兴善寺洒净开坛，来自西安附近约 300 位法师参加；12 月，西安大兴善寺取消门票迎接四海宾客。2009 年，日僧木村胜行在西安大兴善寺作关于“中日佛教交往及观音经”的讲演；尼泊尔驻华大使 Mr. Tanka Prasad Karki 大使一行参访陕西西安大兴善寺。

五、大兴善寺的未来规划与展望

据现任方丈宽旭法师讲，大兴善寺未来的设想主要有三点：法脉传承、文化交流、学术研究。

首先，就是要接续密宗的法脉传承。大兴善寺作为历史上著名的密宗祖庭和重要寺院，接续密宗法脉是义不容辞的历史责任。

近几年来大兴善寺注重培养有志于密宗的僧人，注重整理研究密宗的各种典籍，并与学术界展开多次交流，研究密宗复兴和接续法脉的重大问题。今后，大兴善寺将在有关部门的领导下，积极与社会各界交流，认真地向各个密宗宗派学习，以期接续密宗法脉，传承宗派，续佛慧命，造福信众，有益社会。

其次，要加强密宗文化的国际国内交流。密宗是中印文化交往的瑰丽成果，大兴善寺自古以来就是中印两国文化交流的重要场所。印度是世界文明古国之一，与我国在文化交流上可谓源远流长，中印两国的文化相互影响和融合更是令人叹为观止。随着我国改革开放的不断深化，近年来印度社会各界与大兴善寺的交流日趋频繁，大兴善寺继承和发扬了历史传统，在新的历史时期，继续谱写中印两国人民友谊交往的新篇章。日本著名僧人空海于公元 804 年入唐，承接青龙寺惠果大师密宗法脉，回国后建立真言宗，法脉昌盛，枝叶繁茂，对日本佛教产生了深远的影响。真言宗传人以惠果受大兴善寺不空大师法脉传承的原因，对大兴善寺有着极其深厚的信仰感情。20 世纪 80 年代以来，日本佛教各界就非常重视与大兴善寺的文化交流和在各方面的合作，90 年代界明法师前往日本进行文化交流，更是极大地促进了两国佛教界的相互理解和认同。大兴善寺要继承和发展中日两国友好交往的传统，特别是在密宗文化领域，更进一步地增加交流的深度和广度。

最后，就是学术研究。大兴善寺自隋代建寺以来，不但是传法的重要场所，也是佛教学术研究的重镇。当年皇帝诏请全国各地大德入住大兴善寺，随后又成为国立译经道场，足以见得大兴善寺在佛教义理研习、佛教文化研究交流方面的历史传统。所以大兴善寺的文化建设要继承以往的道统风格，注重对佛教文化的全面深入研究。近几年来，所发行的双月刊《大兴善寺》，正在积极摸索佛教文化研究路径，努力提高刊物的水平。2009 年 12 月，“陕西文化户外大讲堂”走进大兴善寺，西北大学佛教研究所所长李利安教授应邀在陕西文化户外大讲堂解读大兴善寺。尤其是 2011 年 11 月，经国家宗教局批准，由陕西省佛教协会主办、大兴善寺承办、西北大学佛教研究所协办的“大兴善寺与唐密文化学术研讨会”在古城西安隆重召开，全面系统地发掘和研究了大兴善寺与唐密文化，整合了宗教文化的宝贵资源，沟通了政界、教界、学界的关系，提升了西安佛教文化的知名度，推动了西安佛教文化资源的优化组合，是大兴善寺延续中国佛教文化传承，推进佛教文化交流的又一次盛会。

借着众多国内外学者云集的机缘，宽旭大和尚发起成立了“长安密教文化研究中心”，希望能够全面深入地对密教的历史与渊源、密教的义理和信仰特色、密教与世界文化的交往互动以及密教的文学艺术价值等方面进行整理研究，使长安密教文化大放异彩。

东密祖庭青龙寺

在著名的西安交通大学南面不远的乐游原上，坐落着一个风景优美的密宗寺庙，里面绿树成荫、樱花盛开，已经成为西安著名的旅游景点。这就是在中日文化交流史上有重要影响的青龙寺。

乐游原，是长安历史上著名的胜地。秦代这里为宜春苑，秦二世胡亥被赵高害死后，就埋葬在这里。汉代这里为上林苑，西汉宣帝神爵三年时(前59年)建庙于此，称乐游苑，后世遂名乐游原。乐游原风景秀丽，无数诗人在此留下了优美的诗句。李商隐曾在此留下了《乐游原》一诗："向晚意不适，驱车登古原。夕阳无限好，只是近黄昏。"

一、早期的青龙寺

青龙寺的前身是隋代的灵感寺，建于隋开皇二年(582年)。《宋高僧传》卷24："此寺本隋灵感寺。开皇三年置。文帝移都多掘城中陵园冢墓徒葬郊野。而置此寺。至唐武德四年废。”隋文帝舍弃破败的旧长安城，在南面再建大兴城。这就需要将新址上的陵墓都迁走，为了安慰和超度这些受到惊扰的亡灵，就在乐游原上修建了灵感寺。到唐高祖武德四年(622 年)废弃。

青龙寺山门

《宋高僧传》卷 24：“释法朗，姑苏人也，禀质温润，约心坚确。诵观音明咒，神効屡彰。京阙观光人皆知重。龙朔二年，城阳公主有疾沈笃，尚药供治无所不至。公主乃高宗大帝同母妹也，友爱殊厚。降杜如晦子荷。荷死再行薛瓘。既疾绵困。有告言，朗能持密咒理病多瘳。及召朗至，设坛持诵，信宿而安，赏赉丰渥。其钱帛珍宝朗回为对面施。公主奏请改寺额曰观音寺以居之，至此更题额。朗寻终于此寺焉。”

唐高宗龙朔二年(662 年)，皇帝的同胞妹妹城阳公主(《唐会要》讲是新城公主)患病，僧法朗念诵《观音经》为公主保平安，公主果然病愈。于是公主奏请皇帝将旧灵感寺改名为观音寺。唐睿宗景云二年(711 年)改名青龙寺。

《法苑殊林》的作者道世法师出家于青龙寺。《宋高僧传》卷 4 记载，释道世因为要避太宗李世民的讳，所以一般称“玄恽”。俗家姓韩。祖籍洛阳龙门，后来祖上因为来陕西做官，而迁到关中。年十二于青龙寺出家。后成为大德高僧，显庆年中(656—661 年)，高宗曾召其入宫为皇帝讲法。西明寺建成后，进入西明寺。与著名的道宣律师弘扬律法，为世所重。道世法师阅藏甚多，感叹佛教史上奇闻异事甚多，却没有人对其进行总结。就选择其精华，编辑成《法苑殊林》，共一百篇，到总章元年(668 年)完毕，请兰台郎李俨为之作序。道世还写有《善恶业报》及《信福论》，共二十三卷；其他有关大小乘禅门观及大乘观，共十一卷；有关受戒仪式礼佛仪式的作品共六卷；还有《四分律讨要》五卷；《四分律尼钞》五卷；《金刚经集注》三卷；十部共一百五十三卷。从其作品看，道世法师以律为主，兼及其他，重视禅观与神异，具备很高的文学涵养。

青龙寺的高僧还有道氤法师。这是个以唯识见长的高僧。《宋高僧传》卷5有《唐长安青龙寺道氤传》：道氤俗姓长孙，长安人，父亲曾担任中侍御史之职。道氤年少时非常聪明，曾应进士科，一举考中，荣耀乡里。后因一梵僧点化，出家为僧。最初从慎言律师学习律法。再学习经论。深受兴善寺复礼法师的器重，后来玄宗皇帝也听说了他的名声，玄宗从长安到洛阳时，让道氤法师与良秀法师陪同。当时一行法师在洛阳奏请选拔能够阐扬佛法的贤才，于是各地俊秀汇集洛阳大福先寺。道氤在福先寺讲《瑜伽唯识》、《因明》、《百法》等论，没有人能够问倒他。一行法师很惊讶地说："佛教界的栋梁已经得到啦，我就是现在死去也不担心啦。"一行法师圆寂后，宰相张说称道氤法师为"释门俊彦，宇内罕匹"，认为他是继一行之后的释门领袖。

开元十八年(730年)，玄宗让道教佛教于花萼楼前辩论优劣。道氤法师气吞山河，道士尹谦对答失次，理屈辞殚，玄宗非常叹服，下诏赐绢五百匹，充作布施。曾撰写《大乘法宝五门名教》并《信法仪》各一卷、《唯识疏》六卷、《法华经疏》六卷、《御注金刚经疏》六卷。他还曾经给玄宗皇帝解答疑惑，从此前来学习的人越来越多。道氤法师在青龙寺中讲经，听的有一千多人，也曾在西明寺和崇福寺讲经。开元二十八年(740年)，道氤法师圆寂，享年73岁，僧腊53岁，葬于终南山逍遥园。

道氤之后的青龙寺的高僧为光仪法师。《宋高僧传》卷26《唐上都青龙寺光仪传》记载，光仪本是唐宗室琅琊王李冲之后，李冲与越王李贞起兵反对武则天，遭到镇压，全家被族诛。当时光仪还在襁褓之中，乳母抱着他逃了出去。后来武则天听说琅琊王李冲还有子嗣存世，悬赏关于他的信息。乳母将之抱到扶风县中，将他养到八岁。风声越来越紧，乳母害怕累及自己，就将一些钱币缝入他的衣服，让他自己谋生。光仪在逃亡的路上遇一老僧对他说："小子，你已经家破人亡，还到哪里去呢？"光仪一听他知道自己的底细，就愣住了。老僧讲："出家清闲，没有性命之忧，你想出家吗？"光仪回答："这正是我的夙愿。"老僧于是引导他礼拜十方诸佛，给他剃发，并给他穿上袈裟。老僧嘱托他到东北的寺庙入住。

十余年后，光仪已经成为得道高僧。武则天已经去世，中宗复位，唐室复兴。朝廷敕求琅琊王的后人。光仪这才讲出自己的身世。当时有宗室李使君的女儿，羡慕光仪法师的才华，动用各种力量，想迫使法师还俗，与她结婚。光仪法师无奈只好挥刀自宫。

光仪法师非常喜爱终南山，住在终南山法兴寺。光仪法师有神异，预言吉凶都很准确，僧俗人等常常跟随他的人就有上千人，出行时的迎来送往，比当时的卿相排场都大。开元二十三年(735年)六月二十三日圆寂，埋在终南山少陵原，并在所葬的地方建立天宝寺。

唐代宗年间，律学中的旧疏(法砺的《四分律疏》)与新疏(怀素的《开四分律记》)之争日趋尖锐。为止息新旧疏的争论，唐代宗于大历十三年(778年)令京师两街临坛大德14人至安国寺，"定夺新、旧两疏是非"。其中就有"青龙寺惟干"，即青龙寺的惟干法师，可见当时青龙寺的律法也很兴盛。但青龙寺真正兴旺发达，是在密法兴起以后。

二、青龙密法

佛教密法渊源很早，据说释迦牟尼时代就有密法。佛陀在世时，有一个名叫"莎底"的比丘遭到毒蛇咬中，不胜其苦。于是阿难向佛陀求助。佛陀就教一个可以消除鬼魅、毒害、恶疾的修持法门，这就是《孔雀明王经》。密法是在印度瑜伽行派之后兴起的，玄奘旅印时，已经看到了很多人信奉密教的教主金刚手。这是因为，瑜伽行派的经论艰深难懂，已经成为"经院哲学"，只有少数学者才能接受，脱离了广大信众。密教的兴起，正是为了满足普通大众的需要，密教哲学简单明了，普通人能够听懂；密教仪轨纷繁复杂，声势浩大，庄严肃穆，极富有神秘感；与蔑视现世今生的佛教派别不同，密教直接解决人们生活中碰到的现实问题，如生病、降雨、护国、成佛等等，因而受到了广大信众的欢迎。密教经典宣称，自己的经典来自释迦牟尼佛的贴身侍卫金刚手，由于长期与佛亲近，获得传授佛的秘密法门，就是所谓的密法。

《大毗卢遮那经广大仪轨卷下》有如下记载："此法从摩诃毗卢遮那(即大日如来)付属金刚手；金刚手次传付属那烂陀寺达磨鞠多阿阇梨；达磨鞠多阿阇梨次付属中天竺国王种释迦善无畏三藏；善无畏三藏开元中来至此国，当玄宗朝为大国师传法灌顶，次付属海东新罗国僧玄超阿阇梨；玄超阿阇梨次传付属京青龙寺僧慧果阿阇梨；慧果阿阇梨次传付属僧法润阿阇梨；大和八年甲寅岁三月七日，付属慧日寺五部持念僧惟谨。"可见其传承法脉为：

青龙寺

大日如来——金刚手——达磨鞠多——善无畏——玄超——惠果——法润——惟谨。

《两部大法相承师资付法记》有解释："金刚者坚固义也。以表一切如来法身坚固不坏无生无灭无始无终坚固常存不坏也。界者性也。明一切如来金刚性遍一切，有想身中本来具足圆满普贤毘卢遮那大用自性身海性功德。"金刚界也就是超越化身的法身佛界。

《两部大法相承师资付法记》卷1："三藏金刚智云，我从南竺国，亲于龙智阿阇梨边，传得此金刚界百千颂经。龙智阿阇梨自云，从毘卢遮那如来在世，以此金刚界最上乘法，付属普贤金刚萨埵。普贤金刚萨埵付妙吉祥菩萨。妙吉祥菩萨复经十二代，以法付嘱龙猛菩萨(龙猛菩萨即龙树菩萨也。

菩萨生时于龙树下生故名龙树也）。龙猛菩萨又经数百年以法付嘱龙智阿阇梨，龙智阿阇梨又经百余年(此二圣者道果成就，皆寿数百岁。)以法付金刚智三藏，金刚智三藏和尚蕴大小乘。宗一切有部。住戒霜洁。律为提塘。……三藏金刚智阿阇梨又将此金刚界大教王付大兴善寺三藏不空智阿阇梨。

可见金刚界密法的传承是：大日如来——普贤金刚萨埵——文殊(妙吉祥)——十二代(法系不明)——龙树(龙猛)——龙智——金刚智——不空(不空智)。

> (惠果)善通声论唐梵双明，每栖心于实相之门，妙悟解于如如之理，常讽维摩经，又于余暇常披读涅槃、花严、般若、楞伽、思益。复遇大兴善三藏和尚授金刚界，乃曰：此教最上最妙。然昔日所悟大乘心地亦为至极至妙，今遇金刚界法门，更为最上，所以云极无有上者。且显教心地唯明理观。今此瑜伽教通理事二门。住金刚界，一念相应，便登正觉，故云极无有上也。所传金刚界法者，则有大兴善寺传灌顶教同学惠应阿闍梨惠，则成都府惟尚。汴淋、辨弘，新罗国僧惠日，日本国僧空海，青龙寺义满、义明、义操、义照、义愍、义政、义一、俗居士灵般(已上十四人皆传授大教次阿阇梨位)。

惠果显密兼修，对密教评价最高。他常读《维摩经》、《涅槃经》、《华严经》、《般若经》、《楞伽经》、《思益梵天所问经》等显教经典。但认为显教只是明理，而密教则兼有明理与实践(事)。

《大唐青龙寺三朝供奉大德行状》介绍，惠果俗家姓马，陕西万年县人，九岁在圣佛院随昙贞出家，学习显教经论。17岁时，因为昙贞和尚常在皇宫为皇帝讲经，就开始学习密法。22岁拜善无畏的弟子玄超学习胎藏密法，再跟兴善寺不空和尚学习金刚界密法。25岁时受到皇帝召见。唐代宗大历十年(775年)，皇帝赐予青龙寺东塔院。776年，代宗皇帝赐予褐衣袈裟，大历十三年(778年)，前后两次巡礼南五台，在观音台上感得观音菩萨示现。在场数百千人一同瞻礼。皇帝勅惠果为“长生殿内道场三朝传法灌顶国师”。并告诉惠果，不空三藏圆寂后，密法就靠你了，朕再有疑问就要请你回答。

贞元五年(789 年)，奉旨请雨。第二年进入皇宫内道场两个多月。日后不断得到皇帝及大臣的供养和赏赐。贞元十九年(803 年)日本国僧空海求授大悲胎藏金刚界并诸尊瑜伽教法，经五十本。永贞元年(805 年)十二月十五日圆寂。

青龙寺风光

惠果最有名的弟子是日僧空海。空海所写的《惠果和尚碑》评价惠果：“游法界宫，观胎藏之海会；入金刚界，礼遍智之麻集。百千陀罗尼，贯之一心；万亿曼荼罗，布之一身。若行若坐，道场即变；在眠在觉，观智不离。是以与朝日而惊长眠，将春雷以拔久蛰。”认为惠果能出入胎藏界与金刚界，心通所有的咒语，身布万亿曼荼罗。已经达到了身即道场，觉寐皆观的化境，所以能够做狮子吼，将沉迷之人觉悟，将久睡之人惊醒。

惠果经常告诫他的门人：

> 人之贵者，不过国王；法之最者，不如密藏。策牛羊而趋道，久而始到；驾神通以跋涉，不劳而至。诸乘与密藏，岂得同日而论乎？佛法心髓，要妙斯在乎？无畏三藏，脱离王位，金刚亲教，浮杯来传，岂徒然哉。从金刚萨埵稽首叩寂，师师相传，于今七叶矣。非冒地之难得，遇此法之不易也。是故建胎藏之大坛，开灌顶之甘露。所期若天若鬼，睹尊仪而洗垢；或男或女，尝法味而蕴珠。一尊一契，证道之径路；一字一句，入佛之父母也。汝等勉之勉之！

人中国王最贵，法中密藏最高。驾着牛车去解脱，太慢；驾神通去证道就很快。大乘显教经论与密教怎么可以相提并论？佛法的精髓，就在密教吧！善无畏三藏，不当国王而学密法，来东土传教，也是这个原因吧。从金刚萨埵到现在，密教法脉已经传至七代。能够遇到密法太不容易了！所以今天我开坛演法，弘扬胎藏密法，让鬼天都能洗去污垢，男女都能得到好处。曼荼罗中的每个尊者，都是证道的路径，经中的每个字句，都是入佛道的关键，你们要非常重视才行。

夫一明一暗，天之常也；乍现乍没，圣之权也。常理寡尤，权道多益，遂乃以永贞元年，岁在乙酉，极寒月满，住世六十，僧夏四十，结法印而摄念，示人间以薪尽矣。呜呼哀哉，天返岁星，人失惠日，筏归彼岸，溺子一何悲哉。医王匿迹，狂儿凭谁解毒？呜呼痛哉，简日于建寅之十七，卜茔于城邛之九泉；断肠埋玉，烂肝烧芝，泉扉永闭，愬天不及，荼蓼呜咽，吞火不灭。天云惨惨现悲色，松风瑟瑟含悲声；庭除蒉竹叶如故，陇头松槚根新移；乌光激回恨情切，蟾影斡传攀擗新。嗟呼痛哉奈苦何！

白天与黑夜交替，是天道的规律，出生与死亡，是人道的规律。天道反常不好，人道也须顺其自然。所以惠果法师在永贞元年(805年)去世，享年60岁，出家40年。悲哀呀！人们失去太阳了！我们就像落水挣扎的孩子，眼看着救命的舟船飘走了！医王走了，谁来解救狂乱的病人呢！悲痛啊！焚烧先师惠果的遗体，就像焚烧千年的灵芝那样不舍；埋葬先师惠果的遗骨，就如同将宝贵的玉石埋到地下那样可惜。天色阴郁，显现出悲色，松树林风响，含着悲声。青龙寺内的竹叶依旧，可是先师惠果坟头的松树却是新移的。日(乌鸦)月(蟾影)如梭，时光飞逝，怎么不叫人痛苦而无奈啊！

弟子空海，顾桑梓则东海之东，想行李则难中之难。波涛万万，云山几千也。来非我力，归非我志；招我以钩，引我以索。泛舶之朝，数示异相。归帆之夕，屡说宿缘。和尚掩邑之夜，于境界中告弟子曰：「汝未知吾与汝宿契之深乎！多生之中，相共誓愿，弘演密藏，彼此代为师资，非只一两度也。是故劝汝远涉，授我深法，受法云毕，吾愿足矣。汝西土接我足，吾也东生入汝之室。莫久迟留，吾在前去也。」窃顾此言，进退非我愿，去留随我师；孔宣虽泥怪异之说，而妙幢说金鼓之梦，所以举一隅示同门者也。词彻骨髓，诲切心肝。一喜一悲，胸裂肠断。欲罢不能，岂敢韫默。虽凭我师之德广，还恐斯言之坠地；叹彼山海之易变，悬之日月之不朽。乃作铭曰：

生也无边，行愿莫极；丽天临水，分影万亿。爰有挺生，人形佛识。毗尼密藏，吞并余力。修多与论，牢笼胸臆；四分秉法，三密加持。国师三代，万类依之；下雨止雨，不日即时。所化缘尽，泊焉归真，慧炬已灭，法雷何春！梁木摧矣，痛哉苦哉！松槚封闭，何劫更开！

弟子空海，老家在东海的东面，来到中国难上加难，波涛万万，云山几千。我来到中国，不是我自己要来，而是某种力量牵引着我来的。来时坐在船上，已经看到了种种异相。归国时，惠果法师给我讲解宿缘，告诉我说：“你还不知道我与你的宿缘吗？多次轮回之中，我们就共同发下夙愿，弘扬密教，彼此代为师资。已经不是一两次啦。所以我劝你远涉唐国，接受我的教法，看到你已经接受了大法，我的心愿已了。你来西方接受我的法门，我将来也会到日本，接受你的教法。不要迟留，我就先走了。”听到

惠果与空海像(西安佛教寺院网)

老师讲的话，我知道我来唐国和回日本，都是老师的安排。孔子虽排斥怪异之说，但妙幢菩萨却有金鼓之梦。这就是我举例给大家说明的原因。我老师的话，词彻骨髓，诲切心肝。我了解到我们日后轮回还可相见，又感觉老师马上要离世，这一喜一悲的感情，让我胸裂肠断，久久不能忘掉，怎么能缄默不言？纵然我师道德高远，我还是担心他的言教不能保存，因为山川也会改变，记下来才能像日月那样不朽。所以我写下如下铭文：

人的生死轮回无边无际，行愿也没有终点。太阳丽天照水，分身万亿。惠果法师你也是如此，你分身来到此世间，现凡人的形貌而具备佛的智慧。显密经文，你均已经了备，各种论疏，也都了然于心。你曾秉承南山四分律法，又获得三种密法加持。你是代宗、德宗、顺宗三朝国师，受到万类生灵的皈依，请雨则雨，请止则止，很快就能见效。现在你在本世的缘分已尽，安详地归真。火炬已经熄灭了，法雷却不知何时再鸣！大梁倾倒了，真让人痛苦万分！现在将棺椁关闭了，却不知到了哪一劫才能重新打开！

空海的碑文写得情貌并具、文采飞扬。虽然他与惠果的相处，不过一年多的时间，但从碑文足见对其恩师惠果感情非常深。空海回国后，受到日本皇室的支持，在高野山创立金刚峰寺作为根本道场和弘法基地，创立了今天所称的“真言宗”，法脉绵绵不绝，一直到今天，对日本社会产生了重要影响。许多日本人都要到高野山为自己请一尊本尊神，作为自己的保护神，就连日本战国时期的著名武士都不例外。

惠果传法弟子还有大兴善寺惠应、成都惟尚、诃陵国辩弘(文中所谓“辩淋”者，为诃陵的错写，诃陵即今印度尼西亚)、新罗国惠日、青龙寺义满、义明、义操、义照、义愍、义政、义一、俗居士灵殷。

惠果的弟子义操门徒众多，有与其同辈的学僧法润、义贞、义舟、义圆、景公寺僧深达。净住寺僧海云、崇福寺僧大遇、醴泉寺僧从贺、文苑。会昌寺新罗国僧均亮、当院常坚、玄法寺僧智深、法全、弟子僧文祕(已上一十四人授金刚界大法，皆次阿阇梨位故。)得金刚界大教，海内流行，枝叶不绝。日本传灯大法师圆行就是义贞的弟子。

其中法全弟子很多，后来日本比叡山天台宗僧人圆仁与圆珍、圆载、遍明、宗睿等都是他的弟子。

青龙寺大殿

《日本国上都延历寺僧圆珍求法目录》记载了从青龙寺所请的经卷目录：《大毘卢遮那成佛经》一部七卷(三藏善无畏译)、《金刚顶瑜伽中略出念诵经》一部四卷(三藏金刚智译)、《秽迹金刚法禁百变》一卷、《秽迹金刚说神通法》一卷、《千手千眼观自在大悲心陀罗尼本》一卷、《金刚顶经毘卢遮那三摩地法》一卷、《不动尊使者陀罗尼祕密法》一卷、《金刚顶经瑜伽文殊师利菩萨法一品》一卷、《大乐金刚不空真实三摩耶经》一卷《金刚顶瑜伽念珠经》一卷、《一切如来金刚寿命陀罗尼经》一卷(金刚不空共译)、《一字奇特佛顶经》三卷、《金刚恐怖集会方广仪轨》一卷、《阿利多囉阿噜力经》一卷、《文殊师利赞法身礼》一卷、《哩吉祥天女》十二契一百八名大乘经一卷、《十一面观自在菩萨仪轨经》三卷、《吉祥天女十二名号经》一卷、《金刚顶瑜伽十八会指归》一卷、《大孔雀明王经》三卷、《无量寿如来供养仪轨》一卷、《大云轮请雨经》二卷、《施焰口饿鬼陀罗尼经》一卷、《菩提庄严陀罗尼经》一卷(不空译)、《苏磨呼童子请问经》二卷(或三卷善无畏译)、《八大菩萨曼荼罗经》一卷、《叶衣观自在菩萨经》一卷、《毘沙门天王经》一卷、《金刚顶莲华部心念诵法》二卷、《阿閦如来念诵法》一卷、《普贤金刚萨埵念诵仪轨》一卷、《甘露军荼利瑜伽念诵法》一卷、《七俱胝佛母陀罗尼经》一卷、《诃利帝母法》、《圣阎鬘德迦愤怒王念诵法》一卷、《观自在大悲成就念诵法》一卷、《金刚手光明灌顶经》一卷、《大孔雀明王画坛仪轨》一卷、《金轮王佛顶要略念诵法》一卷、《大圣天欢喜双身毘那夜迦法》一卷（不空译）、《观自在菩萨如意轮瑜伽念诵法》一卷（金刚智译）、《金刚顶瑜伽普贤修行念诵仪轨》一卷（不空译）。可见，青龙寺所传的密法，信仰种类很多，涉及毗卢遮那佛、秽迹金刚、千手观音、大轮金刚、军荼利明王、文殊菩萨、金刚萨埵、吉祥天女、孔雀明王、诃利帝母（鬼子母）、各类天王等。

密教的做法仪式，强调依“佛力”。如法全所撰《青龙寺仪轨》：

“欲结契者敬白：十方三世诸佛，我等下辈愚钝凡夫，虽掌持此印，犹如蚊蚁掌须弥山，恐无势力，唯愿诸佛加护我等，令我得成无上正觉，结持此印，同佛势力。发是语已，至诚礼拜。”

还强调“真言”与“观想”。如《青龙寺轨记》：

先瑜伽者，常可住本尊观。行步观想践莲华而住，次至精舍门而弹指，三称“吽”，右目观“摩”字，左目观“吒”字。……次左手作金刚拳当心，竖风轮，右手亦如是，顶上左右旋转。指上方及下界皆诵“吽”字明。

唐代宗广德二年（764 年）正月，不空三藏奏《请置大兴善寺大德四十九员》，其中有青龙寺僧南岈的名字。大历十二年（777 年）夏天，天下大旱，青龙寺沙门昙贞被请到终南山降雨。现有《沙门昙贞贺南山祈雨赐物表一首》：

> 比顷以膏雨未敷，圣心忧轸，特奉进止，令往南山祈雨。肝胆斯竭，望赴天心，于法无功，龙神不应，空劳睿想，虚费供须，既无喜期，诚当罪责，圣慈宽宥，锡赉殊深，蒙锦彩七十匹，戴天履地，莫知高厚，岂谓忧愤之门忽逢圣咸霈然之泽，无任欢抃愧惧之至。谨附中使李宪诚奉表陈谢以闻。沙门昙贞诚惶诚喜谨言。

前些时因为久未下雨，皇帝忧心，让我到终南山求雨，我竭尽了全力，龙神却没有响应，白白浪费了陛下的供养。既然没有效果，就应该接受惩罚。蒙皇上宽宥自己，并赐予锦彩七十匹，这样戴天履地的恩情，我不知道有多厚重，就请中使李宪诚为我转交自己的谢表。

中唐高僧有良贲法师。曾是唐代宗的菩萨戒师。唐肃宗时期，因新翻出仁王护国经。敕令良贲撰写疏文。后称为青龙疏。

唐武宗灭佛时期，长安只能保留四所寺庙：西明寺、庄严寺、慈恩寺、荐福寺。青龙寺被废，会昌六年(846 年)即又恢复，并改名为护国寺。《旧唐书》卷 18 下记载："淮今月五日赦书节文，上都两街旧留四寺外，更添置八所。两所依旧名兴唐寺、保寿寺。六所请改旧名，宝应寺改为资圣寺，青龙寺改为护国寺，菩提寺改为保唐寺，清禅寺改为安国寺，法云尼寺改为唐安寺，崇敬尼寺改为唐昌寺。右街添置八所。西明寺改为福寿寺，庄严寺改为圣寿寺。旧留寺，二所旧名，千福寺改为兴元寺，化度守改为崇福寺，永泰寺改为万寿寺，温国寺改为崇圣寺，经行寺改为龙光寺，奉恩寺改为兴福寺。"

三、青龙寺文化

《宋高僧传》卷 6《唐京兆大安国寺僧彻传》讲僧彻曾于唐懿宗时期在青龙寺讲学。僧彻是颇有传奇色彩的唐代高僧悟达国师的嗣法弟子。悟达国师(公元 809—882 年)，法名知玄，四川眉山人。早年学习唯识学，成就很大，享誉蜀中。唐武宗时期，他曾与道士辩论，得罪武宗，返回四川。广明二年(881 年)春天，黄巢起义攻陷长安，唐僖宗到四川避难，赐知玄"悟达国师"称号。关于悟达国师，有个很有名的"人面疮"的典故。据说悟达国师早年曾于京师丛林遇到一位身患恶疾的怪僧，无人理睬。他慈悲心起，耐心地为他擦洗敷药，照顾他的疾病。该僧病愈后对知玄说："将来有什么灾难，可以到西蜀彭州九陇山的两棵松树下找我。"后来他受到皇帝的支持，声誉日隆，膝上忽然长了个人面疮，眉、目、口、齿，样样齐全，每次以饮食喂之，则开口吞食，与常人无异。国师非常恐惧，四处医治都无疗效，束手无策时，忽然忆起昔日怪僧的话，于是来到九陇山。找到了那个怪僧，向他诉苦。怪僧道："不用担心，我这儿山下有清泉，明天用这泉水洗一下，就可以祛除你的病苦。"第二天，悟达国师找到泉水，正要洗涤疮口时，那人面疮竟然大声喊道：“先别洗！你是博学的人，可曾知道西汉袁盎杀晁错的事？你就是袁盎转世，而我就是当年被你杀死的晁错。累世以来我都在寻找机会报仇，可是你却十世以来都身为高僧，持戒严谨，故无机会可以下手。直到这一世你受到皇帝的恩宠，生起名利之心，有失戒德，因此我才有机会化为人面疮报复你。那个怪僧就是蒙迦诺迦尊者，他现在以三昧法水洗我累世罪业，从今以后我就不再纠缠你了。”悟达国师听了大惊，赶忙用水洗涤，很快膝上人面疮不见了。他想赶去感谢圣僧蒙迦诺迦尊者，发现昨天看到的殿宇都杳然无踪，人也不知去向。悟达国师因此对因果报应之说坚信不疑，对自己违反戒律非常忏悔，故而作成忏文三卷，早晚恭诵，毕生精修。其制定的忏法名为《慈悲三昧水忏》，即源于这个“人面疮”的故事，流传至今。

僧彻幼年就礼拜悟达国师，伴他左右，作为侍者。悟达国师对他也非常器重。凡有新著，必然会让僧彻给予注疏和讲解。前后有《如来藏经疏》、《法鉴》四卷、《大无量寿经疏》、《着法灯》二卷、《胜鬘师子吼经疏》、《着法苑》十卷。曾到麟德殿为皇帝讲经，受到懿宗皇帝的赞许，敕赐紫衣袈裟。还曾在佛道辩论时充任辩手，当时号为法将。皇帝赐号“净光大师”。咸通十一年(870 年)，被朝廷任命为“两街僧事”。曾于青龙寺讲述经论，并将所讲内容寄给四川的悟达国师，国师回复八十四字，称“观君法苑思冲虚，解我真乘刃有余。”。僖宗幸蜀时，僧彻伴其朝夕，第二天又与高道杜光庭先生到岷峨山中，拜会悟达国师，后不知所终。他的弟子多在陕西和四川弘法。

青龙寺风光

《宣室志》讲唐文宗时期的国子祭酒赵蕃，大和七年(833 年)为南宫郎。

忽一日，有僧乞食于门，且谓其家僮曰："吾愿见赵公，可乎？"家僮告诉赵蕃，赵蕃见了僧人，僧人告诉他："君将有忧。然亦可禳去。"赵蕃就请教如何才能去除这个忧患，僧人说："给我裁刀一千五百把，也许可以脱君之祸。不然，不到十天，你就会被贬到东南的郡里。"赵蕃同意了，答应改日送去，问僧人在何处居住，该僧说："吾居青龙寺，名法安。"说完就走了。第二天，赵蕃差人将该僧索取之物送到青龙寺，却没有找到这个人的踪迹。后数日，赵被派为袁州刺史。

《唐阙史》卷下有《卢员外题青龙寺》，讲有个叫卢骈的员外，是当时有名的才俊之士。忽然有一天，他到青龙寺，在寺内廊轩之间，神情凄惨，哀叹不已。僧人问询也不回答。到了傍晚临离开的时候，他提笔在寺墙上写下了"寿夭虽云命，荣枯亦太偏。不知雷氏剑，何处更冲天？"然后离去，刚过十天就被派出去做官，不到一个月就死了。他的诗至今仍在寺院，僧人都在谈论这件怪事。

青龙寺西廊绘有毗沙门像，也很灵验。《梦神医病者》记载，新昌里有一个人，家里很有钱，老婆年轻漂亮，他却百病缠身，奄奄一息。其母遍访名医，不能治疗。一日，病人说愿意出家，但已经不能做任何事情了，希望布施青龙寺。其母将其背到青龙寺西廊下，施舍重金。十天后梦见毗沙门天王身穿铠甲，拿着像鲙鱼似的东西，让他咀嚼，东西很硬，他吃着吃着就醒了。觉得体力恢复了，第二天就能走路了，第三天就能跑步了，到一个月的时候，就在坊间以有力而闻名。当时禁军悬挂重弓于西门，贴出告示说："能拉开一般者，赐予粮食，能拉满者，加倍奖赏。"这个人去试了试，将弓拉满，被征为军官，富贵终生。

现在北京有个龙泉寺，有大批的名校毕业生出家。唐代时期的青龙寺也是这样。《桂苑丛谈》有《沙弥辩诗意》一章，给我们讲了这样一个故事：唐僖宗乾符末年(879 年)，有人在扬州开元寺，说自己早年在京城青龙寺居住，见到一个人去青龙寺访问僧人，可是当时僧人有事，没有接待。第二次又去青龙寺访问，还是没有人接待。第三次再去访问，寺僧还是没有接待他。他非常恼怒，提笔写下了："龛龙东去海，時日隐西斜。敬文今不在，碎石入流沙"的诗句，负气而走。僧众都不知是什么意思。只有一个沙弥知道。说龛字拿掉了龙字就是个"合"字；時字去了日字旁，就是个"寺"字；敬字去了文字旁，就是个"苟"字，碎字去了石字旁，就是个"卒"字，这是"合寺苟卒"，咒我们全寺人都死的意思。后来才知道，这个沙弥乃是唐懿宗朝的文皓供奉。

青龙寺风光

《太平广记》卷 74 记载了发生在青龙寺的一个神奇的故事。说一个叫陈季卿的江南人，来京城考进士，十年没有考上，没脸回家，在京师靠给人抄书勉强度日。有一次他去青龙寺访问僧人。刚好那位僧人出去，他就在寺内等候，这时来了一位终南山翁，也在等待僧人。这个老人问他："太阳就要落山了，你饿不饿？"季卿曰："确实饿了，但寺僧不在，有什么办法呢？"老人从肘下拿出一个小袋子，从中倒出些药物，加水煎了一小杯，给季卿说，这个可以解除你的饥渴。季卿吃了后果然感觉饱了。青龙寺东壁画有《寰瀛图》，即全国地图。季卿看到自己的故乡江南路，长叹道："我要是能坐船从渭河到黄河，到洛阳后坐船从运河到淮河，从淮河到长江，就到我家了。那样，我就不会觉得无脸回家了"。老翁笑道："这并不难做到。"让小沙弥去折了一片竹叶，放到图中的渭水里，然后对季卿说，你只要眼睛看着它，就能实现愿望，但到家后要快点回来，不要停留时间太长。季卿眼睛盯着竹叶，一会就感觉渭水波浪摇晃，竹叶越来越大，变成了一叶帆船，乘船到了潼关，在那里题诗留念。"度关悲失志，万绪乱心机。下坂马无力，扫门尘满衣。计谋多不就，心口自相违。已作羞归计，还胜羞不归。”意思是自己渡过潼关，感觉已经失去了早年考不上进士就不回乡里的志向，心绪纷乱，在长安非常落魄，愿望无法实现，已经有了含羞归乡的心思，只是嘴上还不愿意承认。十天后终于到了老家，妻子兄弟，拜迎于门。在自己的书斋里题《江亭晚望》诗：“立向江亭满目愁，十年前事信悠悠。田园已逐浮云散，乡里半随逝水流。川上莫逢诸钓叟，浦边难得旧沙鸥。不缘齿发未迟暮，吟对远山堪白头。”意思是，站在江亭边，满目都是惆怅，十年前的事情大都已经像流水那样逝去，江边的钓鱼人自己都已经不认识，水鸟也都不是十年前的水鸟了，十年来头发都已经白了，只有对着远处的山感叹。晚上对他的老婆讲：“考试的日期近了，我在此不可久留，马上就得走。”将登舟，又留一章别诸兄弟云：“谋身非不早，其奈命来迟。旧友皆霄汉，此身犹路歧。北风微雪后，晚景有云时。惆怅清江上，区区趁试期。”意思是，我谋取功名并不晚，无奈不能得志。幼时的伙伴都已经功成名就，我还在艰难地谋生，希望在这艰难期过后，能有好的处境。我在清江上惆怅，想再次试试运气。季卿乘船一叶漾漾，走旧路回到青龙寺，宛然发现南山翁还坐在那里。季卿谢曰：“归则归矣，得非梦乎？”翁笑曰：“后六十日方自知。”二月后，季卿妻子带着金帛自江南来找他，并说他在二月前曾到家，并在家中留诗句，季卿方知不是梦。第二年春，季卿东归，走到潼关，见所题诗句，墨迹都还很新。后来季卿考上功名，却入终南山隐居了。

青龙寺阁楼

《太平广记》卷152记载，赵璟出身低微却最终成为丞相。因为他是唐丞相姚旷的女婿，姚旷与独孤问俗关系好，就托他为赵璟觅得湖南判官一职，后来升任湖南监察。后来宰相李泌的从弟李元素知赵璟为湖南留务事，就将赵璟召回京城。一日，赵璟引李元素到青龙寺，告诉他说，我赵璟命中有官运，这不是偶然的，是命里决定的。就详细地问李元素的生辰八字。算了之后说："据此年命，也是富贵人。"有一次，唐德宗忽然想起了赵璟，赐封给事中一职。刚好碰上与少数民族政权举行外交事务，赵璟为副使，还没有到蕃国，右丞相有缺，德宗说："赵璟堪为此官。"即拜为右丞相。几个月后，再升为尚书左丞平章事。当赵璟和张判官一起出使蕃国的路上，忽然对张判官说，前面几里应该有条河，河边有柳树，树下应该有个官人，穿着丧服站在那里。大家走了几里，果然发现了那个穿着丧服的人。张判官非常惊奇，就问赵璟怎么知道。赵璟说，我在三十年前就已经梦到了这次出行的情况。赵璟当丞相五年，薨于位。在他将死之时，长安城内经常见一小儿，长着豹子样的鼻子，带着五色绳子，寻觅赵璟，过了几天他就死了。

《太平广记》卷 155 记载了关于唐朝宰相郑朗的故事。唐穆宗长庆年间(821—824 年)，有青龙寺僧善于相面。名士都去拜访，郑朗考进士前也去拜访，和尚说了几句就将郑朗打发走了。等到放榜，郑朗榜上有名，考中进士，就觉得青龙寺的僧人看得不准。可是过了几天，发现有人舞弊，朝廷重新组织考试，郑朗落第。后来郑朗再次拜访青龙寺僧，该僧怡然相接，礼过前时。朗诘问他原因，僧曰："上一次你没有名气，若中第也不好。这次中第后就可以位极人臣。后来郑朗果然做到中书门下平章事，这是宰相的位置。

《逸史》讲有李君的故事。江陵副使李君早年曾从洛阳到长安去考科举。到了华阴县后，见到有一个白衣人在店里，李君与之交谈，相互很投机。两人结伴到了临潼，白衣人说："我是隐居在华山的仙人，非常感激你的情意，我有事先走了。你想不想知道你以后的事？"李君说想。于是仙人给他留下三封书信，告诉他遇急再开。李君到长安考完试，想回家却没了盘缠。就想到了这三封书信。于是沐浴焚香，打开了第一封信。发现上面写着："某年月日，以困迫无资用，开一封，可青龙寺门前坐。"于是李君就前往青龙寺。

李君在寺门前一直坐到傍晚，也不敢走，但心里疑惑，想难道在这里坐坐就有钱了吗？过了一会，寺僧来关门，看到李君坐在门前，就问何事？李君说想在此借宿一宿。寺僧就将他领到了寺内，并为他做了点吃的。忽然他看着李君问：“您姓什么？”李君答姓李。僧人问，你可认识松滋李长官？李君回答那是我的先人。僧人垂泣曰：“我是你父亲的故旧，找你很久了，终于找到你了。你父亲曾在我这里寄存了两千贯，你留个字据，就可以拿走，我也就安心了。”李君涕流披面。李君拿到了钱后，边准备考试边经营，竟然成了有钱人。但连考几次不中。于是准备回家。但还不甘心，就打开了第二封信。信中说：“某年月日，以将罢举，可开第二封，可西市鞦辔行头坐。”李君于是到大唐西市，登楼饮酒。却听到雅间有人说，“明日拿钱一千贯，就可以进士及第。没有钱就早说。”李君惊而问店主，店主说：“礼部侍郎的公子有事急需要钱一千贯，昨日约好的人，今天却没有来。”李君问这事靠谱不靠谱？店主说：“公子就在房内，你可以亲自去问。”见到那人后，那人说明年考官是自己的亲叔父。李君问：“我也是举人，也有钱，能不能中进士呢？”那人说：“如果你说的都是真的，怎么不可以？”李君把钱交上，第二年果然考中进士。后来李君官至殿中江陵副使，却患心痛，几次病危。对妻子说：“仙师第三封可以开矣。”其妻打开第三封信，上面写着：“某年月日，江陵副使忽患心痛，可以处理后事了。”两天后李君就死了。

大毗卢遮那如来

《纪闻》记载了青龙寺僧韬光的事。青龙寺僧和众与韬光关系最好，韬光是陕西富平人，有一次要回老家，告诉和众说："我三个月内不出家门，你要是路过富平，一定来找我。"和众答应了，过了两个月，和众要到山西永济去，要从富平过，就来找韬光。和众到了傍晚也没找到地方，却看到韬光来迎接他，并将他带到村边，对和众说，往北去就是我家，你先去，我还有点事，要到村东，一会就回来。和众心里很生气，觉得都走到家门口了，却让我自己进去，太没有情意啦！只好去敲门。却见韬光父出来了，告诉他韬光已经死了十天了。葬在村东北。和众对韬光父说："我刚才在村口，见到韬光师来接我，我们边走边谈，走了有一里路，我都不知道是鬼。他说过一会还要回来。"韬光父母非常惊异，就求和众说："他要是来了，就捉住他，我们想见他。"到了半夜，韬光果然回来了，和众乘机抓住他，呼叫其父母，其家人赶到一看，果然是韬光。大家将之装入瓮中用盆子覆盖，韬光在瓮中苦苦哀求，大家才揭开盖子，他如惊飚飞去。

《太平广记》卷 330 记载了青龙寺僧仪光的事迹。开元十五年(727 年)，有朝中大臣家丧妻，请仪光法师去家里为死者修福。仪光师就住在其家数日。当时的风俗认为，这些日子家里出鬼，对家人有妨害，家人多出去住。当夜，其家人都出北门躲避，却没有告诉在家的仪光法师。夜半仪光正在诵经，忽闻堂中人起取衣开门声，有一妇人出堂，便往厨房烧火做饭。师以为是家人，并不奇怪。将要黎明时，妇人端着盘子送给仪光师傅，并说："劳师降临，今家人总出，恐斋粥失时，弟子故起，为师做饭。"仪光这才知道这个妇人就是死者，接受了她的食物。然后听见大门的响声，妇人说"儿子来了。"就又回到了大堂。家人看到法师正在吃饭，惊问何人做饭？师笑不答。这时堂内的仆人惊叫："亡人尸体改变了位置，手有面污，脚上染泥，怎么回事？"仪光师告知其缘由，大家都惊奇不已。

四、青龙寺与文人

唐代是诗的国度，诗人众多。粗略统计，唐代留下的关于青龙寺的诗歌就有 35 首之多。涉及王维、白居易、韩愈、贾岛等著名诗人。大诗人王维笃信佛教，曾多次到青龙寺游玩，并留下六首有关青龙寺的诗句。《别弟缙后登青龙寺望蓝田山》、《愚公谷三首》（青龙寺与黎昕戏题）、《青龙寺昙壁上人兄院集》、《夏日过青龙寺谒操禅师与裴迪同作》，最好的是王维与裴迪一同拜会青龙寺僧“操禅师”的《夏日过青龙寺谒操禅师与裴迪同作》：“龙钟一老翁，徐步谒禅宫。欲问义心义，遥知空病空。山河天眼里，世界法身中。莫怪销炎热，能生大地风。”老态龙钟的一个老和尚，慢慢地走在寺庙里，想问他佛教义理，回答说都在自己的心里，就连对空也不能执著。山河大地都是如来的法身，不要埋怨天气炎热，只要心里平静，就如同风吹那样凉快。

王维的弟弟王缙也很喜欢青龙寺，他曾和王昌龄、裴迪、王维一起去青龙寺拜访昙壁法师，并留下了《同王昌龄裴迪游青龙寺昙壁上人兄院集和兄维》：“林中空寂舍，阶下终南山。高卧一床上，回看六合间。浮云几处灭，飞鸟何时还。问义天人接，无心世界闲。谁知大隐者，兄弟自追攀。”可见唐代时期青龙寺非常幽静自然。

青龙寺大雄宝殿

王昌龄的《同王维集青龙寺昙壁上人兄院五韵》：“本来清净所，竹树引幽阴。檐外含山翠，人间出世心。圆通无有象，圣境不能侵。真是吾兄法，何妨友弟深。天香自然会，灵异识钟音。”青龙寺本来就是清净的场所，竹树成林，显得非常幽静，屋外的青山翠绿，游人到此，能生出出离心。大道无形，圣境无染，这正是王维兄你的见解，兄弟我也体会到了。因缘和合就能生出灵应，如同青龙寺的钟声那样玄妙。

中唐的两位大诗人，白居易(772—846 年)与韩愈(768—824 年)都曾到访青龙寺。白居易曾在青龙寺后建房居住，留下了《新昌新居书事四十韵，因寄元郎中、张博士》一诗："丹凤楼当后，青龙寺在前。屏除俗事尽，养活道情全。尚有妻孥累，犹为组绶缠。终须抛爵禄，渐拟断腥膻。大抵宗庄叟，私心事竺乾。浮荣水划字，真谛火生莲。梵部经十二，玄书字五千。是非都付梦，语默不妨禅。"我的新家在丹凤楼的前面，青龙寺的后面，我想在此摈弃俗事，专心于学问。但是尚有妻小需要照顾，尚有官职需要应酬。但最终我将抛弃爵禄，断绝腥膻，信奉庄子和佛家的生活理想，看淡荣辱富贵，归心于佛教与道家，不再去与世人争是非对错，不再到处发表言论。

白居易对他在青龙寺旁的这个新家非常满意。冬天下雪后，他非常喜欢附近的雪景，曾写《新雪二首》："不思北省烟霄地，不忆南宫风月天。唯忆静恭杨阁老，小园新雪暖炉前。不思朱雀街东鼓，不忆青龙寺后钟。唯忆夜深新雪后，新昌台上七株松。"

另外一首《青龙寺早夏》，诗人则在思考人生的道理：

> 尘埃经小雨，地高倚长坡。日西寺门外，景气含清和。闲有老僧立，静无凡客过。残莺意思尽，新叶阴凉多。春去来几日，夏云忽嵯峨。朝朝感时节，年鬓暗蹉跎。胡为恋朝市，不去归烟萝。青山寸步地，自问心如何。

小雨洒过，尘埃落地，长坡通往高处，太阳落在寺门西面，恬淡自然。今天寺内清净，只有老僧，没有俗客。春去秋来，夏去冬至，每天都能感觉到节气的变化，我的年龄也逐渐老迈，为何要恋慕早晨而害怕傍晚呢！终究要埋骨于青山之间，心还要去追寻什么呢！

白居易有《和钱员外青龙寺上方望旧山》诗云：

> 旧峰松雪旧溪云，怅望今朝遥属君。
>
> 共道使臣非俗吏，南山莫动北山文。

对面的山峰溪水亘古永存，现在是属于你隐居的地方，钱员外你不是寻求终南捷径的寻常俗吏，而是真正无所求的隐士。宋孝宗乾道四年，孝宗将白居易的这首诗书写于扇面，赏赐于洪迈，但洪仅改换两字，就据为己有。

白居易还有《渭村退居，寄礼部崔侍郎、翰林钱舍人诗一百韵》，其中有“白鹿原东脚，青龙寺北廊。望春花景暖，避暑竹风凉。”对青龙寺的风景非常喜欢。

韩愈也有多首诗歌与青龙寺有关。著名的有《游青龙寺赠崔大补阙》：

秋灰初吹季月管，日出卯南晖景短。友生招我佛寺行，正值万株红叶满。光华闪壁见神鬼，赫赫炎官张火伞。然云烧树火实骈，金乌下啄赪虬卵。魂翻眼倒忘处所，赤气冲融无间断。

秋天到来了，友人约我一起去青龙寺游玩，当时正值柿树叶红，在阳光的照耀下，红叶闪亮如火，就像火神张开了大伞一样，又像天上的红云把树给染红了。太阳晒烂了红柿子，身处其间，忘记了自己身处何地，只能看到到处一片红色。《长安志》云：“青龙寺有柿万株。”看来确实如此。

大殿内的惠果、不动明王、空海像

唐人朱庆馀也有《题青龙寺》一诗：

寺好因岗势，登临值夕阳。青山当佛阁，红叶满僧廊。

竹色连平地，虫声在上方。最怜东面静，为近楚城墙。

青龙寺好就好在其身处高岗之上，登上高岗时刚好是夕阳晚照，青山犹如佛阁，红叶布满僧廊。竹色青青，虫儿在树上鸣叫，只有东面最安静，因为东面挨着楚城墙。

《唐遮言》卷 7 记载，牛僧孺为了考进士，带着自己的作品去拜访韩愈与皇甫湜。刚好韩愈外出，就留下诗句而走。再去拜访皇甫湜，刚好韩愈也在那里。二人对牛僧孺非常欣赏。决定帮助他提升名气。对僧孺说："某日可游青龙寺，薄暮而归。"二人故意趁着僧孺去游青龙寺，一起到僧孺的居所拜访他，并且在其大门上写道："韩愈、皇甫湜同谒几官先辈。"几天后，名士们纷纷前去拜会牛僧孺，牛僧孺名气大增。

唐代才子贾岛与青龙寺也很有渊源。《唐才子传》卷 5 讲，贾岛是河北范阳人(京城)，早年到京城赶考，屡试不中，为生计而出家为僧。法号无本，住在青龙寺。当时诗风浮艳，崇尚元稹和白居易。贾岛的诗风淳朴，不受时人推崇。贾岛感叹道："知余素心者，惟终南紫阁、白阁诸峰隐者耳。"时有高僧无可，与贾岛同门同寺，与贾岛关系最好。两人都擅长作诗，诗风清新，律调谨严，比物以意，谓之"象外句"，逐渐为世人所知。贾岛因此留有《题青龙寺》一诗："碣石山人一轴诗，终南山北数人知。拟看青龙寺里月，待无一点夜云时。"碣石山人(贾岛的自称)的一卷诗，只有终南山北的几个人能欣赏，就像想要欣赏青龙寺里的月影，只有等到没有夜云的时候。

青龙寺樱花

贾岛曾有句"落叶满长安，秋风吹渭水"。一日访李余幽居，又得句："鸟宿池中树，僧推月下门。"又欲作"僧敲"，炼之未定，神游象外，不知回避，冲撞了韩愈的车驾，韩愈问明原因，共论诗道，结为布衣交。在韩愈的帮助下，贾岛还俗，并考上了进士。韩愈曾赠诗云："孟郊死葬北邙山，日月风云顿觉闲。天恐文章浑断绝，再生贾岛在人间。"将贾岛视为中唐诗人孟郊的转世。贾岛曾有《题青龙寺镜公房》一诗：

一夕曾留宿，终南摇落时。孤灯冈舍掩，残磬雪风吹。

树老因寒折，泉深出井迟。疏慵岂有事，多失上方期。

在冬季终南山树叶摇落的时节，我曾在青龙寺镜公房住过一晚，周围漆黑一片，唯有这里孤灯摇曳，风加雪吹到残磬上，树上的老枝被大风吹断，泉水被压盖而流动的很慢，我这个人疏忽慵懒，没有心思再去做事，辜负了上方的期望。贾岛一生不知经济，醉心于诗词，曾自题曰："二句三年得，一吟双泪流。知音如不赏，归卧故山秋。"每至除夕，就取出今年所作的诗句，放在桌子上，焚香祭拜，酹酒祝曰："此吾终年苦心也。"痛饮长谣而罢。贾岛临死之日，家无一钱，惟病驴、古琴而已。

李端的《病后游青龙寺》：

病来形貌秽，斋沐入东林。

境静闻神远，身羸向道深。

芭蕉高自折，荷叶大先沈。

生病以来形貌难看，斋戒沐浴之后才进入青龙寺东塔院，环境清雅，故而能听得远；身体羸弱，反而更能悟得佛理，芭蕉长得越高就越容易折断，荷叶越大就越是容易沉入水中。

薛能的《夏日青龙寺寻僧二首》：

得官殊未喜，失计是忘愁。不是无心速，焉能有自由。

凉风盈夏扇，蜀茗半形瓯。笑向权门客，应难见道流。

升官了不要高兴，愿望落空了也不必愁困，如果不能做到宠辱不惊，怎么能够身心自由呢！人生只需要在夏季里轻轻挥扇取凉，细细地品味蜀地采来的新茶就行了。看看那些在官场里争得死去活来的官员们吧！有哪一个是真正体会了大道的达人呢！

羊士谔的《王起居独游青龙寺玩红叶因寄》：

十亩苍苔绕画廊，几株红树过清霜。

高情还似看花去，闲对南山步夕阳。

青色的苔藓围绕着青龙寺如画廊般的院墙，秋霜过后，树叶都变红了，去赏红叶的人和夏季去赏花的人的一样，遥对着南山在夕阳下悠闲的散步。

顾况的《独游青龙寺》：

春风入香刹，暇日独游衍。旷然莲花台，作礼月光面。
乘兹第八识，出彼超二见。摆落区中缘，无边广弘愿。
长廊朝雨毕，古木时禽啭。积翠暖遥原，杂英纷似霰。
凤城腾日窟，龙首横天堰。蚁步避危阶，蝇飞响深殿。
大通智胜佛，几劫道场现。

青龙寺空海纪念碑

在春季里我独自到青龙寺游玩，跪在莲花台上，向佛菩萨行礼，希望凭借阿赖耶识，斩断我法二执，摆脱烦恼的缠绕，弘扬无边的大愿。早晨小雨过后，鸟儿在古树上鸣叫，绿色越来越多，乐游原也逐渐热闹起来，各种花儿竞相绽放。太阳从凤城村那边升起，彩虹如龙一样横在天际，蚂蚁在危阶上爬行，飞虫在大殿里响动，《法华经》里讲的大通智胜佛，已经在道场里出现好几劫了。

张祜《题青龙寺》："二十年沉沧海间，一游京国也应闲。人人尽到求名处，独向青龙寺看山。"二十年来我一直沉沦于社会杂事，难得到京城一游，就应该好好歇一歇。别人到长安来是为了求功名，我到长安来只去青龙寺看山。

刘得仁的《青龙寺僧院》：

常多簪组客，非独看高松。此地堪终日，开门见数峰。
苔新禽迹少，泉冷树阴重。师意如山里，空房晓暮钟。

青龙寺的僧院里，经常会有带着发簪的俗人来访，他们不是为了欣赏院里高大的松树，而是喜欢这里的环境，可以长时间在此居住，开门就可以看到终南山的山峰，这里山泉冷树荫重，苔藓新飞禽少。如同在山里那样能够体悟自然，坐在空房之中可以静静地聆听暮钟。

马戴的《题青龙寺镜公房》：

一室意何有，闲门为我开。炉香寒自灭，履雪饭初回。

窗迥孤山入，灯残片月来。禅心方此地，不必访天台。

我在镜公房内居住，有何体悟？香炉中的檀香燃尽就会自然熄灭，踏着积雪吃完饭后就返回，打开窗子就看见孤山，夜晚孤灯遥对着残月，在此就可以证得禅心，不必远行到浙江天台山去求法。

唐代青龙寺为长安最富神异色彩的寺庙，众多文人都喜欢去青龙寺游玩。除了以上介绍的以外，还有《清明日青龙寺上方赋得多字》、《宿青龙寺故昙上人院》、《与王楚同登青龙寺上方》、《宿青龙寺故昙上人院》、《早夏青龙寺致斋，凭眺感物，因书十四韵》、《和秘书崔少监春日游青龙寺僧院》，总计流传下来的关于青龙寺的唐诗有三十多首，涉及十余个著名诗人。这个数字超出任何其他寺庙，显示了青龙寺在唐代的巨大影响力。他们有的去游山玩水，有的去拜访法师，有的去青龙寺小住，有的去感悟人生的玄理。

五、当代的青龙寺

北宋时期，禅宗、净土宗兴盛，密宗在北方失去传承，青龙寺也逐渐破败。宋哲宗元祐元年(1086 年)以后，青龙寺就已经废弃。1924 年，日本真言宗僧人和田辩瑞来西安寻找青龙寺，根据《嘉庆咸宁县志》的记载："新昌坊之青龙寺，今名石佛寺，皆迄今不改。……石佛寺即青龙寺，在祭台村。"认定石佛寺就是祖庭青龙寺，并题词曰："当今石佛寺者，唐之青龙寺也。贞元二十一年六月日僧空海上人，即弘法大师仰当时惠果大和尚受学密教。千二百年后末资辩诣当寺，无极感恐湮灭，兹书。大正十三年仰八月十八日，真言宗末资和田辩瑞志。”

1925年，日僧真言宗弟子加地哲定也来寻找祖庭青龙寺，也将祭台村的石佛寺误认为青龙寺，并题词：“大正十四年六月十一日，余诣此处，该寺是青龙寺之故址，密教根本道场也。磋法灯既灭，和尚逝久，感慨无量。所愿法灯再燃，佛日增辉。密乘沙门加地哲定识。”

1930年，朱子桥将军来陕西赈灾。在石佛寺看到日僧的题词，感慨万千，也认为石佛寺就是青龙寺，于是和地方官绅、居士村民，重修了大殿和僧房，并题写了“唐青龙寺”的匾额，悬挂于寺门。

1963年，中国社科院考古研究所对新昌坊地区进行了考古发掘，出土了若干密宗的遗物，如陀罗尼经幢等。1973年，找到了青龙寺的具体位置，位于新昌坊的东南部，占新昌坊的四分之一，出土鎏金的小铜佛、开元通宝等遗物，确认石佛寺不是青龙寺。

1979年11月，日本香川县知事前川忠夫先生访问西安，首次提出在青龙寺遗址上建立空海纪念碑的请求。归国后与德岛、爱媛、高知四县，成立日本空海纪念碑建立实行委员会本部，西安方面也成立西安协助建立空海纪念碑委员会。双方于1981年4月12日至15日在西安签订了协议。最初协议1982年底完工。后来日本方面强烈要求提前到1982年7月底完工。最后建碑工程从1981年7月开始，到1982年5月初竣工。纪念碑风格简洁大方，体现了盛唐时期的审美要求，受到了中日各方的一致赞扬。

1981年10月，日本真言宗代表团访问西安，提出了恢复青龙寺大殿的要求，日方负担一亿三千万日元，其余部分由西安方面承担，1982年6月，日本真言宗会长阿部野龙与西安方面签订了恢复大殿的协议。工程由西安市文物局古建筑设计室设计，西安市文物局古建筑公司承担建设任务。工程从1983年3月动工，至1984年4月竣工。完全按照唐朝的建筑要求建设，大殿规模巨大，但却不适用铆钉，完全是靠木结构的牵引。

日本方面对青龙寺的恢复工作非常满意，赠送几千株樱花树，使得青龙寺成为中国著名的观赏樱花的胜地。21 世纪以来，青龙寺又新修了山门，巍峨高大，青龙寺已经成为西安的著名景区，唐代古老的青龙寺，在中日人民的共同努力下，又获得了新生。

净土宗祖庭香积寺

在西安电子科技大学新校区向东几里路，坐落着一所历史悠久的寺庙，这就是净土宗祖庭香积寺。香积寺的名字来源于《维摩诘经》里的故事，据说当初维摩居士生病，佛陀派文殊菩萨、舍利弗等众人去看望他。期间，维摩诘与文殊菩萨就般若佛理进行了辩论，吸引了很多听众。到了吃饭的时间，舍利弗心想，这么多人，到哪里去吃饭呢？维摩诘尊者知道他的想法，就施展神通，将四十二恒河沙佛土远的“众香国”展现在大家面前，众香国的教主是“香积如来”，他把饭食送到维摩居士

香积寺山门

家中，众人吃之不尽。

净土宗目前是我国影响最大、群众基础最牢固的佛教法门，所谓的“净土”，是和娑婆世界的秽土相对而言的，“净土”一般没有恶行，没有烦恼，没有污垢，大家都没有欲念，生活得无忧无虑；我们生活的这个世界称为“秽土”，这是因为我们生活的这个世界善少恶多，污秽不堪，业障蒙蔽，受苦无量，所以称作“秽土”。

按照印光大师的说法，净土法门乃如来一切时教中之特别法门，三根普被，利钝全收：等觉菩萨不能超出其外，逆恶罪人亦可预入其中。凡修净业者，第一，必须严持净戒；第二，必须发菩提心；第三，必须具真信愿。戒为诸法之基础，菩提心为修道之主帅，信愿为往生之前导。

净土法门包括如下内容：第一，它必须是仰仗佛力；第二，它必须以阿弥陀佛极乐世界为归宿；第三，它不要求明心见性，也不要求断惑证真。这就是说，不论是什么根机，不论是什么人，也不论学佛有多久，只要能“真心厌离娑婆世界之苦，正信阿弥陀佛的伟大愿力，正信极乐世界的依正庄严，并诚心诚意地称念阿弥陀佛的名号，将自己念佛的功德回向众生，就能够往生极乐世界”；第四，地狱思想。净土宗宣传的很大一部分内容是地狱思想，也正是从这个角度说，它的宗教性、民间性比之向来认为最中国化的禅宗更强，可以说，禅宗是印度佛教与中国精英文化相结合的产物，而净土宗则是印度佛教和中国民间文化相结合的经典，由于民众是一个宗教信众的主体，从这个层面说，直到明清时期，印度佛教中国化、民间化的道路才算真正完成。净土宗最大的特点是不断惑业和罪业，就可以跳出轮回，即此一生，定登佛国，就是我们常说的“带业往生”，因为如果是自度，就必须精读佛经，获得般若智慧，经过累世修行，才能成就果位，而一般的信众，没有时间或能力去修读佛经，不能断除迷惑，无法靠自身的力量自度，那要想摆脱烦恼，就不能单靠自力了，就必须靠佛的力量去接引才能往生净土。

净土宗的开创者为南北朝时期的昙鸾大师。昙鸾（476—542 年），山西雁门人，大约十四岁出家，广学佛教经纶，尤其精通“四论”：《中论》、《百论》、《十二门论》、《大智度论》。他后来以中观学派的观点来解释净土理论，绝不是偶然的。据说昙鸾大约五十岁时得了场病，想到自己对《大集经》的注释尚未完成，如果就此死去，则心愿难了，听说南方的道士陶弘景擅长神仙方术，可以延年益寿，于是他便南下茅山，向陶弘景求教，陶弘景热情地招待了他，并授予他《仙经》一部，让他回山学习道教的“调心练气”之术。昙鸾回到洛阳，刚好碰到了菩提流支，昙鸾向菩提流支问道：“佛法中颇有长生不死法，胜此土《仙经》者乎？”菩提流支唾地回答：“是何言欤？非相比也。此方何处有长生法？纵得长年，少时不死，终更轮回三有耳。”于是便把自己翻译的《观无量寿经》授予昙鸾说：“此大仙方。依之修行，当得解脱生死”。于是昙鸾将从陶弘景那里得来的《仙经》烧掉，从此走上了弘扬弥陀信仰的道路，也就是说，这位宗教家直到五十多岁才从菩提流支那里接到了弥陀净土的法。

天王殿

东魏的孝静帝迁都于邺城，对昙鸾非常重视，敕住并州大寺，即今太原附近的晋祠，后来昙鸾又迁往晋西的石壁山玄中寺，在这里度过了他一生最重要的时光，昙鸾留下的著作有：《往生论注》两卷；《略论安乐净土义》一卷；《赞阿弥陀佛偈》。另外，昙鸾很可能保留有从陶弘景那里得来的《仙经》的底稿，因为他有大量相关的论著留世：《调气论》、《疗百病杂丸方》三卷、《论气治疗法》一卷、《服气要诀》一卷。可见昙鸾除了是个宗教家以外，还是个出色的医学家。他在玄中寺弘法期间，经常带领弟子到今山西省介休县绵山之阴集众念佛，可惜昙鸾并没有能够培养出来出色的弟子，以至于众多的弟子无从考证。

昙鸾是名副其实的净土宗第一祖师，正是他第一次对弥陀净土进行了多方面、多方位的论证。陈扬炯先生总结为：① 判教：判净土为易行道，其他宗派为难行道。② 特点：净土宗为靠他力，其他宗派为靠自力(当时密宗尚未兴起)。③ 弥陀净土为真实存在，不是心中假设。④ 弥陀净土超越三界之上，往生净土即是菩萨。⑤ 五逆罪者可以往生净土，但诽谤正法者不可以。⑥ 方法：实相念佛、观想念佛、称名念佛并重，但是突出了后者。⑦ 指明了念阿弥陀佛实际上就是念咒。

昙鸾第一次将称名念佛从手段变成了独立的法门，这一转变具有里程碑的意义。道绰法师(562—645 年)是他的继承者。道绰，山西太原人，出生的时候昙鸾已经圆寂二十年了。他十四岁出家，对《大涅槃经》有深入的研究，听闻昙鸾的大名，于隋大业五年(609 年)到玄中寺去瞻仰昙鸾的遗迹，看到了碑文中对昙鸾法师的介绍，他很是激动，认为自己找到了修佛的真正法门，于是专心修净土法门，后被尊称为“西河禅师”。

道绰常常面向西而坐，每日念佛，他开创了念佛的两个实用的方法：“小豆念佛”和“念珠念佛”。前者是在身旁放很多小豆，念一声阿弥陀佛就往筐里投一粒豆子，投完了再来，每日念七万遍阿弥陀佛；后者则是现在颇为流行的念佛方式，念一声佛就数一个念珠。道绰对净土理论的发展，陈扬炯先生总结为：① 在判教方面是将佛教判为圣道门和净土门，这与昙鸾的划分相似。② 论证了阿弥陀佛净土是报土而非化土。③ 弥陀净土里圣人和凡人都有居住。④ 弥陀净土不仅优于弥勒净土，而且也优于十方净土。⑤ 在方法上对昙鸾的发展提出了“散心念佛”的功德，认为不一定非得集中时间念佛，有机会就念佛，也同样有效，正是在道绰那里，用称名念佛成为了净土宗的主要法门。

道绰的社会影响很大，在他带领弟子念佛时，“人各掐珠，口同佛号，每时散席，响弥林谷。”史载从者甚众，声势很大，几百上千人在法师的带领下，高声念佛，声震五天，见者无不为之所动，在那个人们生活仍然艰难的年代，如此坚定的宗教信仰是十分打动人心的。

比道绰年龄大但与道绰同时代的净影慧远(523—592年)认为，弥陀净土是阿弥陀佛随众生机缘化现的，凡夫只能进入这样的化土。道绰针锋相对地提出，弥陀净土是真实的报土而非化现的化土的观点，是净土宗发展史上的一次重大理论创新，对提高弥陀净土的吸引力很有帮助。

善导崇灵塔

当时悟真寺僧启芳、圆果二位法师曾在山西呆过，熟悉道绰法师的念佛法门。《净土往生传》讲并州人僧炫最初是修弥勒净土的，当时已经九十岁了，常担心自己资粮浅薄，而寿命将终。有一日遇到道绰法师，学得念佛法门，每日念佛万遍。到第三年命终。临终前告诉弟子："阿弥陀佛授我香衣，观音、势至示我宝手，吾去矣。"之后七天，异香不散。汾州人当时纷纷皈依西方净土，当时启芳、圆果二法师，为僧炫养老，目击其事，遂对西方净土深信不疑。两人于观音像前忏悔罪过，折杨柳枝放入观音手中，发愿道："芳等若于净土有缘，当使七日不萎。"行道七日花不枯萎，而更茂盛，二人非常高兴。一夜梦见二人进入西方净土，见到观音、势至以及阿弥陀佛。阿弥陀佛亲口确认念佛可得进入西方净土。有一日二人忽然听到钟声，而别人却听不到。启芳、圆果说，这是我们的事，与你们无关。于是二人同时坐化，往生西方净土。由此我们可知，以莲花或杨柳枝来测试自己能否进入西方净土，最早流传于山西汾河流域，应该是道绰禅师所倡导的方法。善导可能就是在悟真寺听启芳、圆果讲述这个神异故事而去山西找道绰的。

善导二十八岁时到山西玄中寺访道绰，当时道绰已经年迈，但还是授予了他《观无量寿经》的奥义。善导问道绰禅师："念佛真能往生西方净土吗？"道绰回答："各办一莲花，行道七日，不萎者即得往生。"善导就坚持念佛法门，终于领会到念佛的妙处，他感叹道：“自己多年来学习经论，劳苦身心，哪里知道念佛法门如此不可思议。”

善导是在唐贞观年间去见道绰的，在西河道绰禅师的净土九品道场(今山西吕梁玄中寺)，他修行十分勤苦，每入佛堂合掌胡跪，一心念佛，非力竭不休。就是冬天寒冷也必须念佛念到流汗，以表至诚之意。出去即向信众讲述净土法门。善导三十余年夜不倒单，以禅定代替睡眠。道绰授予他《无量寿经》，善导研读此经，即入深定，七日不起。他所做的，是以般舟三昧、行道、礼佛、讲经为己任。善导持戒严谨，纤毫不犯，从未举目视女人。善导淡泊名利，远离诸种游乐。他把好吃的送给僧众，自己吃剩下的；好衣服送给别人穿，自己穿旧的。善导法师每见到毁坏的寺庙以及佛塔都想办法给予维修，坚持自己的衣服自己洗，地位虽高却从不役使别人。

据说实际上善导的禅定功夫已经远超其师道绰。就连道绰也请善导入定观其是否能往生西方净土。善导入定后起来，告诉道绰，您应当忏悔三宗罪，然后才可以往生。第一是道绰曾安佛尊像在檐牖下，而自住深房；二是曾驱使策役出家人；三者营造屋宇损伤虫命。道绰应于十方佛前忏悔第一罪；于四方僧前忏悔第二罪；于一切众生前忏悔第三罪。道绰听后，仔细回想，果然有这三种罪过，于是就依之而忏悔，再问能否往生西方？善导说，老师的罪已灭，以后应有白光出现，是师父的往生之相。

法堂殿

传说善导坚持写《阿弥陀经》十万余卷，画净土变相三百余壁。善导写经，已经被在新疆吐鲁番发现的唐代文书证实，上有“愿往生比丘善导愿写弥陀”字样，应无疑问。善导画净土变相三百余壁，后被传为善导自己作画三百余壁，其实这是错误的。史书所说的实际上指的是“出资”与“指导”，并非自己亲自上手。《灯录》记载：“后于所住寺院中画净土变相，忽催令速成就。或问其故，则曰：‘吾将往生，可住三两夕而已。’忽然微疾掩室，怡然长逝，春秋六十九，身体柔软，容色如常，异香音乐久而方歇。时永隆二年三月十四日。”说善导一日忽令画工加快进度，画工问为何？善导说自己二三天之内将要往生。永隆二年(681年)去世。

传说善导还曾和金刚法师较量念佛胜劣。善导升座就发愿说，如果念佛法门定能往生西方净土，真实不虚，此堂中二像放光，如果念佛法门是诓骗众生，则让善导从此高座坠下，入大地狱，永不期出，然后用手中如意杖指向佛像，佛像放光。

善导法师擅于引导弟子坚定念佛法门。《宋高僧传》卷6记载，释怀感，信仰佛教十分虔诚，但唯独不信念佛就可以解脱。于是去拜访善导。善导问他：“你平时弘法讲经，是信了才讲呢还是自己不信就给别人讲？”怀感回答：“诸佛所讲都是真言，我当然是信了才讲。”善导说：“《阿弥陀经》讲的念佛往生，都是真经，你只要相信就会有灵验。”怀感念佛三年，灵瑞忽现。于是成为西方净土热心弘扬者。

善导曾有偈云：“渐渐鸡皮鹤发，看看行步龙钟；假饶金玉满堂，难免衰残老病。任是千般快乐，无常终是到来；唯有径路修行，但念阿弥陀佛。”因为善导在京城长安劝人念佛行善，信众很多，导致满城吃素者大增。长安有个卖肉的屠夫，因为生意做不下去而非常生气，一日他持刀闯入寺庙，意图杀掉善导。善导见了他之后，给他指示西方，显现出西方净土的样子，他当下回心发愿，上高树念佛，坠树而死。

在玄中寺待了几年后道绰圆寂，他便南下长安，弘扬净土法门。曾有人问善导法师，念佛之善生净土否？善导回答说：“经有诚言，佛岂妄语，如果你有信心就能遂你所愿。”该人初不信，于是善导自念阿弥陀佛，每念一声则有一道光明从其口出，十声以至百声光明亦如此。于是京城传言善导是阿弥陀佛的化身，现至长安弘法，可教念佛，于是三年后满长安城中念佛。

陈扬炯先生总结善导的理论贡献有：(1) 坚持凡人也可以往生弥陀净土的，更进一步说，弥陀净土就是为沉沦于生死苦海中的凡夫而设计的，并不是为圣人所设。(2) 五逆罪者可以往生净土，诽谤正法者只要改正错误，也是可以往生弥陀净土的。这是对昙鸾大师的突破。(3) 二乘(即小乘信徒)、根缺(即残疾人)、女人也可以往生弥陀净土，只是一进入弥陀净土，就立刻变成了身体完整的男性。(4) 从事杀伐或“十恶”的恶人也可以往生西方净土。(5) 第一次明确地将地狱思想引进了净土宗，影响深远，这可能是受同时存在的三阶教的影响。(6) 规范总结了净土宗的种种仪轨和忏法。

大雄宝殿

道绰论证了弥陀净土是真实的报土而非化现的化土之后，还有一个重大的理论问题没有解决，那就是凡夫能不能进入这个报土。净影慧远和窥基都认为，凡夫是不能进入报土的。这就将绝大多数普通信众都排斥到了净土之外。善导认为，佛正是为凡夫设立的“九品往生”，并且“善恶凡夫，同沾九品。”就连恶人也可往生西方净土。尤为重要的是，善导认为只要有“誓愿”与“信心”，女人也可以往生到西方净土，并且女人到了极乐世界即转为男身。为什么能这样？因为净土宗并非仅凭自力，而且还要依靠“他力”即阿弥陀佛的加持。既然有佛的加持，还有什么不可能的呢？

道绰和善导，他们极力宣传大家都身处于佛经上所说的“末法时代”，众生根性劣钝，无法理解高深的释迦诸经的奥义，不能像释迦佛所提倡的那样凭自己的力量去救度自己，只有靠阿弥陀佛的力量才能最终得救。

善导最后住锡的寺庙是光明寺，光明寺位于怀远坊，隋开皇四年由沙门法经建立。据说寺内有弥勒像经常放光，故称光明寺。光明寺一度为三阶教祖师信行弘教的基地，但善导也进驻与三阶教抗衡。

唐高宗李治永隆二年(681 年)，善导圆寂。《隆禅法师碑》记载，其弟子怀恽“想遗烈而崩心，顾余恩而雨面，爰思宅兆，式建坟茔，遂于凤城南神和原崇灵塔也。”怀恽怀念自己的师父善导，为其选择归葬地，建立舍利塔，名崇灵塔。舍利塔建成后，围绕塔院建立寺庙：

> 仍于塔侧广构伽蓝，莫不堂殿峥嵘，远摸忉利；楼台岌嵬，直写祇园。神木灵草，凌岁寒而独秀，叶暗花明，逾严霜而靡萃。岂直风高气爽，声闻进道之场，故亦临水，面菩萨全真之地。又于寺院建大窣堵波，塔周回二百步，直上一十三级，或瞻星揆务，或候日裁规。得天帝芳踪，有龙王之秘迹，重重佛事，穷鹫岭之分身。种种庄严，尽昆丘之异宝。但以至诚多感，能事冥资，故能远降宸衷，令赉舍利计千余粒，加以七珍函笥，随此胜缘，百宝幡花，令兴供养。则天大圣皇后承九元之眷命，蹑三圣之休期，犹尚志想金园，情欣胜躅，或频临净刹，倾海国之名珍；或屡访炎凉，舍河宫之秘宝。

在崇灵塔旁边建立寺庙，寺庙建成后，堂殿峥嵘，可以和帝释天的忉利天宫媲美；楼台亭阁，堪比印度的祇园精舍。寺内的树木，冬天仍然青翠；寺内的花草，经历严霜却不凋谢。风高气爽，既适合罗汉修行，也适合菩萨教化。又在寺院内建立大塔，上下大塔需要走二百步，上下十三级。既能凭栏望月，又能宣示教令。既有帝释天到访的踪迹，也有龙王降临的迹象，该塔简直就是印度鹫峰山的分身。种种庄严景象，尽昆仑山的珍宝。因为宝塔屡有感应，能够通幽冥之事，故而皇帝陛下下旨，送来舍利子一千多粒，装在七珍宝函内，随此胜缘，还有种种宝物，供养善导大师。则天皇后也经常来这里布施外国进贡的珍宝，以及各地的奇珍。

怀恽法师的情况，《隆禅法师碑》记载很清楚：“法师讳怀恽，从张姓，南阳人也。”总章元年（668年），唐高宗李治梦见怀恽，他进入中书省，为朝廷服务。后来到西明寺出家，后来又皈依善导法师，“一承妙旨，十有余龄。”跟随善导十几年，是善导的得法弟子。681 年，善导圆寂后，他主持为善导建立塔院，并建立香积寺。永昌元年（689年）朝廷征怀恽法师为实际寺主。主要讲《观无量寿佛经》、《大集贤护经》、《阿弥陀经》等。实际寺位于今西北大学老校区校园内图书馆前，当时这里是太平坊。实际寺是隋朝太保薛国公孙览妻郑氏将自己家的宅子捐出成为了佛寺，隋炀帝大业二年（606 年）置为长安四道场之一。

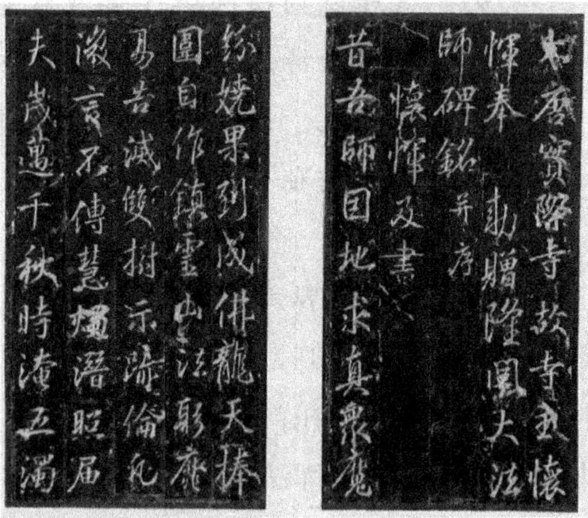

隆禅法师碑

怀恽被封为实际寺主，实际上是把他视为了善导的接班人。唐中宗景龙元年（707 年），唐中宗第四子李重茂立为温王，改名温国寺。景龙二年（708年）三月二十八日，鉴真和尚于实际寺登坛受具足戒。会昌年间，唐武宗灭佛，寺庙遭到破坏，后又恢复。实际寺净土院很有名，张彦远撰《历代名画记》称：“温国寺净土院，尹琳画，三门内，吴（道子）画鬼神。南北窗画门神，失人名。”大中六年（852 年），改名为崇圣寺。

实际寺净土院源于怀恽法师所建造的净土堂。《隆禅法师碑》记载：

九重万乘，四生六趣，造净土一堂所，莫不虬栋凌虚，虹梁架回；丹楹抱曰，青巢延风，无春而返井舒花，不瞑而重檐积雾。于是神螭（chi 龙）戾趾，远镇琼阶，宝凤来仪，还陪挂户，雕梁画拱之异。穷造化之规模，园珰（dang，耳坠）方镜之奇，极天人之巧妙。又于堂内造阿弥陀佛及观音、势至，又造织成像，并余功德，并像好奇特，颜容湛粹。山豪演妙，若照三千，海目摛(chi)华，如观百亿。或因缯命采，有慈氏之令身，或散扎驰芳，得优填之逸思，何独如来自在，疑降上界之魔？故亦菩萨熙怡，似救下方之苦。

怀恽法师为三界六道众生建造了净土堂，里面雕梁画栋，虹梁架回，冬天梁上鲜花照样盛开，没有下雨而重檐上似乎飘着雾气。神龙盘在玉阶上，伸着爪子；凤凰画在门口。做工的规模大，技术细致，耳坠镜子的奇妙，可以和天人媲美。怀恽法师又在堂内造阿弥佗佛像，以及观音与势至像，都相好奇特，仿佛照见三千大千世界，眼睛似乎能看见百亿生灵。净土堂内还有弥勒像，非常精致，衣带轻柔，有优填王造释迦佛像的神韵，既象如来那样自在，能降天界之魔，又象菩萨那样慈悲，能救下方之苦。

怀恽法师于大足元年(701 年)十月二十二日圆寂。神龙元年(705 年)，被唐中宗封为隆禅大法师。

善导法师还有一个弟子净业，和香积寺渊源更深。《大唐龙兴大德香积寺主净业法师灵塔铭并序》记载，净业法师俗名赵象，祖籍天水。唐高宗弘道元年(683 年)出家：

(净业法师)灵键入如来密藏，践菩萨之空门，凡所阐扬，无不锐可，叹未曾有。发菩提心，禀其归戒者，日逾千计。法师博济冥怀，冲用利物。尝以大雄既没，法僧为本，每至元正创启，周饰净场，广延高僧，转读真诰，游兴胜会，法服精鲜，受用道资，出于百品，预兹位者，应其成数，所施之物，各发一愿，愿力宏博，量其志焉，风雨不已，二十余载。

净业法师学习如来的藏经，践行菩萨的愿行。凡是他阐扬的经典，没有不被大家赞叹的。经过他的教化而发菩提心，皈依佛教的，每天都有千人以上。法师胸怀广阔，利益万物，认为既然释迦牟尼佛已经涅槃，僧人就是佛教的根本，每到寺庙的创建日，就把寺庙布置干净，请高僧来寺庙讲经。这是香积寺的盛会，僧人们都盛装出席，接受信众的布施。请来讲经的僧人，根据信众所纳的物品和数量，为其祝福。这样举行胜会二十多年，风雨不停息。

净业禅师塔

从以上介绍看，香积寺在长安地区是很有影响力的大寺庙。王维曾有《过香积寺》一诗："不知香积寺，数里入云峰。古木无人径，深山何处钟。泉声咽危石，日色冷青松。薄暮空潭曲，安禅制毒龙。"因为曾进入日本小学课本和中国高中课本，成为了著名的文化资源，引起了各地的一些争论。王维这首诗里所讲的香积寺到底是不是长安的香积寺？笔者认为不应该是，鉴于善导生前在士大夫中的威望，皇帝李治曾赐予一千多粒舍利子，武则天皇后经常到访布施，净业法师坐镇香积寺，"禀其归戒者，日逾千计"，每年都举行的盛大的讲经大会，这样的寺庙怎么讲都不可能给人以"古木无人径，深山何处钟"的印象。何况长安香积寺地处平原，也不在深山中，地势也不高，更不可能"数里入云峰"。王维生活于 701 至 761 年，这正是长安香积寺如日中天的时期，不可能如诗中所述般的偏僻景象。

净业法师于唐睿宗延和元年(712 年)圆寂，享年 58 岁。弟子思顼于开元十二年(724 年)在香积寺善导崇灵塔旁为其建舍利塔，其塔现今保存完好，可惜不在寺院院墙之内，而是处于一片柴草堆旁，荒凉凄惨之状，令人目不忍睹。

据王昌龄《香积寺礼拜万回平等二圣僧塔》："真无御化来，借有乘化归。如彼双塔内，孰能知是非。愚也骇苍生，圣哉为帝师。当为时世出，不由天地资。万回主此方，平等性无违。今我一礼心，亿劫同不移。肃肃松柏下，诸天来有时。"你们飘然而来，作为僧人归去，现今葬在双塔内，不再谈论人间的是非。你们说出的谶语，让苍生害怕；你们的神通让你们称为皇帝的老师。你们是乘势而出，却不靠天地资养。万回法师和平等法师双塔在这里，我今天来礼拜崇敬的心，一亿劫都不会改变。在香积寺青翠的松柏树下，我还有机会再来。

香积寺小塔

平等法师事迹无考，但万回法师则史籍记录不少。《景德传灯录》卷 27 记载：万回是今河南三门峡灵宝人，俗姓张，唐贞观六年五月五日生，从小就表现出惊人的预测能力。一日让家人洒扫说有贵客临门，当天玄奘法师来拜访，万回向玄奘法师谈论印度的风景，就像自己亲自去过一样。玄奘法师向他行礼，称他是菩萨。他有个哥哥叫万年，随军征伐辽东，其母想念，万回运用神通，一天就到辽东转了个来回，并把哥哥的信带了回来。万回与龙兴寺沙门大明是从小的玩伴，有一次到龙兴寺找大明法师，刚好正谏大夫明崇俨在寺内过夜，看见万回左右神兵侍卫，崇俨非常惊骇，第二天告诉大明法师。咸亨四年(873 年)唐高宗召入宫内。在武则天当政时，万回也被请入宫廷，并赐法号为法云公。

《神僧传》记载，武则天任用酷吏，经常随意罗织罪名。酷吏常常收买盗贼，让他们向政敌之家投掷蛊物或伪造的秘谶，用以诬陷政敌，许多家庭因此惨遭屠戮。博陵人崔玄暐官居高位，他的母亲卢氏为此非常担心，要把万回迎接到家里，预测下祸福。崔玄暐遵照母亲的吩咐把万回迎接到府中。卢氏向万回合什作礼，并施舍金匕筋一双。万回却理也不理，将金匕筋掷上堂屋，扭头就走。一家人见了，惊骇不已，都说这是不祥的预兆。卢氏令仆人登屋顶，去取回金匕筋，仆人却在金匕筋下拾得一卷书。拿下来一看，竟是一本谶纬之书。崔玄暐大惊失色，立刻命人将书烧毁。过了几天，朝廷忽然派人来到崔家，搜索图谶之书，原来是有人诬告崔玄暐。幸亏没找到图谶之书，崔玄暐才幸免于难。中宗末年，万回曾预言韦后将被三郎诛杀，韦后以为中宗李显排行第三，是万回说的三郎，就提前下手，毒死了中宗。不意三郎指的是唐玄宗。当时安乐公主将要和韦后谋逆，路上碰到万回，公主走过去后，万回骂道："腥气臭不可闻！"后来安乐公主果然被诛杀。唐玄宗在藩邸时，去拜会万回，万回赶走众人，将他拉入屋里，抚着他的背说："五十年太平天子。"景云二年(711 年)辛亥十二月八日，万回卒于长安醴泉里，享年 80 岁。713 年正月十五日葬于京西香积寺。

安史之乱，给香积寺带来了厄运。唐玄宗天宝十四年(755 年)，安禄山突然发难，攻入潼关，占领了关中，玄宗仓皇逃入了四川。《旧唐书》记载，唐肃宗至德二年(757 年)，安禄山被其子安庆绪所杀，九月，唐军元帅广平王李俶(即后来的唐代宗)率朔方、安西、回纥、南蛮、大食等联军二十万，进攻长安，在香积寺附近与叛军十万众决战。

为何将战场选在香积寺附近？原来香积寺所在的神禾原的南面就是著名的子午谷，这正是从汉中到长安最近的一条通道，历来是兵家必争之地。当时的具体情况，史书记载得很清楚：

> 庚子，诸军俱发；壬寅，至长安城西，陈于香积寺北澧水之东。李嗣业为前军，郭子仪为中军，王思礼为后军。贼众十万陈于其北，李归仁出挑战。贼军大至，逼我追骑，突入我营，我师嚣乱。嗣业谓郭子仪曰："今日之事，若不以身啖寇，决战于阵，万死而冀其一生。不然，则我军无子遗矣。"嗣业乃脱衣徒搏，执长刀立于阵前大呼，当嗣业刀者，人马俱碎，杀十数人，阵容方驻。前军之士尽执长刀而出，如墙而进。嗣业先登奋命，所向摧靡。是时，贼先伏兵于营东，侦者知之，元帅广平王分回纥锐卒，

令击其伏兵，贼将大败。嗣业出贼营之背，与回纥合势，表裏夹攻，自午及酉，斩首六万级，填沟壑而死者十二三。贼帅张通儒、安守忠、李归仁等收合残卒，东走保陕郡。仆固怀恩言于广平王俶曰："贼弃城走矣，请以二百骑追之，缚取安守忠、李归仁等。"俶曰："将军战亦疲矣，且休息，俟明日图之。"怀恩曰："归仁、守忠，贼之骁将，骤胜而败，此天赐我也，奈何纵之！使复得众，还为我患，悔之无及！战尚神速，何明旦也！"俶固止之，使还营。怀恩固请，往而复反，一夕四五起。迟明，谍至，守忠、归仁与张通儒、田乾真等皆已遁矣。癸卯，大军入西京。

广平王入京师，老幼百万，夹道欢叫，涕泣而言曰："不图今日复见官军。"初，上欲速得京师，与回纥约曰："克城之日，土地、士庶归唐，金帛、子女皆归回纥。"至是，叶护欲如约。广平王俶拜于叶护马前曰："今始得西京，若遽俘掠，则东京之人皆为贼固守，不可复取矣，愿至东京乃如约。"叶护惊跃下马答拜，跪捧王足，曰："当为殿下径往东京。"即与仆固怀恩引回纥、西域之兵自城南过，营于浐水之东。百姓、军士、胡虏见俶拜者，皆泣曰："广平王真华、夷之主！"上闻之，喜曰："朕不及也！"俶整众入城，百姓老幼夹道欢呼悲泣。

唐朝趁安禄山被杀的机会，集合回纥、大食等联军二十万，以李嗣业为前军、郭子仪为中军、王思礼为后军，与对方十万军队对阵。贼帅李归仁首先率军冲击唐军，打乱了唐军的阵脚，李嗣业脱下上衣，光着膀子，挥舞大刀，砍倒了十余人，才将阵脚稳住，大刀队如墙而进，敌军大乱。回纥军队也击败了敌军的埋伏军队，从敌军后面杀出，双方夹击，敌军溃败，斩首六万，掉在沟壑里死去的十之二三。唐将仆固怀恩想乘胜追击，再三向广平王求战，广平王不许。

广平王率军进入长安，夹道欢迎，好多人哭着说："没有想到今日又见到了官军。”当初皇帝想快点拿下长安，与回纥叶护订立盟约，攻下长安后，土地、百姓归唐，金银财物以及女子归回纥。等拿下长安后，叶护要广平王兑现诺言。广平王向叶护施礼，说如果现在纵兵抢掠长安，那么洛阳的百姓就会与叛军一起守城，那洛阳就不好拿了。不如等拿下洛阳后再如约定。叶护答应了。于是广平王率领蕃汉军队进入长安，老百姓都说，广平王真是华夷的共主啊！肃宗听说后也感叹，我不如广平王啊！

香积寺之战，战场就在香积寺附近，可想寺院会遭到极大的破坏。这是香积寺的第一次劫难。

唐德宗建中四年(783 年)，泾原兵变，乱军开进长安，拥护朱泚为皇帝，唐德宗逃走。驻守梁州，指挥唐军收复长安，双方鏖战九个月之久，才收复长安，击败叛军。但在收复长安的过程中，官军挖开了滈水上的龙首、香积两道堤坝，以断绝长安城中的水源。朱泚也派人到此维修水源，双方有过争斗，香积寺受到第二次破坏。

会昌五年(845 年)，唐武宗在道士赵归真的蛊惑下，发起了灭佛运动。唐武宗灭佛，影响深远，史载共拆毁寺庙四千六百余所，还俗僧尼二十六万五百人，拆毁招提、兰若四万余所，收良田数千万顷。香积寺也在拆毁之列，这是它的第三次遭难。

香积寺碑廊

宣宗上台后香积寺可能又有恢复，但五代时期后周世宗柴荣灭佛，香积寺第四次受难。县志记载，北宋太平兴国三年(978 年)，香积寺改名为开利寺，原因不详。明嘉靖年间(1522—1566 年)，进士王鹤曾到访香积寺，留下诗一首：“古塔依萧寺，长川抱滈河。林森青霭合，地僻白云多。春意催花鸟，幽情寄薜萝，探奇得胜境，税驾自岩阿。郊夕牛羊下，村归渔牧歌。佛光天上转，僧影目中过。问法驯山鬼，栽诗敌睡魔。三千空世界。到处是行窝。”说明明代晚期，香积寺崇灵塔仍在，僧人的法事活动仍在进行，寺庙周围建有村庄。

明代万历十六年(1618 年)，金石学家赵崡游香积寺。留下了《宿香积寺——寺北汾阳破贼处》：“野寺荒原上，登登径转遥。禅房穿树梢，珠阁擘山腰。坐久花频落，谈深鸟故骄。淹留从世衲，寂寞话前朝。”这一年，赵崡去世，二十多年后，明朝灭亡。赵崡专门题及了香积寺是汾阳破贼处，是否预感到了清兵将要入寇中原呢？

清代乾隆三十二年(1766 年)，香积寺住持僧续桂在信众王好敏、王谋、周养厥、王光秀等人的支持下，由匠人梁可烈、苗惠礼对寺庙进行了一次修整。事迹刻在崇灵塔上的一块写着“涅槃盛事”的横额上，保留至今。

清同治年间回民起义，关中地区的多数寺庙和道观均毁于战火，香积寺也未能幸免于难。

1953 年文物普查时，仍有精刻文物 119 件，现多被砌在东墙上，供人观赏。1957 年，康寄遥居士去调查时，香积寺占地三亩多，有大殿三间，金刚殿三间，僧房三间，门楼一间。大殿供阿弥陀佛像，金刚殿为村小学借用。当时香积寺住寺僧人五人。

作为善导大师塔院所在地，香积寺在日本也颇有影响。唐代善导的作品就全部传入日本。日本净土宗的创始人法然上人(1132—1212 年)，名源空，号法然，少年学天台，后转净土。他在读了善导大师的著作后，对这位大师非常向往，他自述曾做过一个很真实的梦：

一夜梦见有一大山，南北悠远，峰顶至高。其山西麓有一大河，傍山出北南流，滨畔渺茫，不知崖际，林树繁茂，莫知几许。予心飞扬登于山腹，遥视西岭空，间有紫云一片，去地可五丈。意之何处，有往生人观此瑞相。须臾彼云飞来头上，仰望孔雀鹦鹁众鸟出于云中，游戏河滨。此等众鸟，身无光明而照耀无极，翔飞复入云中。予为稀有想。少时彼云北去，复隐山河。复以为山东有往生人迎之。既而须臾彼云复至头上，渐大遍覆一天下。有一高僧，出于云中，住立吾前。予即敬礼瞻仰尊容，腰上半身，寻常僧相，腰下半身，金色佛相。予合掌低头，问曰："师是何人？何以今来此耶？"答曰："我是唐善导也。"又问："时去代异，何以今来此耶？"答曰："汝能弘演专修念佛之道，甚为希有，吾来证之。"又问曰："专修念佛之人，皆得往生耶？"未答乃觉。觉已，圣容如尚在也。建元九年五月二日记之，源空。

后来日本人对照寻找，发现京都净土宗总本山知恩院所在的真葛原和法然上人所述的山川地貌相同，于是称之为"真葛原之会"。日本净土宗，现在有十四个宗派，八千多寺庙，四所大学，信众据说有六百万人。

1975 年，日中友好佛教协会就提出了修缮香积寺的请求。1978 年、1979 年，日本佛教团两次到香积寺访问，并捐出人民币二十万元。1980 年是善导圆寂一千三百周年纪念日。中日双方决定共同举办纪念法会。中国方面对善导塔进行了维修加固，重建了大雄宝殿和法堂殿。

1980 年 5 月 13 日，日方在武田裔彦团长的带领下，一行二十六人抵达西安。隆重举行了法会。1982 年 11 月 15 日是法然上人诞辰八百五十周年纪念日，双方共同纪念这个节日，双方协定，日方制作善导、法然二祖对坐像，双方将之安置在善导塔内。1982 年 11 月 14 日，双方汇合于西安，第二天举行了二祖对面法会，日方还是由武田裔彦团长率领，一行一百人，中方僧尼居士五十一人。会后，日本方面布施三万日元、书籍以及其他物品。西安方面也回赠不少礼品。

近年香积寺有了较快的发展，寺庙焕然一新，恢复了昔日"骑马过山门"的气势，对外交流日益增多。本昌法师是甘肃人，生于 1967 年 9 月，依香积寺续洞老和尚修行念佛法门。1994—1998 年担任香积寺知客。1996 年监工塑造香积寺天王殿的四大天王像。1998—1999 年担任香积寺监院。1999 年续洞老和尚圆寂后，一直主持香积寺事务，并被推选为陕西省佛协理事。2001 年 10 月和 2002 年 8 月，在香积寺主持举办“中日佛教祈祷世界和平法会”。2012 年 5 月 22 日，本昌法师举行了方丈升座仪式，香积寺又翻开了新的一页。

净土宗祖庭悟真寺

悟真寺位于西安东蓝田县的王顺山，风景秀丽，环境优雅，是长安地区笔者最喜爱的寺庙。遗憾的是，尽管拥有无可争议的历史文化资源，其净土宗祖庭的地位却一直存在争议。有鉴于此，追溯悟真寺的历史，还原其历史真实与地位，便显得十分必要。

上悟真寺山门

关于悟真寺的研究很少，目前最好的研究成果是蓝田县的周仲民先生取得的。周先生抱着对家乡的挚爱，以理工科的背景从事悟真寺的研究，筚路蓝缕，初步整理出了悟真寺的历史轮廓，写成了《悟真寺》一书，该书今又再版，对扩大悟真寺的影响，可谓功不可没。但周先生所述许多史迹，未列出处，令人疑惑。譬如说南北朝时期悟真豁谷水陆法会很兴盛，就不知来由，难道是由传说悟真寺所在之处是宝志和尚分身之处，而梁武帝创建了水陆法会的仪轨，梁武帝又宠信宝志，就推知南北朝时期悟真豁谷水陆法会很兴盛？又说“悟真寺因有迦叶佛坐化涅槃之说，水陆法会之盛，也是奉藏舍利建造灵塔的京郊寺院之一。”却不引自何出处，笔者查了很多资料，并未见到隋文帝向悟真寺分舍利之说，当时关中地区分得舍利的寺庙是仙游寺，所以不能因为悟真寺有舍利，就推定是隋文帝时期所送。再如讲到姚秦鸠摩罗什的弟子道恒：“公元 410 年左右，道恒避居悟真豁谷，取‘顿悟真说’之意，自号所居为悟真山舍。”如此重要的史迹，却不见出处，不知周先生从何处得知？笔者查阅其所引的《高僧传》，只有道恒是蓝田人的记述，后“缅迹人外”，并未见到其回到蓝田的说法，更未提及“悟真豁谷”、“悟真山舍”的语句。再如周先生认为，《观经疏》、《往生礼赞偈》、《净土法事赞》、《般舟赞》、《观念法门》等多部论著都是在悟真寺写的，不知有何根据？都未明示出处。故本章对周先生的介绍，有所取有所弃，如果有说不对的地方，也希望周先生明示出处，方家不吝批评指正，这样也能推动对悟真寺的研究。

蓝谷在北朝时期有佛教进入，这是毫无疑问的。蓝谷东侧佛爷腰摩崖石刻的开凿就是明证。据周先生介绍，佛像造型为东方妙喜世界的阿閦佛，端坐于莲台宝座，施触地印，胁侍菩萨手持吉祥果，左右侍立(同样未列出依据，姑且依之)。民间更传说过去世迦叶佛曾来此弘法，并在此坐化涅槃，传说他用过的铁钵直到唐代还在。还传说此地在南北朝时期，著名的宝志和尚曾分身挂锡，但都不是可靠的史料。这些都说明当时蓝谷可能有寺庙存在，但这些都不能说明当时的寺庙就有悟真寺。

笔者认为，悟真寺的建立是在隋朝。《宋崇法寺重建多宝塔碑文》介绍：“长安东南隅有王顺山，中有寺乃是隋朝兴建……昔在隋兴，今还宋就。”

宋人关于悟真寺始建于隋代的说法，值得我们重视。就笔者所搜集到的史料而言，也大致与此相符。

一、隋代的悟真寺

王顺山

我们认为，悟真寺的真正建立者为隋代的净业法师，但净业法师所建的悟真寺，规模不大，应该属于精舍之类的小寺。据《续高僧传》卷12介绍，释净业，俗姓史，今湖北随州人。自幼出家，拜师于隋代三僧之一的净影慧远法师，学习涅槃等经。后来慧远法师被朝廷招入京师大兴城(今西安)，净业随从。后来又从学于昙迁法师学习《摄大乘论》。“开皇中年，高步於蓝田之覆车山，班荆采薇，有终焉之志。诸清信士，敬揖戒舟为筑山房，竭诚奉养，架险乘悬，制通山美，今之悟真寺是也。”《续高僧传》说得很清楚，大隋开皇年间，净业法师来到蓝田，在“清信士”即信众的帮助下，“架险乘悬，制通山美”筑成山房，就是今天的悟真寺。当时净业法师喜欢蓝谷之美，有在此地终老的打算。但树欲静而风不止，仁寿二年，隋文帝命净业法师送舍利于安州之景藏寺。隋炀帝大业四年，被杨广召入鸿胪馆，教授外国来华学经的僧人，大业九年(613年)复召住禅定寺。大业十二年圆寂。

悟真寺一建立就吸引了不少高僧入住，知名的有慧超和法诚。《续高僧传》卷28介绍，释慧超，丹阳建元人。早年喜诵《法华经》，闻光州大苏山慧思禅师独悟一乘，善明三观，前往追随，与天台智者大师为同学。慧思对慧超很欣赏，曾对众人讲：“超之神府，得忍人也。”认为他是见道的人。慧思后来去南岳衡山，慧超也跟随前往。隋朝建立后，慧超北上嵩山，服食饵药，坐禅静修，想在嵩山终老。可是隋太子杨勇召集佛教名德总会于大兴城(今西安)，将慧超召入京师，看到慧超业行不群，特留供养。但慧超对俗世的虚荣没有留恋，并不因此而涉入政治，所以杨勇被废后，慧超能“一无所涉”。后来净业法师居蓝田谷之悟真寺，钦佩慧超有道行，躬事邀迎。于是慧超前往悟真寺，与净业法师在蓝田悟真寺隐居八年。隋炀帝大业年间曾被朝廷召出，后以身病坚辞回山。慧超的弟子善义法师，常住蓝田悟真寺，曾诵《法华经》万遍，在唐代以弘扬法华知名。

真正将悟真寺扩建成大寺庙的是法诚。释法诚，俗家姓樊，雍州万年人，童小出家，住蓝田王效寺，拜沙门僧和为师。法诚主要研究与弘扬《法华经》。隋文帝曾请其出山，法诚坚辞不出，甚至为了躲避朝廷的任命而负笈行脚。因见慧超隐居在幽静的蓝谷悟真寺，便也在悟真寺住下，同研法华。由于此时的悟真寺只是一个精舍，非常简陋，仅有一床之地，别无他物。法诚于是便四方筹措，扩建悟真寺，《续高僧传》卷 28 讲，他“划迹开林，披云附景，茅茨葺宇，瓮牖疎檐。”悟真寺才由“兰若”变成了真正的寺庙。法诚深得法华三昧，曾梦感普贤菩萨现身，希望他抄写经书，弘扬大教。法诚认为，大教即大乘佛法也，诸佛智慧即是所谓般若，于是雇佣匠人抄写了八部般若经。法诚对《华严经》也很重视，曾于寺南横岭造华严堂。法诚曾高价聘请当时的一个著名的抄书人张静为其抄经，经抄完毕后，百鸟飞来徘徊不去，时人皆叹祥瑞。贞观初年，又在悟真寺造画千佛像，鸟

上山的山路

又飞来登上匠人之脊背。法诚雅好文墨，山路崖边的经偈文，都是他所书写。他出资维修山道，史载“凿山堙堑，列栋连甍，前对重峦，右临斜谷，吐纳云雾，下瞰烟虹，实奇观也。”使行人不受颠簸之苦。贞观十四年(640 年)夏圆寂，享年 78 岁。法诚扩建后的悟真寺，已经不是精舍之类的小寺庙了，而是风景优美、道路通畅的大寺庙了。

隋唐时期悟真寺的高僧还有保恭法师。据《续高僧传》卷 11 介绍，保恭法师俗家姓崔，祖籍青州。其家族于晋永嘉年间南迁于建业(今南京)，其父曾当过刺史。十一岁那年投灵法师出家，灵法师想测试下这个孩子的智力，就教他读《观音经》，保恭一夜就领悟了，灵法师很惊讶，就度他出家。后来灵法师圆寂后，保恭又跟随彻法师学习《成实论》，跟随惠晓禅师学习禅定，但是有些疑问始终不能排除，后来向高昌的嵩公学习《十地经论》，不到一年，前面的疑问半数已经贯通，于是开始用所学经论弘扬《法华经》。南陈至德初年(583 年)，南京摄山的慧布法师，请保恭法师来栖霞寺弘法，很有成效，史载“故得栖霞一寺道风不坠，至今称之咏歌不绝。”保恭又向慧布学习三论，以前的疑惑全都消释。慧布圆寂后，保恭执掌栖霞寺，一直到隋仁寿末年，献后死亡，隋文帝为献后造禅定寺，征召保恭进京为禅定寺主持，杨广与萧后之子隋齐王杨暕奉其道德，礼以为师。后看到隋王朝内部危机重重，就到蓝田悟真寺修行，准备在这里终老。大业九年(613 年)，杨玄感叛隋，僧人中有妒忌保恭的僧人去官府告密，诬陷保恭与叛军有来往，于是隋兵包围了寺庙，众僧都惊慌失色，慌乱奔走，保恭说，自己不觉得有事，官府来问，我给讲清楚就行了，继续登堂讲经，面无异色，众人都很敬佩。隋亡唐兴，武德二年(619 年)，唐高祖李渊召其回京，并改禅定寺为大庄严寺，保恭还为寺主。后李渊欣赏其品德才能，任命保恭为“纲统”，即管理僧人的僧官。武德四年(621 年)十二月十九日卒于大庄严寺，春秋八十。

隋朝时期的悟真寺，高僧普遍信奉《法华经》。《法华经》是大乘佛教兴起初期形成的一部经，素有“经王”之称，在日本被称为“护国三经”之一。

其主旨是论证大乘佛经是释迦牟尼佛所说，小乘佛教经文只是释迦佛的权宜之说。经中的“药草喻”、“三车喻”、“穷子喻”、“化城喻”等譬喻，“二佛并坐”、“观音救难”、“常不轻菩萨”、“药王菩萨”、“普贤护持”等都是佛教界非常有名的典故，对观音信仰的兴起，对三阶教的兴起，对普贤信仰的兴起，对中国僧人“舍身供法”的思想与实践，对大乘佛教在中国取得压倒性优势都有决定性的影响。

二、唐代的悟真寺

进入唐代早期，悟真寺还是以法华信仰为主流。唐代早期悟真寺的高僧还有慧远法师。此慧远法师并非隋代高僧净影慧远法师，更非东晋高僧庐山慧远，而是唐代弘扬法华的慧远法师。释慧远，俗姓杜，陕西人也，年仅十岁就投三论祖师吉藏法师出家。慧远博文多识，善讲《法华经》，皆自作章疏。曾在长安弘讲《法华经》，受到时人的推崇。晚年居住蓝谷悟真寺，乘闲乐道，十有余载。据传其在悟真寺宣讲《法华经》，曾感得二龙前来听经，为时人降雨，非常灵验，悟真寺因而在寺内建立“画龙堂”，朝廷因而也拨出专款维修，悟真寺在唐代的发展，部分得益于此。慧远法师于贞观二十一年（647年）圆寂，享年 51 岁。

山下的蓝田

贞观初年，悟真寺还有僧归真。据《集神州三宝感通录》卷下记载，当时有两名采蜜人，在王顺山行走，听到钟声，于是寻声而至一片大竹林，其竹竿粗大，两个竹节即盛下五斗蜜。下山后告诉看山的人，此大竹可以伐取牟利，于是山民上山取竹，却被二虎吓退。悟真寺僧归真听说此事，觉得自己少小就住在此山，熟悉山路，就上山去寻找那片竹林，却迷路而回。

《法苑殊林》记载，唐高宗永徽年间(650—655年)，悟真寺要在北边修别院，有块大石头横亘在地基上，用铁锤将之击破，中间发现有金像一尊，高五寸许，不是人工制作，为当时人所稀奇。

据《释门自镜录》记载，华严宗的实际创立人法藏曾担任过悟真寺的上座。当时思礼是悟真寺的和尚，他是蓝田本地人，出家仅仅只是混口饭吃，咸亨年间(670—674年)，趁着众僧夏安居，思礼将佛像内藏的丝绢偷走。众人不知是谁干的，纷纷议论，上座僧法藏认为，护法伽蓝菩萨肯定知道，窃贼必定会被神打。至夜思礼果然被白衣神所打，几乎丧命。这里的法藏法师，应该就是华严宗的实际创立人康法藏。据《大唐大荐福寺故大德康藏法师之碑》讲，康法藏法师也曾来悟真寺求雨。唐睿宗景云年间(711年)关中大旱，冬天又不下雪。皇帝诏请法藏祈雨，法藏讲有《随求经》，中有大自在陀罗尼，如果结坛城，写咒语，投于龙池，则可降雨。于是奉皇命到蓝田悟真寺龙池求雨，作法后，不到十日天降大雪。另外一个旁证是康法藏曾请清虚法师为悟真寺找水源。《宋高僧传》卷25记载，释清虚，俗姓唐，梓州人。归心般若，常有神异。长安二年(702年)，独游蓝田悟真寺。悟真寺上院(说明唐代时悟真寺已有下院)原来没有水井，打井打不出水，僧人只好远去山涧取水，十分辛苦。当时华严法藏大师，听说清虚常有神异，于是请其为悟真寺请水。清虚法师即入弥勒阁内焚香，诵经三天三夜，忽心中似见三玉女在阁西北山腹，以刀子剜地，随便有水。清虚法师熟记其处，起来后去那里挖掘，果然甘泉流出，用之不竭。因此也知道当时悟真寺内有弥勒阁，也可证明康法藏确实在悟真寺担任过上座，算是正式的悟真寺僧人。

唐代悟真寺常住的高僧还有玄际。据《弘赞法华赞》卷10，释玄际，也名静务，俗姓刘。其祖上曾为隋坡州刺史。年十一岁就出家，年三十二岁即被推举为京师长安大兴善寺维那。但在京师担任大寺要职并非其所好。玄际性爱山水，深思闲寂，就在咸亨年间(670—674 年)入住蓝田悟真寺，习诵法华与般若。读诵《法华经》，常梦得观音菩萨现身。当时有秘书省校书郎刘玄，信奉佛教，与玄际法师交好。仪凤二年(677 年)的一天，玄际法师资助刘玄抄《法华经》。刘玄沐浴更衣，在悟真寺禅师院，抄《法华经》到第三卷，见其经本轴上大放光明，其光长二尺余，光芒达到窗户边。当时玄际法师和康法藏法师都在现场，感到十分惊异。于是大家筹资建立悟真寺“经净屋”，供奉所抄《法华经》，679 年 3 月翻新。679 年 10 月又在王顺山北岭建立“经净屋”。玄际在悟真寺长住三十余载，于神龙二年(708 年)三月一日圆寂，享年 67 岁。

善导(613—681 年)，俗姓朱，山东临淄人，幼年投密州明胜法师出家，初诵法华与维摩。有一日看到西方净土变相(即描画西方极乐世界胜景的图画)，感叹说，应该托身于西方净土。但却始终修不得法，想到净土法门众多，如果与自己不契机，势必学而不进。于是他就信手在一堆净土经书中取出一经，发现是《无量寿观经》，便发心修习“十六观”。善导修习“十六观”很有心得，他感叹道：“这真是进入佛门的关键啊！修习别的法门迂阔难成，唯有此观法能迅速超脱生死。”但他还觉得没有名师指导，未能完全体证其妙，于是先往庐山，巡礼慧远遗迹，“后遁迹终南悟真寺，未逾数载，观想忘疾已成深妙。便于定中备观宝阁瑶池，金座宛在日前，涕泗交流举身投地，既获胜定随方利物。”据说善导在悟真寺修习数年，得到悟真寺诸位名僧的悉心指导，已经获得“胜定”，“十六观”已经成就，可看到“宝阁瑶池”与“金座”。

善导倡导的西方净土法门，在悟真寺影响很大，悟真寺里也有不少修净土的僧人，史料提及有惠镜。据《三宝感应要略卷之上》讲，悟真寺释惠镜，山东淄州人。出家后颇有工巧，曾自造释迦牟尼佛像与阿弥陀佛像各一尊，常年供养礼拜，六十七岁那年正月十五日夜，忽然梦见有一沙门，引领他到了西方净土，并见到了阿弥陀佛，佛告诉他，释迦佛与弥陀佛的关系，正如人之父母。小儿掉到泥沼中，父亲将其抱上岸，母亲给予其温暖。故而释迦佛如父，教化娑婆世界受苦之众生，认识到人世间的烦恼。而弥陀佛则将已经领悟的众生引导至西方极乐世界，给予其永远的幸福。十二年后，惠镜果然往生西方净土。

唐代的悟真寺到底是什么样子，寺内是何格局，幸有白居易《游悟真寺》存世，我们还能大致了解当时的情况。让我们跟随白乐天的步伐，一起去畅游唐代的悟真寺吧！

> 元和九年秋，八月月上弦。我游悟真寺，寺在王顺山。去山四五里，先闻水潺湲。自兹舍车马，始涉蓝溪湾。手拄青竹杖，足蹋白石滩。渐怪耳目旷，不闻人世喧。山下望山上，初疑不可攀。谁知中有路，盘折通岩巅。

主要讲从蓝溪湾进入王顺山，山势险要，但有路可登。

> 一息幡竿下，再休石龛边。龛间长丈余，门户无扃关。仰窥不见人，石发垂若鬟。日月光不透，绿阴相交延。幽鸟时一声，闻之似寒蝉。首憩宾位亭，就坐未及安。须臾开北户，万里明豁然。拂檐虹霏微，绕栋云回旋。赤日间白雨，阴晴同一川。野绿簇草树，眼界吞秦原。渭水细不见，汉陵小于拳。却顾来时路，萦纡映朱阑。历历上山人，一一遥可观。

写诗人穿过阳光进不去的密林，停留的第一站，是幡竿下的石龛，诗人在此歇脚，并借此机会眺望山下，看到渭水已经细小得看不见，汉陵已经没有拳头大，上山下山的游人不断。

“前对多宝塔，风铎鸣四端。栾栌与户牖，恰恰金碧繁。云昔迦叶佛，此地坐涅槃。至今铁钵在，当底手迹穿。”说明唐代悟真寺前就有多宝塔。关于多宝塔，出自《法华经》的《见宝塔品》：“尔时佛告大乐说菩萨，此宝塔中，有如来全身，乃往过去，东方无量千万亿阿僧祇世界，国名宝净，彼中有佛，号曰多宝。其佛行菩萨道时，作大誓愿，若我成佛、灭度之后，于十方国土、有说法华经处，我之塔庙，为听是经故、涌现其前，为作证明，赞言、善哉。”“尔时多宝佛，于宝塔中分半座与释迦牟尼佛，而作是言，释迦牟尼佛可就此座。即时释迦牟尼佛入其塔中，坐其半座，结跏趺坐。尔时，大众见二如来在七宝塔中师子座上结跏趺坐，各作是念，佛座高远，唯愿如来以神通力，令我等辈俱处虚空。”

白居易所说的幡竿

其主要内容是讲过去世有一个宝净世界，教主为多宝佛，涅槃后常坐于宝塔中，每听到有人讲《法华经》，并且所讲正确，就驱动宝塔，从地中涌出，证明所讲经文正确无误。适逢释迦牟尼佛讲《法华经》，多宝佛坐宝塔从地涌出，并分其座位之半给释迦佛，二佛并坐。今悟真寺前还有多宝佛塔，就是《法华经》中《见宝塔品》的表现，其中两佛并坐的造像，在南北朝隋代非常流行，疑为法诚或其弟子们所建，唐白居易时还在，后来屡毁屡修，至今还存。

西开玉像殿，白佛森比肩。斗薮尘埃衣，礼拜冰雪颜。叠霜为袈裟，贯雹为华鬘。逼观疑鬼功，其迹非雕镌。次登观音堂，未到闻栴檀。上阶脱双履，敛足升净筵。六楹排玉镜，四座敷金钿。

这段诗文告诉我们，唐代时期的悟真寺有玉佛殿，供有白色的玉佛，做工很精美，“逼观疑鬼功，其迹非雕镌”，有鬼斧神工之妙。当时的悟真寺还有观音堂，香火十分旺盛。

唐代的悟真寺还藏有舍利子，并且不止一粒，因为诗歌讲“双瓶白琉璃，色若秋水寒。隔瓶见舍利，圆转如金丹。”两个瓶子内都有舍利子。

山果不识名，离离夹道蕃。足以疗饥乏，摘尝味甘酸。道南蓝谷神，紫伞白纸钱。若岁有水旱，诏使修蘋蘩。

蓝关栈道

悟真寺旁边的山路上，有不知名的野果子，味道甜酸，可以充饥。还供奉有蓝谷山神，非常灵验，每有水旱灾害，皇帝就会下诏求雨，并出资修葺。

“上有白莲池，素葩覆清澜。闻名不可到，处所非人寰。”山上有白莲池，白色的莲花覆盖在青青的水面上，由于山势险要，我虽慕名却不能到达。

“又有一片石，大如方尺砖。插在半壁上，其下万仞悬。云有过去师，坐得无生禅。号为定心石，长老世相传。”唐朝时期的悟真寺附近还有一块“定心石”，悬在峭壁上，据说是过去某位禅师，在悟真豁谷修禅，坐得“无生禅”，涅槃后成为化石，与峭壁结为一体。

“却上谒仙祠，蔓草生绵绵。昔闻王氏子，羽化升上玄。其西晒药台，犹对芝术田。”可见当时附近有谒仙祠，供奉的是仙人王顺，据说曾在此地羽化成仙。谒仙祠西边是“晒药台”，估计是王顺用来晾晒服食饵药的。还有所谓的“芝术田”，估计是用来种植药材的小片土地。

“时复明月夜，上闻黄鹤言。回寻画龙堂，二叟鬓发斑。想见听法时，欢喜礼印坛。”可见当时悟真寺内还有所谓的“画龙堂”，里面有两位老叟在听讲座。“画龙堂”内为何供奉两位老叟？也有典故。据《弘赞法华传》卷3记载，吉藏法师的弟子，高僧慧远法师曾于贞观十九年，在寺夏坐。当时天气干旱，慧远于是讲《法华经》以祈雨，慧远发现有两位老者，坐在自己前面听讲，自己并不认识二人。当他讲到《药草喻品》时，大雨滂沱。后来有三天不见二老，第四天二老又现。他问二老何人，二叟回答，弟子龙也，听到法师讲《药草喻品》，受到感触，于是降雨于世间。但由于违背了龙王的意志，在不该降雨的时刻降雨，被龙王鞭打，故而三日不来。

“往有写经僧，身静心精专。感彼云外鸽，群飞千翩翩。来添砚中水，去吸岩底泉。一日三往复，时节长不愆。”这里指的就是隋代高僧法诚。法诚曾高价聘请当时的一个著名的抄书人张静为其抄经，经抄完毕后，百鸟飞来徘徊不去，时人皆叹祥瑞。

“经成号圣僧，弟子名杨难。诵此莲花偈，数满百亿千。身坏口不坏，舌根如红莲。颅骨今不见，石函尚存焉。”这里讲的是关于悟真寺的一个奇异的典故。事情见《宣室志·悟真寺僧》：“唐贞观中，有王顺山悟真寺僧，夜如蓝溪，忽闻有诵《法华经》者，其声纤远。时星月回临，四望数十里，阒然无睹，其僧惨然有惧。及至寺，且白其事于群僧。明夕，俱于蓝溪听之，乃闻经声自地中发，于是以标表其所。明日，穷表下，得一颅骨在积壤中。其骨槁然，独唇吻与舌鲜而且润。遂持归寺，乃以石函置于千佛殿西轩下。自是，每夕常有诵《法华经》声在石函中。长安士女观者千数。后新罗僧客于寺，仅岁余，一日，寺僧尽下山，独新罗僧在，遂窃石函而去。寺僧迹其往，已归海东矣。时开元末年也。”

舍利塔

这里讲的是唐贞观年间，悟真寺有个僧人夜晚从蓝溪过，忽然听到有人在读《法华经》，可是他四处寻找，却不见有人，于是他非常害怕，赶回寺内，告诉众人。众人赶到，发现声音是从地下传出，于是作出标记后，第二天持锄头刨开地面，发现有一颅骨，在念《法华经》。该颅骨已经枯槁，只有嘴唇与舌头完好如初。于是众僧将之装入石匣，放入“千佛殿”内。从此每夜都有读《法华经》的声音从中传出。因而悟真寺声名大振，长安善男信女纷纷前来观看。在开元末期(740 年左右)，有一新罗僧人来到悟真寺，住了一年多，趁着众僧下山，将头骨偷走。

“粉壁有吴画，笔彩依旧鲜。素屏有褚书，墨色如新乾。灵境与异迹，周览无不殚。一游五昼夜，欲返仍盘桓。”悟真寺内还有吴道子所画的佛教壁画，褚遂良所写的书法，虽时隔百年之久，依然像刚刚完成的一样，白居易在此观赏了五昼夜，仍然舍不得离开。

我本山中人，误为时网牵。牵率使读书，推挽令效官。既登文字科，又忝谏诤员。拙直不合时，无益同素餐。以此自惭惕，戚戚常寡欢。无成心力尽，未老形骸残。今来脱簪组，始觉离忧患。及为山水游，弥得纵疏顽。野麋断羁绊，行走无拘挛。池鱼放入海，一往何时还。身着居士衣，手把南华篇。终来此山住，永谢区中缘。我今四十余，从此终身闲。若以七十期，犹得三十年。

全诗的最后，是诗人所发的感慨，他认为自己本来就应该是在山里隐居修行的人，不意被命运牵引，考上科举，当上命官，但性格又不合时宜，不适合从政，在宦海里空转，因此郁郁寡欢。还没有所作为，就已经老了。只有走进深山，才如同野鹿跳出了羁縻，鱼儿放入了大海，感觉身心无比自由与畅快，发现了本真。于是穿上居士服，拿上《南华经》，希望能够在此山中居住，远离俗世的牵绊。我近年四十岁，决

悟真寺建筑样式

心从此抛却世间的功名与利禄，专心于修身养性，就算我能活到 70 岁吧，还有三十年的幸福时光啊。查白居易的年谱可知，他生于 772 年，四十岁来悟真寺游玩时，刚好是 812 年，他活到 846 年，享年 75 岁，比他中年的期望要多活五年。不过由于后来形势的变化，他并没有在蓝田隐居，而是到了洛阳的龙门山。但是，悟真寺的这次感悟，却是白居易一生的转折点，之前的白居易是入世的，奉行的是儒家治国平天下的人生理念；之后的白居易是出世的，奉行的是道家和佛家的人生理念。

唐代游悟真寺的文人很多。著名的有王维《游悟真寺》："望云思圣主，披雾隐群贤。薄宦惭尸素，终身拟尚玄。谁知草庵客，曾和柏梁篇。"表达的意思和白居易非常相近，诗人看到玉山清净，感觉自己做官是尸位素餐，抱负难酬，打算终生在此隐居，就算做个隐士，住在草庵中，诗人的文采终不能被掩盖吧！后来王维果然隐居在蓝田的辋川多年。

卢纶著有《题悟真寺》"万峰交掩一峰开，晓色常从天上来。似到西方诸佛国，莲花影里数楼台。"描绘了王顺山如佛国般的景色。

张籍《使行望悟真寺》"采玉峰连佛寺幽，高高斜对驿门楼。无端来去骑官马，寸步教身不得游。"感叹自己身在官场，虽向往悟真寺的清净生活，然而身不由己，只能心向往之的复杂感情。

总之，唐代的悟真寺，是长安地区乃至全国的名寺，寺内有弥勒阁、禅师院、经净屋、玉佛殿、观音堂、千佛殿等殿阁；有龙池、多宝塔、定心石、谒仙祠、晒药台等著名景观；有舍利子，有吴道子所绘的壁画，有褚遂良的书法；华严宗三祖法藏在此做过上座僧，净土宗善导祖师在此修行过；王维、白居易两位大诗人都在悟真寺体悟到了本真，完成了人生导向由出世到入世的大转变，王维就此在蓝田辋川隐居，白居易到洛阳龙门山隐居，悟真寺的体悟是关键的转折点。从我们以上的分析可见，唐代早期悟真寺僧人继承隋代，主要以弘扬法华信仰为主；善导之后则主要以西方净土信仰为主。

三、宋以后的悟真寺

唐代是悟真寺的兴盛时期，但唐武宗会昌年间的灭佛运动，对悟真寺造成了极大破坏。当时长安只留下两座寺庙，悟真寺不在其列。规模庞大的寺庙被拆毁，僧人被驱散。五代时期后周世宗柴荣灭佛，悟真寺也大受影响。

进入宋代，悟真寺又有所恢复。宋初悟真寺改名为崇法寺。在唐武宗灭法时期被摧毁的多宝塔也被重建。《宋崇法寺重建多宝塔碑文》记载了这次重建的缘起。当时有一位名叫“俗道童”的行者，“远慕当山希求释，次看睹基之俨尔，发诚愿之重修。”慕名来悟真寺求法，看到多宝塔塔基还在，于是发愿重修。他“志节匪移，化金成就，于是召巧匠，命石匠选良辰，下锤凿麒麟，狮子计天手也。”坚持化缘多年，终于开建多宝塔，塔于太平兴国五年(980 年)建成，“锁云出岫，地涌神扶。仰望八塔之形，仿佛四天之像永镇山寺。”非常壮观。

北宋才子苏舜钦曾于景祐元年(1034 年)正月和八月两次来悟真寺朝拜，结果第二年高中进士。他的《蓝田悟真寺作》是景祐元年八月写的：“旅食长安城，回遑奔走无停行。清怀壮抱失素尚，胸中堆积尘土生。偷闲得至玉峰下，为闻悟真之寺之嘉名。”这句诗是讲来悟真寺的缘由：作者旅居求食在长安城里，终日在城中疲于奔命，早已失去了少年时期的志愿和抱负，胸中堆积的满是世俗的尘土。因为很早就听说悟真寺的美名，这一日便忙中偷闲，来到了玉山峰下。

舍利塔

“寺门高开朝日辉，丹青黯淡唐时屋。老僧引我周游看，且云白氏子诗乃实录。此诗畴昔予所闻，殷殷更向碑前读。

按言索象今无复，唯有流泉数道如车辐。我嫌世累欲暂居，又云此地无留宿。”早上的阳光照耀着古寺，唐朝壁画的色彩已经黯淡了很多。一位老僧引导我在寺中周游细看，说当年白居易写的《游悟真寺诗》中的内容都是真实不虚的。白居易的诗原来我已知道，听了老僧的介绍，不禁走到碑前细细阅读。但按照白居易的诗文去寻觅，已经找不到当年的景象了，只有数道清泉四处流溢。我厌倦尘世的苦累，想要在寺里暂居一段时日，老僧又说无法留宿。

这首诗如实记叙了悟真寺在北宋仁宗时期的景况，诗的名字是《蓝田悟真寺作》，证明当时崇法寺的名字已经改回了悟真寺。悟真寺当时仍有很大名头，但唐代时期壮观的殿阁大都已经不存，吴道子的壁画还在，但也已经色彩黯淡。

元代悟真寺留下的资料很少，只有悟真寺门前的不远处的元代高僧灵塔数尊，可惜字迹漫漶，不知元代悟真寺僧人的名字与宗派。

明正统十四年(1449 年)，明英宗时期，朝廷曾经拨款对悟真寺进行了一次修复。悟真寺被称为南普陀，下院为唐代时期修建，明英宗时期改名为北普陀，反映了明朝中期观音信仰非常突出。明孝宗弘治七年(1494 年)十二月，寺主政通，首座真实，提点义暹、徒弟正斌四位法师与信众等发心为下院水陆庵造大钟一口，并委托泾阳金匠陈达与陈玺二兄弟铸成。当时的寺名是“敕置悟真禅寺”，可见当时悟真寺已经成为禅宗道场。

嘉靖三十四年(1555 年)十二月，关中大地震，悟真寺遭到严重破坏，蓝水因之分流，下悟真寺所在地方成为蓝水怀抱中的小岛(蓝渚)，下悟真寺也因之改名为“蓝渚庵”。因为破坏严重，藩居西安的宣王奏请朝廷对下悟真寺进行了一次大修，并将北普陀改名为“诸圣水陆庵”。水陆庵屋顶大梁上的题记告诉我们，这次大修从嘉靖四十二年(1563 年)至隆庆元年(1567 年)，当前水陆庵的雕塑和建筑主要是这个时候修建的。宣王于 1566 年死去，其子靖王朱敬镕主持完成了全部工程。万历十年(1582 年)、万历二十七年

笔者与住持性云法师

(1599 年)，悟真寺又经过了两次重修。因此笔者认为，水陆庵的名字可能是明代出现的，其主要彩绘与寺庙格局也基本上反映的是明代的风格。

清代悟真寺上寺改为竹林寺，下寺在水陆庵对面建立华严堂。康熙三十八年(1669 年)重修过。道光二年(1822 年)，水陆庵再次重修。清末有临济宗三十九世“悟安智川禅师”住锡悟真寺。

据周仲民先生考证，1912 年，蓝田县知事庞宗吉，曾重修过悟真寺，并题写了“上悟真古寺”的门额，但不知所据。1919 年 5 月 15 日，陕西督军陈树藩、省长刘镇华曾发布告，保护悟真寺古迹，住持觉灵与其弟子昌定将之立碑，保存至今。其中提及“远查竹林寺即古之上悟真寺也……况竹林寺伊古号为名胜遗迹，尤当爱惜护持。”可知在当时，悟真寺上寺即名竹林寺无疑。

悟真寺是一所具有国际影响力的佛教寺院，据周仲民先生的说法，在日本，以悟真寺为名的寺庙有 10 家，其中日本广岛教区还有名为“终南山光明院悟真寺”的寺庙，明显是宗蓝田悟真寺的，应该是在蓝田悟真寺求法的僧人归国后建立的。1984 年 5 月 24 日，日本净土宗宗务总长稻岗觉顺率团访问悟真寺，在水陆庵种植了日本樱花树，并写下了“无碍一道”的题词。2002 年 6 月 6 日，探寻祖迹的日本第 174 次日中友好净土宗访中团来到悟真寺，并在上悟真寺门口立碑纪念。日本广岛教区终南山光明院悟真寺武田义昭、武田幸子也在门口立碑一通，认蓝田悟真寺为其祖庭。

中华人民共和国建立后，1956 年将水陆庵定为省级文物保护单位。1959 年西安市拨款对水陆庵进行了维修。1982 年，陕西省文物局拨款对水陆庵进行了第二次维修。1996 年水陆庵被定为全国文物保护单位。上寺方面，1998 年，西安悟真集团重建了蓝谷栈道，恢复了多宝塔。陕西作家贾平凹先生曾携友人参观上悟真寺，留下了一首诗和一篇散文。诗名《秋游悟真寺》："万卷佛经只此心，光明寂照见天真；若还挂碍连根尽，便是逍遥自在身。"可见贾先生对佛教学说颇为熟悉。对于悟真寺，他认为"当今多少寺院成了旅游之地，虽收入不菲，钟灵殆尽，亏得悟真寺地偏人稀，而保存得神气完足。下山时，见寺旁有泉，水极甘甜，盛一瓶要带回沏茶，才见一僧从林中小路上走来，步履无声，手中提着一镰，不知是去做何事归来。"贾平凹所见的僧人即上悟真寺的住持僧性云法师。性云法师是甘肃陇南西和县人，原是西安大兴善寺前任方丈界明的弟子，青灯古佛，独身一人住锡上悟真寺多年。

下悟真寺"华严堂"在"文化大革命"期间曾被拆毁，改为厂房，近年也迎来了新生。2012 年，安徽宣城弘愿寺的住持净宗法师，受蓝田佛教协会的礼请，主持下悟真寺的恢复工作。现在，下悟真寺已经面貌一新，位于山下水陆庵对面，水陆庵现在已经是全国文物保护单位，其水陆法会的功能只有被下悟真寺接手了。看来成住坏空的循环，在悟真寺的历史上也一再重现。

华严宗祖庭华严寺

华严宗是中国佛教九大宗派之一，也是九大宗派中法脉一直流传至今不断的三大宗派之一(净土宗、禅宗、华严宗)，由法藏大师创立于唐朝武则天时期。顾名思义，华严宗以《华严经》为宗本，组织自己的学说。《华严经》体系庞大，结构严谨，成功地宣传了普贤菩萨的殊胜地位，使他成为了中国家喻户晓的五大菩萨之一，并在中国有了峨眉山这样一个大的道场。在华严经里，普贤菩萨被尊为诸佛的“长子”，被认为是与佛的法身同体，

华严宗祖庭西安华严寺祖师双塔

这种地位使得他得以成为释迦佛的右胁侍菩萨，和佛一起接受众生的供养。

既然华严宗是以《华严经》为根本经典并在唐代兴起的佛教宗派，因此，在介绍华严宗的传播历史之前，我们要先介绍一下《华严经》的情况。《华严经》中“华严”的意思是“杂花庄严”之意，“杂花”代表佛教不同菩萨所代表的不同法门，“杂花庄严”即以诸菩萨行之次第来达到庄严佛果之目的。关于《华严经》的缘起，教界传说是释迦佛得道后所讲的第一部经，因觉得当时的小乘信众不能受持，于是将之藏在龙宫。由大德龙树将之从龙宫取回。实际上，《华严经》是到后来才成形的，最早流传的单行经如《兜沙经》、《等目菩萨所问经》、《十地经》等等。大约四世纪时，这些内容相连的单行经被逐渐整合起来，形成了大本《华严经》。

一、《华严经》简介

1.《华严经》的版本

现在中国流传的《华严经》，有三个版本，俗称为六十《华严》、八十《华严》、四十《华严》，它们翻译的时间、译者、章节内容又有差异，分别介绍如下：

六十《华严》：是说这本《华严经》有六十卷，由七处八会组成。所谓七处就是七个地方，所谓八会就是八次集会。佛陀讲经时的集会，是指经文一般都很长，佛陀如果一次讲得太多，大家接受不了，就隔一段时间讲一部分，每次讲经的地点也不尽相同。所以每讲一次华严经，就构成一“会”，六十《华严经》一共在七个地方讲了八次，后人翻译此经，结成六十卷。六十《华严》由东晋末年(公元五世纪初)由佛驮跋陀罗在南京译出，所以也称为《晋译华严》。佛驮跋陀罗汉名觉贤，比鸠摩罗什稍晚些进入中国(公元五世纪初姚秦时)。他的师承非常好，法脉很正，到了长安后很是看不起鸠摩罗什所传之法，遂与罗什及其门下发生了激烈的冲突，由于罗什深得皇室的支持，在长安的时间又长，门下弟子很多，佛驮跋陀罗及其弟子被赶出了长安城，他先是带着弟子到江西庐山去投奔慧远，在那里待了一段时间，后来东晋大将刘裕将他请到首都南京，支持他在南京翻译佛经，他翻译的代表作就是六十《华严》，后被称为晋译《华严》，一共六十卷，晋译《华严》以文句优美著称于世，现代大家方东美先生曾这样评价："八十卷华严虽然量是比较多，但是假使要就文字的标准来衡量，我情愿读晋经，因为晋经的文字相当优美典雅，而八十卷的华严，虽然文字结构比较复杂，比较精确些，但是多多少少在翻译中还是保留了一点梵文里面的外国文味道，所以从中文或者至少从纯文学的观点去阅读时，便会觉得并不顶顺。"

八十《华严》：武则天时期由于阗（今新疆和田地区）三藏实叉难陀译出，武则天信奉佛教，其本人有较高的佛教造诣，她知道晋译《华严》并不完备，听闻于阗国有完本《华严经》就诏令于阗国送善本以及高僧一人，实叉难陀遂被送到了东都洛阳。武则天圣证元年，即公元695年，实叉难陀于洛阳大遍空寺开始翻译《华严经》，武则天亲自到场为之作序，声震一时的留学印度归来的高僧义净、因献证明女皇可以统治天下的《大云经》而深受女皇喜爱的印度高僧菩提流志、华严宗的实际创始人法藏大师以及玄奘大师的弟子圆测法师都参与了翻译，可以说，汇集了当时最高水平的大师，八十《华严》翻出后还专门请当时著名的文学家王维润色，是华严经最完备的一个译本。这也是现今社会上通用的译本。

鎏金莲花座观音像（华严寺）

四十《华严》：唐德宗时期，印度小国乌荼国国王手抄新本《华严经》一份，派人进献唐廷，唐德宗大喜，认为这是外国来朝的很有面子的事情，就于贞元年间，请罽宾国三藏般若大师主持翻译出来，四十《华严经》其实主要讲的还是大本华严经里的《入法界品》。《入法界品》主要讲的就是善财童子五十三参的故事。但是，它多出了一个至关重要的《普贤菩萨行愿品》，这是前面两个版本所没有的，也是本经对后来影响最大的一品，因为前面诸品虽然反复强调普贤行的重要，也讲了善财童子五十三参的故事，但是，对于广大没有阅读经典能力的信众来说，有没有一个切实可行的、可以具体操作的步骤与方法去践行普贤行，这才是最重要的，也是前两个版本所没有介绍的。《普贤菩萨行愿品》里介绍了修普贤行的具体作法，被称作普贤十大行愿：一、礼敬诸佛；二、称赞如来；三、广修供养；四、忏悔业障；五、随喜功德；六、请转法轮；七、请佛住世；八、常随佛学；九、恒顺众生；十、普皆回向。“普贤十大行愿”现在仍然是中国寺庙里僧人们的必备功课。

我们注意到，六十《华严》和八十《华严》，其梵本都来自新疆于阗国。只有四十《华严》的梵本来自印度。考虑到《华严经》所具有泛神论倾向，以及我们现在找不到其在印度本土传播的明显事实，推论《华严经》的实际出产地可能是来自新疆于阗。只有《入法界品》和《普贤行愿品》产自印度。

2.《华严经》所推崇的卢舍那佛

《华严经》所推崇的佛为卢舍那佛。按《华严经》的说法，卢舍那佛为法身佛。什么是法身佛？这就牵涉到了佛的三身说。佛教的三身佛理论有一个发展的过程，最早是一佛身，就是化身佛释迦牟尼，是指佛为了救世，以凡人的形象出现在人间，教化百姓，度化众生。最有名的就是释迦文佛。

化身佛或应身佛会生灭，无法满足信众对神秘力量的想象。于是后来印度出现了《大般涅槃经》，讲“常乐我净”的佛身，为报身佛，为佛的果报身。也叫“受身佛”，是佛的受用身，如阿弥陀佛、药师佛、阿閦佛等，他不会生灭，永享自在与幸福。报身佛的佛身也很清净，只有入地菩萨才能够看到，一般人是看不到的，但是为了方便于修行者观想和礼拜，后来也塑成了有形象的佛身。

到了华严经里则出现了第三种佛，称为法身佛，但是法身佛的名字，八十《华严》中翻译为毗卢遮那佛，六十《华严》中翻译为卢舍那佛，实际上是一个佛，为法身佛。后来密教兴起后，也称之为“大日如来”。佛的法身清净到极致，本来是无色无形的，不能够显现出任何具体的形象，任何人包括菩萨在内都无法看到，但是为了方便修行者的观想和礼拜，后来也塑成了有形象的佛身，最著名的法身佛形象就是洛阳龙门石窟的奉先寺大佛。

3．善财童子五十三参

大家都知道观音菩萨身边常有一男一女两个童子侍立，善财童子就是那个男童，女童是小龙女。《华严经》里，善财童子是实践普贤行的主角，所以有必要对其稍作介绍。

善财童子出生于印度东南部沿海的福城，父亲是福城的首富，家财万贯，但是就是没有儿子，他的父亲于是向佛陀祈祷，希望能够得到佛陀的保佑得到一个儿子，佛答应了。不久，善财的母亲就怀孕生下了善财，据说善财童子出生时，五百宝器自然从地下冒出，天上也下起了各种财物，婆罗门相师告诉他的父亲：“恭喜长者！这婴儿的福德大，为你带来了财宝，应该取名善财。”这就是善财童子的来历。

善财童子虽然能够带来财富，但是他并不喜欢财富，也对发财致富没有兴趣，甚至连听关于“发财”的故事都不想听。他喜欢什么呢？他喜欢追求真理，他常常收集财富供养追求真理的人，有一次他在福城东的大庙里礼拜文殊菩萨时，得到了文殊菩萨的点化，知道了大乘佛教菩萨行是最了义的真理，于是发心要修菩萨行，知道成就佛果。

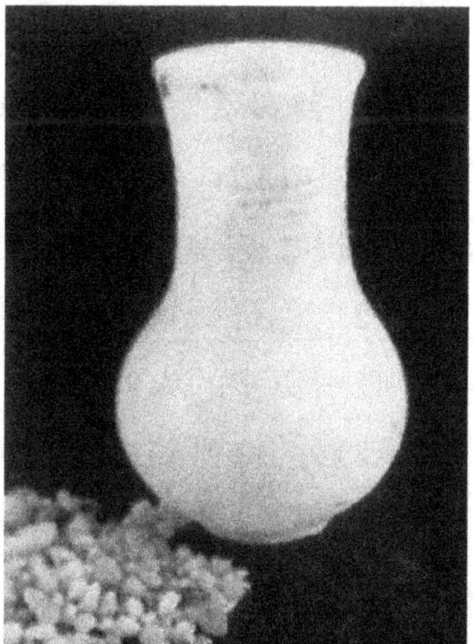

玉瓶(华严寺)

但是他有了目标后，却不知道追求目标的具体方法，文殊菩萨告诉他，要成就佛果，就要以普贤菩萨为榜样，要发菩提心，修普贤行，造福人间，利乐有情，而最基本的方法，就是参访善知识。善财童子问文殊菩萨说世界人等形形色色，所问之人并不能保证德行都是无缺陷的，于是文殊菩萨指示善财参访之道：向别人学习，是着眼于别人的优点而不是缺点，所以，只要对方的优点你还不具备，就应当参学。他预言善财将被人们美称为永久的童子，善财欢喜地告别了文殊菩萨，开始了佛教少年游历参访的生涯，善财童子五十三参讲的就是《华严经》里善财童子参访五十三位善知识的故事。

善财童子不辞千辛万苦，爬高山，过大海，闯王宫，进魔窟，上刀山，下火海，参拜了五十三位善知识，这五十三位善知识中，有厨师、设计师、小学教师、航海家、商人、音乐家、医药家、比丘、居士、外道、老人、小孩、男子、女子等，各行各业，各传授一法门。因此善财童子，从思想、道德、技艺上具备了舍己为人的慈悲思想，后来便跟随观世音菩萨，造福人间，利乐有情，成为了观世音的胁侍，是观音菩萨“闻声救苦”的得力助手，所以塑像在观世音菩萨像侧边。善财童子每参访一位善知识，都会这样问：“圣者，我已先发阿耨多罗三藐三菩提心，而未知菩萨云何学菩萨行？云何修菩萨道？”如何才能开发自心，获得净眼？《华严经》给出的答案就是修“普贤行”。

4．普贤菩萨十大行愿

（1）礼敬诸佛：这是普贤行的开始，皈依诸佛，树立正信，是修大乘佛学的前提、基础和核心，这是内心修行。

（2）称赞如来：树立正信之后，还要经常向周边的人宣扬如来的无上功德，吸引更多的人修普贤行，这是言语修行。

（3）广修供养：修普贤行还要把口头的称赞转化为现实的行动，这就是要广修供养，如果身边有需要帮助的人，要给予帮助；如果手头宽裕，要向寺庙、僧人布施。

（4）忏悔业障：凡是没有修到菩萨果位的众生都有可能犯错，问题是怎样对待自己的错误行为，是放任自流，继续犯错呢？还是忏悔改过，不再犯错呢？当然是后者。

（5）随喜功德："随喜"就是见到他人做善事，自己也心生欢喜。忏悔是对人性恶的反省，随喜是对"人性善"的培养，都非常重要。

（6）请转法轮：即请求诸佛说法教化，这种请求并不是一时之念，而应该念念相续，没有穷尽。

（7）请佛住世：是指在佛要进入涅槃时，请求佛不要进入涅槃，继续留在世间，饶益众生。

（8）常随佛学：是指从初发心到最后证得佛果全过程的一切修行，强调不能中断，要把佛的教诲运用到自己的日常生活中去。

（9）恒顺众生：是指看到有人需要你的帮助并且你有能力帮助时，要以慈悲之心给予帮助。这正是大乘佛教救世精神的体现。

（10）普皆回向："普皆回向"中的"普"指的是上面所说的九种功德，"皆"就是"都"，"普皆回向"就是说修普贤行的人要将自己前面修的各种功德无私地用于芸芸众生，使他们都常得安乐。

二、华严哲学概述

《华严经》内容多，义理深，经过学者们的整理后，总结出了"四法界"、"六相缘起"、"十玄门"等哲学术语，有必要给予简单介绍。

1．四法界

法界一词在不同的宗派、不同的经文里含义有较大差别，就华严宗而言，"法"指的是诸法，包括有为法和无为法，有为法就是有欲望有作为处于动态的事物，无为法指的是处于静态的、清净的、没有欲望染污的事物；"界"指的就是分界、界限。华严宗所谓的"四法界"是指：

（1）事法界：指我们的感觉器官所感知的这个现象世界，森罗万象，变化无常。

（2）理法界：指要凭借佛的般若智慧才能观照到的实相世界，即本质世界，它是真如法界，圆满不动，清净无染。

(3) 理事无碍法界：即强调本质与现象圆融不二，前面分开讲事法界和理法界只是为了强调两者的区别，而不是说两者可以截然分开，其实事法界和理法界并不是分开的两个法界而是圆融无碍的。

(4) 事事无碍法界：即进一步强调现象界内部现象与现象之间也是圆融的，为什么呢？因为现象之间的区别只是表象不同，只是“假有”的差别，如果从其本质来看，森罗万象都是毗卢遮那佛的真如法身的体现，从本源来说是一样的。

据说当年法藏大师为女皇武则天讲解华严宗，讲到“四法界”时武皇老是听不懂，法藏就拿御桌上镇纸的金狮子作比喻：看到狮子的形象，这就是看到了“事法界”；看到了金子，这是看到了“理法界”；看到了狮子是用金子做的，就是看到了“理事无碍法界”，看到狮子的眼睛、耳朵、鼻子等器官之间虽然表象各有区别，但是都是由共同的本质——金子构成的，这就是看到了“事事无碍法界”。法藏讲到这里，武则天一下子就明白了，同时觉得金殿摇了一下，原来有轻微地震，武则天觉得很是神异，对华严经愈发尊敬，于是捐出“脂粉钱”给“华严三圣”在龙门石窟造像，法藏给武则天讲解的讲义后来就被称作《华严金狮子章》。

华严寺出土的砖雕

2. 六相缘起

所谓的“六相”是指“总相”、“别相”、“同相”、“异相”、“成相”、“坏相”。还以金狮子为例，狮子的整体是“总相”；狮子的五根即眼睛、耳朵、鼻子、舌头、身体为“别相”，这一对范畴讲的是整体和部分的关系；狮子的“总相”和“别相”在本质上都是相同的，都是真如的体现，这是“同相”，狮子的“总相”和“别相”在现象上都是各异的，这是“异相”，这一对范畴讲的是本质和现象的关系；“成相”指狮子的各部分如眼睛、耳朵、鼻子、舌头、身体等是构成狮子的必备条件，“坏相”是指狮子的各部分在狮子的整体中各自有其独立性和不同的功能，这反映了矛盾双方之间的相互转化。

“总相”中有“别相”，“别相”中有“总相”；“同相”中有“异相”，“异相”中有“同相”；“成相”中有“坏相”，“坏相”中有“成相”。六相之间圆融无碍，这就是“六相缘起”。

3．十玄门

所谓的“门”是指“法门”，引申为“方面”，就是说要理解华严玄义，就要从这十个方面进入。

(1) “理遍于事门”：就是说，不可分割的本体(理)遍彻于有差别的事物中，并且每一件事物中的理都是理的全部，而不是理的一部分。这与平时我们的经验有较大区别，譬如说我们五个人分一个苹果，那么不可能每个人都分一个苹果，只能分其中一部分，但是“理”不是苹果，苹果是有形的，而“理”则是无形的，所以每件事物都可以分有一个完满的本体，佛家常用“月映万川”来比喻这种情况，在月光皎洁的晚上每个湖的湖面都有一个完整的月亮，但是作为本体的月亮并不会有减少。

(2) “事遍于理门”：就是说千差万别的“事”都有着共同的本体(理)。

(3) “依理成事门”：讲现象都是以理本体为依据生成的。

(4) “事能显理门”：现象能够表现理本体。

(5) “以理夺事门”：“夺”是融摄、包含之意，“理”能够包含所有的“事”，即现象。因为理是真如本体，而事是因缘和合的现象。

(6) “事能隐理门”：“事”(现象)也可能表现为假象，曲折地或歪曲地表现本体，让人作出错误的判断。

(7) “真理即事门”：因为“事”都是因缘和合的假有，而“理”则为真实，所以从本质上说，理就是事。

（8）“事法即理门”：因为“事”都是因缘和合的假有，而“理”则为真实，所以从本质上说，事也就是理。

（9）“真理非事门”：因为“事”都是因缘和合的假有，而“理”则为真实，“真”与“假”不同，所以“理”不能完全等同于事。

（10）“事法非理门”：虽然“理”都是由“事”来表现的，但两者并不等同。

三、唐代的华严寺

1．华严初祖与华严寺的建立

华严寺的建立与杜顺大师有很大关系。杜顺（557—640 年）也称法顺，因其俗家姓杜，就俗称杜顺。《续高僧传》称“唐雍州义善寺释法顺”，法师是陕西长安县人，十八岁在“因胜寺”拜僧珍法师出家，僧珍是出身于下层的游僧，勤习禅定，有神异事迹。现藏于西安碑林第三室的《大唐花严寺杜顺和尚行记碑》，是杜顺的后代于大中六年（852 年）刻的。里面记载了较多佛教典籍没有的情况：“弱冠，师之兄有军旅之患。”因而杜顺代兄出征：“被甲铠汪汪，执戈慷慨，逼至鱼丽，胜而多捷。”打了胜仗，然而“一帅之卒，渠百结。”主帅阵亡，“渠”即首领接任，受到朝廷的惩罚，杜顺代其受鞭打，然后成为渠帅的亲兵，砍柴做饭，

杜顺大师塔

刷锅洗衣，刺探军情，“师之当也。”后来退役后，拜“魏禅师”为“师主”，获得了师父的赞扬。可见杜顺18岁出家后，20岁还俗从军，退役后再次出家，《杜顺和尚碑》中所提到的“魏禅师”，不知是不是他原来的师父“僧珍”。

杜顺法师住在义善寺，宋张礼《游城南记》记载：“杜光村有义善寺，俗谓之杜光寺，贞观十九年建，盖杜顺禅师所生之地，顺解华严经，著法界观，居华严寺，证圆寂。今肉身在华严寺。”杜光村就在现在西安南郊电视塔东南方向的南窑村一带。

杜顺形迹类似其师僧珍，也是一名居无定所的游僧，据说他有神通，可以治疗天生聋哑，并且可以和动物如牛马等说话，能驱除虫蚁。杜顺以神通“感通幽显，声闻朝野”，唐太宗李世民曾将其请入宫中供养，杜顺虽然是靠神异立本，但是他非常重视义理研究，他与当时的义理学中心终南山至相寺来往密切，将其爱徒智俨送入至相寺学习，并且自己也写有论著《华严五教止观》，对自己的禅观进行总结。

《续高僧传》卷25记载：“(杜顺法师)以贞观十四年，都无疾苦，告累门人，生来行法令使承用。言讫如常坐定，于南郊义善寺。春秋八十有四。临终双鸟投房，悲惊哀切，因即坐送于樊川之北原，凿穴处之。京邑同嗟，制服亘野，肉色不变，经月逾鲜，安坐三周枯骸不散，自终至今，恒有异香流气尸所。学侣等恐有外侵，乃藏于龛内，四众良辰赴供弥满。”贞观十四年(640年)，杜顺法师在义善寺圆寂。临终前并无疾病征兆，只是告诉门人传承他的教法。然后在禅定中圆寂，享年84岁，遗体被送到樊川北原，在墙壁上打洞，然后放进去。遗体保持禅定姿势三年，骨骸不散，并有异香飘出，四众弟子于是将尸体装入石龛内保存，按时供养。

《起信论疏记会阅卷首》卷1记载，杜顺还没有圆寂时，一个徒弟来辞行，说要去五台山礼拜文殊菩萨。杜顺大师微笑道：“遊子漫波波，台山礼土坡，文殊只这是，何处觅弥陀。”这个弟子听不懂什么意思，就到五台山去了。到了五台山下，碰到一个老人，老人问他：“你来五台山做什么呢？”

他说来礼拜文殊菩萨。老人说："文殊菩萨已经到长安去教化众生了。"和尚问："是哪位呢？"回答说是杜顺和尚。和尚大惊说，原来是我师父啊！正在发愣的时候，老人不见了。于是和尚赶回长安，却遇到浐河暴涨，等到他赶到寺庙，杜顺大师已于一天前去世了。由此，杜顺为文殊菩萨化现就广为人知了。

宗密的《圆觉经大疏释义钞》卷 7 记载"(杜顺法师)姓杜名法顺，是华严宗源之师。即文殊化身也，瑞德甚多，具在传记。其师所居处今见置华严寺。寺有和上塔庙。"证明杜顺真如塔确实是在华严寺。

那么华严寺应该从什么时候算起？640 年，杜顺尸体已经埋进华严寺旁的山洞，但当时可能还没有寺庙，三年后四众弟子将其尸体装入石龛，也没有讲这时有没有寺庙。宋敏求的《长安志》介绍："华严寺会圣院真如塔，在县南三十里，贞观中建。"也没有讲具体是哪一年。

华严寺出土的砖雕

万历本《陕西通志》介绍华严寺建于贞观十九年，乾隆本的《西安府志》也记载："华严寺，贞观十九年建。"这个时间不知作者有何依据，但宋代张礼的《游城南记》讲，当时华严寺内真如塔"壁间二石记皆唐刻也，具载华严寺始末。"既然宋代华严寺还保留两块唐碑，讲华严寺建立的始末，那么万历本讲华严寺建于贞观十九年，不会是乱写，也许作者见到过那两块唐碑也不一定。在没有新的考古资料能推翻这个时间之前，我们认可华严寺建于贞观十九年(645 年)。

2．华严二祖与华严寺

智俨(602—668 年)，甘肃天水人，12 岁拜法顺为师，被送入当时的华严义学中心学习佛教典籍，他天资聪明，14 岁就能与著名法师灵辩论经，得到了“天纵哲人”的称号。他“虽阅旧闻，常怀新致”，既能够继承前人的学术成果，又能够推陈出新，阐发出新的道理。

他深受一百年前北朝时期著名的地论师慧光的论著的影响，慧光生活于东魏北齐(公元六世纪上半叶)时期，魏道儒先生在其大作《中国华严宗通史》中称他“在华严学的发展史上具有划时代的作用。”智俨在吸收慧光大师的学说的基础上，融合了当时的各派学说，第一次提出了著名的“十玄门”的理论，开创性地使用了一系列成对的概念，大大丰富了中国佛学的内容，基本上完成了华严宗学说体系的整体框架，他倡导理性思维，擅于在华严经的神话色彩中找到哲学因素给予阐发，在“华严玄义”的发展过程中是极为关键的一环，他是中国华严宗建立的一位承前启后的先驱，魏道儒先生这样评价他：“他终生以至相寺为活动基地，其学说影响却远达新罗。”

智俨是著名的学问僧，他不求闻达于世，大半生都是在研究和著述，27岁就著有《搜玄记》，逐句注解晋译华严，后又写有《华严十玄门》、《华严孔目章》等，以《华严十玄门》最有特色，“十玄门”从十个方面揭示了《华严经》的玄理，实际上是从十个方面讲“法界”缘起的内容，给予这个世界一个解释：作为“理”本体的反映的这个森罗万象的世界，也就是宇宙万有，本身就是“事事无碍”的，在本质为一的基础上，各个现象之间相互依存、相互等同、相互融摄，我们生存的这个现实世界在本质上就是和谐的；作为本体的“理”世界和作为现象的“事”世界本身就是不可分割的，本体的“理”就存在于现象的“事”之中，所以彼岸的解脱世界就存在于此岸的轮回世界之中，本体界和现象界是重合的。

华严二祖智俨法师圆寂后葬在何处，当时的史书没有记载。但明代赵崡《城南游记》记载：“又一僧房，有‘唐严尊者塔额’大字”这里的“严尊者”就是智俨，说明智俨圆寂后也是葬在华严寺内的。但毕竟明代的纪录距离唐代已经非常久远，赵崡的记载是否可信呢！我们认为是可信的，因为隋唐时期盛行弟子随葬老师墓地旁的习惯。因而智俨法师圆寂后归葬于他的老师杜顺法师的塔旁是非常可能的。

3．华严三祖与华严寺

法藏(643—712 年)，祖籍中亚的康居国，今乌兹别克斯坦，以康为姓，法藏是华严学说的集大成者，是华严宗的实际创立人。他 15 岁时在扶风法门寺的阿育王塔前燃指供养，树立坚定的佛教信仰，以未正式出家的身份游学于各大伽蓝之间。他 27 岁(670 年)正式出家于太原寺，690 年他 57 岁时才受具足戒。法藏本是西域人，梵语掌握得很好，参加过义净三藏的译场，多次奉诏讲经。法藏著述甚多，显存 23 部，重要的有《华严经探玄记》、《华严经旨归》、《华严五教章》、《妄尽还源录》，其中以《华严金狮子章》最为有名，为法藏的代表作。

法藏对华严宗最大的理论发展是其判教理论，他将整个佛教分为“五教”：小乘教，即声闻、缘觉所学之教；大乘始教，即般若类经典所阐发之教；大乘终教，即宣扬如来藏缘起的涅槃类经典所阐发之教；顿教，即禅宗类经典所阐发之教；圆教，即法华与华严。判教思想的提出，使得华严学的理论更系统化了。

法藏一生与唐王室关系密切，他勤于著述，也重视讲经授徒，培养了一大批义学弟子，对促进《华严》在朝野的流行起了重要作用，正是在他的努力下，华严宗真正建立。

《唐大荐福寺故寺主翻经大德法藏和尚传》卷 1 记载，华严宗三祖法藏禅师也葬在华严寺：“(法藏法师)先天元年岁次壬子十一月十四日终于西京大荐福寺。春秋七十。其年十一月二十四日葬于神和原华严寺南。”具体地说，华严寺位于少陵原，史书称为神禾原，要么是笔误，要么当时少陵原广义上也属于神禾原的一部分。

4．华严寺与密宗的交涉

华严寺与密宗也渊源颇深。唐密的开山祖师善无畏、一行等祖师都在华严寺活动过。开元三大士之首的善无畏大师(637—735 年)，曾在华严寺住过，可能当过华严寺寺主，至少是掌管藏经阁的僧职。李华著《玄宗朝翻经三藏善无畏赠鸿胪卿行状》卷 1 记载：“曩时无行和上，行游天竺，学毕，言归回至北天，不幸而卒，所将梵夹，有勅迎还，比在西京华严寺收掌无畏和上。”善无畏于开元四年(716 年)来到长安，后来住在华严寺。前些时有个名叫无行的僧人，去印度求经，回来时走到印度北部病逝了。皇帝派人将经迎接回来，交给“西京华严寺”的善无畏和尚掌管。

《宋高僧传》卷 5 记载，唐代高僧、著名天文学家一行法师也曾入住华严寺：“(一行)开元十五年九月于华严寺疾笃。将舆病入辞。小间而止。玄宗……乃诏京城名德。致大道场为行祈福。危疾微愈。其宠爱如是。十月八日随驾幸新丰。身无诸患，口无一言。忽然浴香水换衣趺坐。正念怡然示灭。”一行法师于开元十五年(727 年)九月在华严寺病情加重，想向玄宗辞别，有人劝告没有去。玄宗于是召集京城名僧，在大道场为一行法师祈福。一行的病稍好了一些，10 月 18 日陪着皇上巡视新丰，在毫无征兆的情况下，忽然沐浴更衣，禅定灭度。铜人原位于西安东部，从玄宗诏令将一行法师葬在铜人原的情况看，这里面讲的华严寺应该是长安的华严寺。

5. 华严四祖澄观与华严寺

《佛祖统纪》卷 29 记载华严四祖澄观法师也葬在华严寺。澄观法师(738—839 年)，俗姓夏侯，是浙江绍兴人。11 岁出家，在 38 岁(776 年)以前都是在各地游学，学过律宗、三论、华严，当时杭州的天竺寺是南方弘扬华严的中心，他在那里从学法诜师，后于 772 年又到成都，

华严寺澄观大师塔

再学三论，775 年他到苏州从天台湛然（711—782 年）学习天台禅定。长达三十年的游学生涯使得澄观才华横溢，知识渊博，经传子史、小学苍雅、天竺悉昙、诸部异执、四围五明、秘咒仪轨，无不通达。从大历十一年开始，他到了山西五台山，接着又去四川峨眉山，求见普贤菩萨，然后又回到五台山，住大华严寺，以讲经和著述为主，贞元十二年（796 年），他奉诏到了长安，参加“四十华严”的翻译，那年他 57 岁。经书译完毕，唐德宗命澄观为其做了注疏，他的注疏成为了钦定著作，由此名声大震，朝中大吏纷纷皈依，华严宗的影响迅速扩大，故被后世尊为华严四祖。澄观曾被唐廷授予“清凉国师”的称号，他著有大量的经书，据说有 400 多卷，有“华严疏主”的美誉，他系统地注解了八十《华严》，后来定名为《华严经疏》，成为他的代表作，他对华严学说最大的理论贡献是提出了“四法界”的学说，这一学说后来甚至成了华严宗的最核心的代表性理论。

《佛祖统纪》记载：“（澄观）十一年巡礼五台峨眉。俱瞻瑞相。还居京师大华严寺。专行方等忏法。仍讲华严大经。造新疏二十轴。德宗诞节。召讲经内殿。以妙法清凉帝心。遂赐号清凉法师……元和五年宪宗问华严法界宗旨。豁然有得。勅有司铸金印。加号大统清凉国师。开成三年三月六日示寂。寿一百二岁。腊八十三。葬终南石室。塔曰妙觉。宰相裴休奉勅撰碑。”澄观法师在巡礼五台山和峨眉山后，回到京师大华严寺居住，专心弘扬华严大经，撰写华严经疏二十轴。唐德宗封其为清凉国师，唐宪宗向澄观请教佛理，很有收获，加封“大统清凉国师”。葬在终南石室，建塔名为妙觉塔，由宰相裴休撰写碑铭。虽然这里没有明说是葬在华严寺，但既然杜顺和智俨、法藏都葬在华严寺，澄观又曾在华严寺弘扬华严经，注疏华严经，其塔院位于华严寺是可以肯定的。

6. 华严五祖宗密与华严寺

宗密（780—841 年），俗姓何，四川西充人，早年大量学习了儒学经论，立志建功立业，后来发现不能实现后于唐宪宗元和二年（807 年）随遂州道圆法师出家，道圆禅师传承的是菏泽神会的法脉，宗密成为了禅僧后，学习了大量的禅学著作，写了大量的禅学著作，所以后来也有被尊为禅宗祖师之一的说法。

据说宗密做沙弥时，有一次和大家一起去一个官宦人家吃斋，完了后，主人给每名沙弥赠书一本，碰巧给宗密的是一本《圆觉经》，宗密回到寺里，才读了两三页，就心情舒畅，喜悦得无法形容，待读完后，他去找师父印证，道圆法师很吃惊，说看来你与此经有缘，可深研讨之，你前程远大，不可在此地久留，可出去参学，于是宗密就开始了游学的生涯。宗密以后果然在《圆觉经》的研究方面独步于世，写了大量的相关著作，由于他的弘扬，《圆觉经》成为中国佛教的著名经典。

华严寺前的山路

公元810年，宗密到了湖北襄阳，在那里遇到了华严四祖澄观大师的弟子灵峰上人，上人将《华严经》以及澄观的《华严经疏》和《华严随疏演义钞》传给了宗密，故宗密又与华严结缘。他于811年来到东都洛阳，应广大僧俗的请求开坛讲《华严经疏》，信众里有个叫泰恭的年轻法师受到感动，拔刀砍断了自己的一只胳膊以示诚心，然而官府则认为宗密不是华严弟子，没有讲法资格，认为他是在蛊惑人心，要拿他治罪，宗密只好写一封书信给澄观，请求收为弟子，获得认可，812年，他亲自到长安澄观大师那里拜师，澄观这时已经七十多岁，得了宗密为弟子后很高兴，认为宗密完全有能力传他的法脉。

宗密学说的最大特点是援引禅宗的理论来解说华严，同时也以华严来解禅，所以他的学说也被称作“禅化华严”或者“华严禅”。他倡导禅教合一，反对门派对立，相互非难，他对华严的最大发展是在澄观所论的“理”与“事”

的基础上再提出“真心”的学说。宗密所说的“真心”乃是宇宙之心，宇宙之精神本体，它是万法之源，四法界的圆融无碍都要建立在“真心”之上。每个人心里都完全分有这个“真心”，“真心”到了人身上就是通常说的“心”，宗密把心界定为“知”，认为“知即是心”、“知之一字，众妙之门”，什么是“知”呢？他用《大乘起信论》中的观点来解释，“知”有两个方面的含义：它既是觉性的“灵明”，包含一切理智；又是寂性的“空寂”。前者是“生灭门”，后者是“真如门”，两者非一非异，体用不二。宗密晚年居住在草堂寺圭峰兰若，故后世称之为“圭峰大师”、“圭峰宗密”。

宗密法师生前主要住在草堂寺和圭峰寺，圆寂后葬在草堂寺，现在草堂寺立有《唐故圭峰定慧禅师传法碑并序》石碑。宗密为何没有随葬在老师澄观的塔旁？换言之，为何没有葬在华严初祖、二祖、三祖、四祖灵塔所在的华严寺呢？是个需要讨论的问题。我们认为，宗密实际上归心的是禅宗而不是华严宗，这从他的弟子及好友，宰相裴休为他撰写的墓志铭中称其为禅宗十一祖的介绍就可以看出。但华严寺与草堂寺确有关系，宋张礼记载，到宋代时，华严寺的东院已经隶属于草堂寺了，会不会和宗密有关呢？由于史料缺乏，现在已经无法考证了。

7．其他高僧与华严寺

《宋高僧传》卷5《唐京兆华严寺玄逸传》记载，唐玄宗的岳父的弟弟窦某出家后曾在华严寺居住，法号玄逸。玄逸法师才高德绍，曾编辑《释教广品历章》三十卷，参考经论一千八百部。

《宋高僧传》卷11《唐京兆华严寺智藏传》记载，智藏禅师也葬在华严寺，并建有舍利塔：“释智藏。姓黄氏。豫章上高人也……后修禅法证大寂一公宗要矣。建中元年入长安。庐元颢素奉其道，举奏入内供养，勅令住华严寺。辇毂之间玄学者孔炽，就藏之门若海水之归，投琴之壑矣。太和九年终于住寺，三月十二日入塔焉。”可见，智藏法师是江西马祖道一的得法弟子，唐德宗建中元年(780 年)来到长安。受到皇帝的供养，敕住华严寺，太和九年(835 年)圆寂，在华严寺建塔。智藏在华严寺五十多年，来投师门的弟子如大海的波涛般涌来，可见影响很大，也可见华严寺在当时规模很大，称为“大华严寺”是完全可以的，传统观点认为华严寺“历经数代，并没有太大改变，华严寺可以说是黄土高原上一座典型的窑洞寺庙”的说法恐怕不符合华严寺的实际。

华严寺亲历了晚唐的动荡。唐昭宗时期，军阀之间争夺地盘，完全不把皇帝放到眼里。乾宁二年(895 年)七月，李克用讨伐李茂贞、王行瑜、韩建等进犯长安之罪。同州节度使王行实败退入京师长安，半夜派兵抢掠东市、西市，长安一片大乱，叛军乘机逼迫皇帝去凤翔李茂贞处避难。唐昭宗命令禁军都头李筠率领禁军掩护皇室大臣出逃，在城外华严寺休息。后来李克用兵到，李茂贞兵退。李克用想乘机一举打败李茂贞，而唐昭宗还想用李茂贞牵制李克用，就居中调解两家议和。

8. 唐代诗人与华严寺

从华严寺俯瞰樊川

唐代华严寺是长安地区的名寺，众多诗人到访过华严寺。中唐时期著名的边塞诗人岑参曾到访过华严寺。并写下了《题华严寺瑰公禅房》一诗：“寺南几十峰，峰翠晴可掬。朝从老僧饭，昨日崖口宿。锡杖倚枯松，绳床映深竹。东谿草堂路，来往行自熟。生事在云山，谁能复羁束。”站在华严寺上眺望南面的终南山，几十个山峰翠绿可人。早晨和寺内老僧瑰公一起吃早饭，昨晚就在山崖的窑洞住宿。瑰公的锡杖靠着青松，他的绳床架在青翠的竹林内。去东谷那边的草堂的山路，他都来往熟练，他与蓝天白云作伴，谁又能羁束了他呢！表现了诗人对出家人与大自然合一的生活方式的向往。

中唐诗人冷朝阳也曾多次到访华严寺，并留下了诗两首。《同张深秀才游华严寺》："同游云外寺，渡水入禅关。立扫窗前石，坐看池上山。有僧飞锡到，留客话松间。不是缘名利，好来长伴闲。"我与张深秀才一起到华严寺游玩，帮助清扫寺内的垃圾，坐在水池边看水中的假山。刚好碰到飞锡大师也来造访，我们就一起在松树旁聊天。若不是心还留恋着名与利，就会常来享受这份清闲。《中秋与空上人同宿华严寺》："扫榻相逢宿，论诗旧梵宫。磬声迎鼓尽，月色过山穷。庭簇安禅草，窗飞带火虫。一宵何惜别，回首隔秋风。"中秋节我到华严寺帮忙，刚好碰上了空上人也到访华严寺，就一起在华严寺借宿，晚上谈论诗歌佛理，磬声和鼓声都已经打完了，月色也飘过了南山，依稀可以见到庭前的青草和窗外的萤火虫。天都要亮了，谈论了一宿，却要分别，再回首只看到拂面的秋风。表现了诗人对空大师离别的惆怅。

唐宣宗李忱登基后也到访过华严寺，并留下了《幸华严寺》一诗："云散晴山几万重，烟收春色更冲融。帐殿出空登碧汉，遐川俯望色蓝笼。林光入户低韶景，岭气通宵展霁风。今日追游何所似，莫惭汉武赏汾中。"天晴的时候，能望见重重的青山，炊烟袅袅与春色融合。我们一行从大帐中出来，登上少陵原，俯瞰原下，一片葱茏，阳光透过树林照入僧房，山岭上通宵都在释放着清新的空气。用什么来比拟今天的游玩呢？不亚于汉武帝畅游山西的胜景。唐宣宗李忱曾逃亡到僧众中，直到唐武宗去世后才登基成为了皇帝。再次到寺庙游玩，已经由当时逃难的难民转为了至尊的皇帝，衣锦还乡，当然心情大好。

唐代后期诗人赵嘏(gu)也到访过华严寺，并留下了《李侍御归山同宿华严寺》："家有青山近玉京，风流柱史早知名。园林手植自含绿，霄汉眼看当去程。处处白云迷驻马，家家红树近流莺。相逢一宿最高寺，夜夜翠微泉落声。”李侍御的家就在临近玉京山的青山上，他的才名早已为人所知。园林里种植着花草，山峰矗立在后面，到处飘着白云，红树上站着各种小鸟。我与李侍御在华严寺相逢，借宿在寺内，夜里能听到泉水流动的声音。《李侍御归炭谷山居，同宿华严寺》讲的是同一件事，可能是上首诗的改写版：“家在青山近玉京，日云红树满归程。相逢一宿最高寺，半夜翠微泉落声。”李侍御的家就在临近玉京山的炭谷山上，在满山红叶的季节回家山居，我与李侍御在华严寺相逢，借宿在寺内，夜里能听到泉水流动的声音。

少陵原

唐昭宗时期僧人子兰著有《华严寺望樊川》一诗：“万木叶初红，人家树色中。疏钟摇雨脚，秋水浸云容。雪碛回寒雁，村灯促夜舂。旧山归未得，生计欲何从。”所有的树叶都变红了，农家藏在树叶之中。钟声和着细雨，秋雨伴着云层，山上已经开始有积雪了，大雁往南飞。夜里村中灯光摇曳，传来农妇舂米的声音，人们从山里回来，却没有收获，计划着明天的打算。

唐末诗人张泌的《题华严寺木塔》：“六街晴色动秋光，雨霁凭高只易伤。一曲晚烟浮渭水，半桥斜日照咸阳。休将世路悲尘事，莫指云山认故乡。回首汉宫楼阁暮，数声钟鼓自微茫。”秋高气爽的季节，大雨之后登上华严寺木塔，容易引起忧伤的情感。傍晚的炊烟飘在渭河上，快要落山的太阳照在咸阳。不要借古叹今，将虚无缥缈的地方当做故乡。回首想想汉朝宫阙的废墟，几声钟鼓声却中断了我的思绪。张泌生活的晚唐，社会动荡，诗人已经预感到繁华的唐长安城将会像汉长安城一样变成废墟，所以尽管是秋高气爽的季节，诗人登上华严寺木塔，心里却充满了对未来的忧愁。

四、唐以后的华严寺

《历朝释氏资鉴》卷 8 记载，五代时期的曹洞宗大师休静葬在长安华严寺。禅宗僧人主持华严寺，可见五代时期的华严寺已经失去了华严宗的传承，而成为了禅宗的基地。《景德传灯录》卷 17 记载："（休静法师圆寂后）荼毘获舍利，建四浮屠：一晋州，二房州、三终南山逍遥园、四终南山华严寺。勅谥宝智大师无为之塔。"可见，休静后来圆寂后，舍利分为了四处：晋州一处、房州一处、终南山逍遥园一处、终南山华严寺一处，他的塔被称作无为塔。

北宋时期华严寺的情况，宋敏求的《长安志》和宋张礼《游城南记》里都有介绍。《长安志》："华严寺会圣院真如塔，在县南三十里，贞观中建。"

写于北宋元祐元年(1086 年)的《游城南记》记载："东上朱坡，憩华岩寺，下瞰终南之胜，雾岩、玉案、圭峰、紫阁，粲在目前，不待足履而尽也。已而子虚、希古开樽三门，寺僧子齐，出诗凡数百篇，皆咏寺焉……酒阑，过东阁，阁以华岩有所蔽，而登览胜之。真如塔在焉，谓之东阁，以西有华岩寺故也，今为草堂别院。张注曰：《长安志》曰：真如塔，在华岩寺。今其塔在东阁法堂之北，壁间二石记，皆唐刻也，具载华岩寺始末，则华岩东阁，本一寺也，不知其后何以隶草堂寺焉。下阁，至澄襟院，院引北岩泉水，架竹落庭注石盆中，萦澈可挹，使人不觉顿忘俗意。时子虚、希古先归。院之东，元医之居也，予与明微宿焉。"可见当时杜顺的真如塔还在，位于东阁院。可是，这时的东阁院已经不属于华严寺了，而是成为了草堂寺的别院。当时的华严寺还有澄襟院："澄襟院，唐左术僧录遍觉大师智慧之塔院也。"

可见是唐代高僧智慧法师的塔院。澄襟院的东边是元医的居所。

2014 年中日佛教文化交流活动

元代至元九年，重修了澄观塔。《大元华严寺重修大唐华严新旧两经疏主翻经大教授充上都僧统清凉国师妙觉塔记》(现存于寺中)记载了这次维修的情况，据康寄遥讲，是“传戒长讲沙门吉洋建的。”

明嘉靖三十四年(1556)年末，关中大地震，华严寺由于身处土坡上，遭到了重创。几十年后赵崡到华严寺，记载“寺僧言，昔有五塔，止存二。……华严寺之胜，十不存一二焉。”《陕西通志》讲：“华严寺，明为开福寺，嘉靖间地震寺圮(pi)，万历元年僧征沧修。”明末赵崡到华严寺时，看到的就是经过征沧法师修复后的华严寺。北宋时张礼只看到杜顺的真如塔。五百年后，赵崡却看到了两座塔。说明澄观塔到北宋时已经湮灭，赵崡见到的是后来又重建的。僧人告诉他昔日有五座塔，显然是宋以后为华严五祖建的纪念塔。

明代万历十六年(1618 年)，赵崡游华严寺，《游城南记》记载：“寺西二塔，不知谁为真如。寺僧言，昔有五塔，止存二。余观东一塔下，有杜顺禅师像，西塔为清凉国师妙觉塔，俱重修。败垣中有唐比丘圆满断碑，书雅有欧褚法。又一僧房有唐严尊者塔额，大字。又有梦英撰碑，何润之书，记文殊阁藏杜顺肉身，今亡所在。而杜顺和尚碑，不知何缘乃在长安开佛寺中。”

清雍正十二年(1734 年)，雍正皇帝加封四祖澄观大师为“妙正真乘禅师”，此圣旨碑现在澄观大师塔前。清乾隆年间(1736—1796 年)，少陵原坍塌，寺庙殿宇全部毁掉，只剩下了两座砖塔。

1930 年夏，陕西遭受旱灾，朱子桥将军来陕赈灾，在华严寺瞻礼祖塔时，看到元代重修碑上刻有“修塔即降甘露”的文句，很受启发，便在塔前发愿，“重修两塔，祝愿普雨”，不日即降大雨。遂与康寄遥等共募资金，修护祖塔，并以修塔搭架的木料建成僧房三间。

新中国成立以后的情况，康寄遥的《陕西佛寺纪略》记载，1957 年时，寺院没有院墙，没有大殿，佛像供在土窑内，附近有二亩地，三间破漏的僧房是 1930 年修塔时建的。寺庙内当时只有一名僧人。据现任华严寺主宽昌法师讲，1958 年，僧房被长安师范、长师附小占用，古树全被砍伐。“文革”期间砸毁佛像，僧人被赶走，师范和附小强行拆僧房，修建了教室等。1976 年“文革”结束后，寺院仅存杜顺大师和澄观大师舍利塔及少数碑石。1985 年，清凉国师澄观塔面临倒塌，长安县政府派长安县文物局将塔迁建于原址东侧，1988 年完工。迁建时出土舍利玉瓶、舍利、鎏金佛像等文物，现今全部保管在长安区博物馆；2005 年，杜顺大师舍利塔塔基出现渗水情况，长安县文物局再次进行修护，修护时出土的砖刻、地宫门石刻皆存在长安区博物馆。

2006 年 6 月，时任陕西省佛协副秘书长的宽昌法师住持华严寺，华严寺的历史掀开了新的一页。四年间，宽昌法师主持修建了进行佛事活动的“华严三圣殿”，学修一体的“华严止观堂”，僧人居住的“重光居”，居士居住的“福慧居”，进行二时斋供的“斋堂”等。

2014 年 11 月 19 日，华严寺隆重举行了“中日佛教文化交流活动”。华严寺住持宽昌法师、住寺僧众、护法信众及延命寺住持薄田泰元为团长的“长安华严寺重建第二回写经奉纳友好访问团”全体成员参加了活动，在华严寺华严三圣殿举行写经奉纳及祈福法会，法会由宽昌法师、薄田泰元主持。

本书写作即将结束之际，又传来了陕西拟将汉传佛教六大祖庭打包申请世界文化遗产的好消息，华严寺作为华严宗祖庭也位列其中，华严寺的未来将会更值得大家期待！

华严宗祖庭至相寺

华严先驱人物很多，分属不同派系，都为《华严经》的传播做出了重要贡献。在菩提流支翻译出《十地经论》后，研究《华严经》蔚然成风，后来形成了有名的“地论学派”，由于师承不同，分为南道地论师与北道地论师。地论师对华严宗、唯识宗的形成有较大贡献，现择其要者略加介绍。

至相寺山门

慧光(468—537 年)，俗姓杨，河北沧州人，主要活动于六世纪前期。据说他聪明异常，往往刚学完经文就能宣讲，被时人称为“圣沙弥”，慧光师从名僧勒那摩提，参与了对《十地经论》的翻译，当菩提流支和勒那摩提就某一问题发生异议时，慧光常常能够提出独到的观点，弥合两人的不同。慧光闻名于东魏、北齐，是当时佛教界的领袖。

慧光是华严学发展过程中的一个至关重要的人物。他的重要性在于将原本神异色彩浓厚的《十地经论》诠释成为了义理为主的佛教论典，开辟了以后华严义学的新道路：

首先，《华严经》里讲了东南、东北、西南、西北、东、西、南、北、上、下十方各有一位大菩萨，分别有无数小菩萨相伴，排成有序的队伍，一齐来到佛前，这本是经文表述出来的一幅动态的菩萨拜佛图，本身只有为禅定者崇拜和观想用的，但是经过慧光的解释，就没有这么简单了，它还有深奥的义理在里面：

他认为，佛本身象征着“自体”这是宇宙的最高实在，或者叫“妙实”；而各位大菩萨，象征着“方便”修行；这种修行既是成佛之“因”，又代表着修行后取得的“果位”，无数相伴的菩萨，象征着修行的内容无穷无尽，包罗万象(行无不摄)；众多的菩萨来到佛前，象征着修行圆满，即从修行之“因”进入了觉悟之“果”；十位大菩萨的排列顺序是文殊第一、普贤最后，象征着大乘菩萨行发端于“发心求智”，成就于“人间践行”，所以要想证得“妙实”，成就佛果，就必须在有情世间践行佛法，广播功德，而不能离开世俗求解脱；无论是作为“因”的“方便”修行，还是作为“果”的佛的真理性活动，都源于并且最终归于最高实在——佛的“自体”或“妙实”。

魏道儒先生认为：“慧光在华严学发展方面作出的最大贡献，是把《华严经》对神通境界的形象描述进行理论改造，通过理性分析，提出新的哲学范畴，促使华严经学说在理论形态上彻底转变。实现这个转变的手段，是揭示《华严经》所描述的形象画面的象征意义。”

地论师僧粲也对《华严经》的研究和传播做出很大贡献。僧粲，俗姓孙，河南开封人，幼年出家，曾游学于河北、江南和长安地区，历经北齐、北周、南陈等国家，隋统一后，他于开皇十年(590 年)入住大兴善寺，成为当时佛教界的领袖，他针对当时不同学派汇聚京师的情况，写了《十种大乘论》一文，整理各类经典，统一思想，他是第一个将《华严经》里的《十地经论》作为解决学说分歧，判定是非的准则，将《十地经纶》奉为众经之主。僧粲是当时与三论宗吉藏论辩的主将，并且也是和道士们辩论的主将，他曾主动带领弟子去道教的讲坛挑战，并击败对手。僧粲响应隋文帝的号召，带领弟子到全国各地送舍利，“广布皇风”。

慧远法师(523—592 年)，俗姓李，甘肃敦煌人，十三岁出家，主要生活于东魏、北齐、隋初，早年活动于邺城，即今河南安阳附近，是慧光大师的再传弟子，其老师是名僧法上(495—580 年)，法上在北齐时期是炙手可热的人物，僧界之领袖，北齐开国皇帝文宣帝高洋常把自己的头发铺在地上，让法上踩过，以此来表示对佛法的尊崇，后来北齐于公元 577 年被北周灭掉，第二年，北周武帝宇文邕于宣政初年召集诸僧，讨论废除佛教的问题，法上当时为僧界领袖，但认为辩解无用，就没有吱声，只有慧远挺身而出，据理抗争，后来逃入山中避祸，580 年进入少林寺，隋取代北周后，慧远作为“六大德”之一被诏进长安，587 年后迁居长安净影寺，后被称作净影慧远法师，他并不是东晋时在庐山结社念佛的那位慧远法师。

至相寺的山路

净影寺的慧远法师是个了不起的人物，他第一次提出了大乘经典都是在说明同一个佛教真理——法界缘起，这一理论成为了后来华严宗的中心论点。他对华严学的主要贡献还有对“六相缘起”方面的分析。

灵斡(535—612 年)，俗姓李，山西上党人，十四岁从学于昙衍，48 岁时才在洛阳净土寺出家，灵斡对华严学的最大贡献是把莲花藏世界海作为修行的最终归宿，他认为，修华严的第一步，是达到兜率天宫；然而，兜率天宫虽然富丽堂皇，但终究要轮回，所以不是最究竟的归宿，因此他认为第二步就是进入莲花藏世界海，坐在大莲花上，在世界海中漂游。灵斡对修行归宿的追求后来被华严宗人接受，后来的华严二祖智俨法师就借鉴了这种思维来处理西方净土与莲花藏世界海的关系，获得了华严宗人的一致认可。

灵裕与慧远大师是同时代的人物，所不同的是，慧远的法脉没有传下来，而灵裕的法脉则兴旺发达，不但建立了华严学的第一个长期稳定的基地——终南山至相寺，而且培养了华严二祖智俨的理论知识，为华严宗的创宗做出了巨大贡献，所以灵裕也是华严学派中的一个关键人物，因此要略加介绍。

灵裕(518—605 年)，俗姓赵，河北巨鹿人，十八岁出家，和三阶教的创始人信行(540—594 年)都是相州南道地论师道凭的弟子，主要活动于安阳和长安地区，早年他主要活动于安阳地区，在北周武帝排佛时，他和同伴二十多人游化于乡间，以占卜为生。隋朝初年，他在河北一带活动，590 年他又回到河南，后来奉诏入住长安大兴善寺。灵裕对华严宗的贡献有四：一是他著有《十地疏》、《华严疏》、《旨归》等百余卷作品，收了大批的弟子，尤其是他以慧眼发现了像静渊那样有才能的人，这是很了不起的，因为能发现优秀的学生本身就是做老师的光荣与成就。二是他很有兼容并包的精神，他虽然主要弘扬华严，但是对自己的弟子并不强作要求，而是随其所好，自由学习。这种宽容的态度想来也是他口碑甚好的优秀品质之一，也是他成功的诸要素之一。三是他本身就富有管理才能，他制定僧尼仪规并严格执行，可以想见，他的杰出弟子静渊一定从他身上学习了很多这方面的才能，因为静渊也是以优秀的管理著称于世的。四是他劝静渊在隋开皇末年将原本偏僻的至相寺改迁到现在的地方，以方便内部管理和与长安方面的联系，使后来至相寺在华严创教的过程中起了关键的作用。灵裕在长安地区活动的时间并不长，但很关键，到了晚年，灵裕又回到了相州(今安阳)演空寺，估计可能是觉得自己住在至相寺不利于弟子大展宏图的缘故。

至相寺的建立者为静渊法师。静渊(544—611 年)，俗姓赵，陕西武功人，十三岁出家。《续高僧传》卷 11 记载：

> 承灵裕法师擅步东夏，乃从而问焉。居履法堂亟经晦朔，身服麁素摧景末筵，目不寻文口无谈义，门人以为蒙类也，初未齿之。裕居座数观异其器宇，而未悉其患解，乃召入私室与论名理，而神气霆击思绪锋游，对答如影响，身心如铁石，裕因大嗟赏，以为吾之徒也。遂不许住堂同居宴寝，论道说义终日竟夜，两情相得顿写幽深。

西安至相寺旁边的溪水

听说灵裕法师在河南安阳地区弘法很有名望，就到邺城去皈依灵裕门下，向他问学。静渊法师在灵裕门下非常低调，穿的法服非常朴素，吃饭总是站在后面，也不看书，不谈论，大家都以为他可能脑子不灵光，都瞧不起他。灵裕坐在上面讲法时，总是看到静渊气宇轩昂，但却不知道他的见解，就把他召入内室，谈论义理，发现他谈吐不凡，对答如流，非常自信。灵裕因此大加赞赏，认为是自己的得法弟子，就不再让他在大堂里和众人一起上课，而是让他搬进内室，一同吃住，论道终日，师徒感情越来越深。

静渊法师德行高尚并且有献身精神，据说当初周武帝排佛时，他打算剜出自己的眼睛来供养佛祖，表示慧灯不灭，后被人劝止。“属周武凌法。而戒足无毁。慨佛日潜沦。拟抉目余烈。乃剜眼奉养。以表慧灯之光华也。然幽情感通遂果心愿。”他的这种献身精神在当时很有影响力，和其师灵裕一样，静渊法师后来离开河南，回到陕西：

> 后整操关，壤屏迹终南，置寺结徒，分时程业，三辅令达，归者充焉，今之至相寺是也。裕后勅召入朝，纔有间隙径投渊寺，欣畅意得倾阴屡改，又以帝之信施，为移山路。本居迮隘，兼近川谷，将延法众，未日经远。裕卜西南坡阜。是称福地，非唯山众相续，亦使供拟无亏，渊即从焉，今之寺墉是也。自尔迄今五十余载，凶年或及而寺供无绝，如裕所示，斯亦预见之明也。

后来他隐居到终南山，建立寺庙，收授徒弟，关中归附者很多，他建立的寺庙就是至相寺。灵裕后来奉皇命来到京师，才有时间来到静渊的至相寺。大家都十分高兴，皇帝又施舍钱财让修山路。至相寺原来的位置十分偏僻，听众来此非常不便。于是灵裕法师就观看终南山的风水，在终南山的西南找到了一块坡地，认为这是块福地，不仅仅是因为众山连接，也因为山形象个拱形，没有亏缺。静渊于是就将寺庙迁到了今天至相寺所在的位置。迁移已经五十多年了，不管是好年还是凶年都能保证寺院的日常生活，真的就像灵裕所说的那样，这也是灵裕法师的先见之明。

在静渊法师生活的年代，《华严经》早已译出，很多学者都对该经十分重视，纷纷对《华严经》进行了注解，但是各家注解都不一样，时常让学僧们感到无所适从，华严学经过两百年多年来的流传，需要一个华严学的稳定的研究中心。静渊法师德行高尚，管理出色。德行高尚为其提供了广大的信徒和布施群体，保证了财源收入；而出色的管理则能让得来的财物用到该用的地方，扩大寺庙的影响。静渊继承了其师灵裕法师兼容并包的管理思想，在他领导的至相寺，既有学识渊博的义学僧人，也有游荡于山林的苦行僧，还有游化于民间的神异僧。

> 初渊奉持瓦钵。一受至终行住随身，未曾他洗，终前十日破

为五段。因执而叹曰。钵吾命也，命缘已谢五阴散矣。因而遘疾。此则先现灭相。后遂符焉。及正舍寿之时。钟声无故嘶破。三年之后更复如本。此皆德感幽显呈斯征应。率如此类也。因疾卒于至相之本房。春秋六十有八。即大业七年四月八日也。弟子法琳。夙奉遗踪敬崇徽绪。于散骸之地。为建佛舍利塔一所。用津灵德。立铭表志云。

西安至相寺的小门

静渊法师有一个瓦钵，跟随了他一生，没有让他人洗过，都是自己清洗。在他临终前十天，瓦钵破成了五段。静渊法师叹道："瓦钵就是我的命啊，命缘已经散去，五蕴也散了，因而得病。这就是先有征兆，后有符合，临终那天，至相寺的钟声不知怎的声音嘶哑，三年后才恢复响亮，这都是静渊法师的道德感动了幽冥，才会有这种异象。静渊法师圆寂在至相寺自己的房间，享年 68 岁，那是大业七年(611 年)四月八日。他的徒弟法琳在他的遗骸散落之地(可能按照当时的露尸葬，以尸体布施鸟兽)为他建立舍利塔，用来宣扬他的灵德。

至相寺一建立，就成为远近闻名的华严学研究中心。许多研究华严的高僧都向往之。

《续高僧传》卷 27 记载，高僧普安与至相寺关系非常密切。普安(530—609 年)，俗姓郭，陕西泾阳人，少年时代跟随普圆法师出家，其师普圆是一个苦行僧，修头陀行，但是他超越了其师，后来也注重义理的探究，在北周武帝排佛时期，他隐遁于终南山上，和至相寺的建立者静渊法师切磋华严玄义。据传普安有很多神异事迹，能移动巨石，降伏恶僧，治疗各种疑难杂症，甚至传说能够起死回生……这些都足以使他在民间有强大的影响力，甚至皇帝和官府对他都很忌惮。建德六年(577 年)，北周宇文邕灭佛，向来为朝廷所供养的北方地论师逃散至深山躲避，顿时落入衣食无着落的地步。而原来依靠神异获得百姓信奉的下层僧众由于和群众联系更紧密，并不畏惧官府。类似普安这样的下层神异僧，给予了流落山野的学问僧以很大的帮助。官府追捕僧人甚急，普安则以下层僧人领袖的身份出现，召集这些“京邑名德三十余僧”，将他们藏在终南山楩梓谷，就是至相寺所在的山谷，自己到外面化斋养活他们。有人将他送到京城，灭法的北周武帝却训斥该人：“我下令不许僧人在民间，你却连山里都不让僧人住，你让他到哪里活呢！”下令将他放回山中。搜捕僧人的官员柳某带人到了楩梓谷，却故意装着看不见，就草草离开了。

后来隋文帝重兴佛教，楩梓谷里普安所藏的三十余僧都应诏出山住在官寺。只有普安法师还住在山林。开皇八年(588 年)，皇帝召请普安法师入京，帮助长公主修建静法寺，然后住在静法寺。大业五年(609 年)十一月五日，终于静法禅院，春秋八十，遗骸于终南起塔，在至相寺之侧矣。

西安至相寺的大殿

《续高僧传》卷 14 记载智正法师曾在至相寺修行多年，并最终葬在至相寺附近。智正，俗姓白，定州安喜人。开皇十年(590 年)，隋文帝召名僧进京，智正与昙迁法师一起被召入京师，住在胜光寺。但智正不喜欢都市的烦扰，希望能进山修行，刚好终南山至相寺静渊法师知识渊博，德行高尚。智正就前往至相寺投奔静渊。在至相寺住了二十八年。智正法师隐居至相寺后就不再涉及人世，有人来谈论佛理就与之交流，无事时就安心止观。贞观十三年(639 年)圆寂于至相寺，春秋八十一。尸体布施鸟兽，弟子智现收拾余骨，在至相寺的西北岩建立石龛葬之。

《续高僧传》卷 24 记载弘智法师曾在至相寺居住，圆寂在至相寺，荼毗在至相寺旁。弘智法师，俗姓万，始平人，隋大业十一年(615 年)出家当道士。到终南山修道，不吃饭而练气功，希望能够羽化成仙，饿的身体虚弱，心神不安。于是到京城静法寺向惠法师请教。惠法师讲：人的生命以吃饭为本，不吃饭就能延续性命的，都是无稽之谈。弘智法师听了之后觉得有道理，就在隋恭帝义宁元年(617 年)不再当道士了。李渊建立唐朝后，佛道二宗对峙，弘智法师去请求隶属佛门。后来到终南山至相寺居住，讲《华严》、《摄论》等。永徽六年(655 年)五月九日在至相寺圆寂，春秋 61 岁。布施尸体于尸陀林，之后弟子收拾余骨，遵照他的遗命用火烧掉，建碑一区，陈于至相寺山外。

还有些著名法师虽然没有在至相寺住寺，但圆寂后都葬在了至相寺旁，说明至相寺对他们有很大的吸引力。如《续高僧传》卷 9 讲慧藏圆寂后，就葬在至相寺附近。慧藏，俗姓郝，河北人。11 岁就出家，广研众经，但以华严为主。北齐时期齐主武成帝曾降书邀请慧藏于太极殿开讲《华严经》。开皇七年(587 年)，隋文帝请慧藏法师入京，为当时皇帝所请的六大德之一。大业元年(605 年)十一月二十九日圆寂，享年八十四岁。尸体放于林间布施鸟兽，弟子将所余遗骨收集，在终南山至相寺前面的山峰下建塔。

《续高僧传》卷 11 讲道宗法师也葬在了至相寺附近。道宗，俗姓孙，莱州即墨人。少从青州道藏寺道奘法师，学通经论。道宗主要研习《大智度论》、《十地经论》等。后来入住京师洛阳慧日道场，讲《成实论》，影响很大。王世充割据洛阳时，对道宗法师非常尊敬。唐朝建立后，将他请入长安，经常在宫内为皇室讲经。武德六年(623 年)卒于所住，春秋六十一，收葬于终南山至相寺之南岩。

《续高僧传》卷 11 记载，三论宗的创始人吉藏法师，圆寂后葬在至相寺北岩。

> 释吉藏，俗姓安，本安息人也。……奄然而化，春秋七十有五，即武德六年五月也，遗命露骸，而色逾鲜白。有勅慰赙，令于南山觅石龛安置。……乃送于南山至相寺。弟子慧远树续风声。收其余骨凿石瘗于北岩。

《续高僧传》卷 13 记载，高僧慧因也归葬于至相寺附近。慧因，俗姓于，吴郡海盐人。早年学习成实学。后学三论，授业弟子五百余人。为南陈高僧。隋仁寿三年(603 年)建立禅定寺，召慧因法师充任上座。大唐建立后，为十大德之一，左仆射萧瑀对其非常礼敬。贞观元年(627 年)二月十二日卒于大庄严寺，春秋八十九。“遂迁坐于南山至相寺”。

三阶教创教教主信行法师也葬在至相寺山下。《续高僧传》卷 16 记载：

> 释信行……春秋五十有四，即十四年正月四日也。其月七日于化度寺，送尸终南山鵄鸣之埠，道俗号泣声动京邑。舍身收骨两耳通焉，树塔立碑在于山足。有居士逸民河东裴玄证制文。”信行法师弟子裴玄证也葬在了至相寺附近：“证本出家住于化度。信行至止固又师之。凡所著述皆委证笔。末从俗服尚绝骄豪。自结徒侣更立科网。返道之宾同所击赞，生自制碑具陈己德，死方镌勒树于塔所。即至相寺北岩之前三碑峙列是也。

信行法师的弟子们很多圆寂后都围绕信行法师建塔，后来形成了著名的百塔寺。

《续高僧传》卷 17 记载，昙崇法师也葬在至相寺旁边。昙崇法师姓孟，咸阳人。修律宗，世所崇敬。二百多弟子跟随学习。北周武帝宇文邕早年非常看重，敕为陟岵寺主(即大兴善寺前身)。隋朝兴起后，召一百二十僧人敕住兴善寺，昙崇法师是其中之一。皇后曾赐予钱财，昙崇用之建立佛塔一座，四年造成，高十一层，是长安城最高的佛塔，隋文帝非常高兴，赏赐舍利六粒。开皇十四年(594 年)十月三十日圆寂，春秋八十，弟子五千余人送于终南至相寺的右边，建立白塔。

元代曹洞宗僧人的舍利塔

《续高僧传》卷20记载静琳法师也葬在了至相寺旁。静琳法师俗姓张，祖籍南阳。七岁出家，师父让他整日跟随下地干农活。静琳想，这和俗人有何区别呢？就离开老师到别处访学。隋朝建立后，他投昙猛法师为师。然后就在中原各地访学，后来听说山西沙门道逊、道顺是大德高僧，就去投奔，道逊与道顺把他看得很高，留他为僧俗讲经，听众都很喜欢，但静琳法师却感到非常烦躁，他想：佛法本来就是为了对治烦躁的，为何会越讲越烦躁？意识到可能是定功不够。于是他到白鹿山去修习禅定，却得了昏睡病，为了对治昏睡病，他到悬崖边的一棵大树上禅定，如此才克服了昏睡的问题。后来还到泰山修行，随后进入关中，遇昙迁禅师开讲摄论学，静琳法师一听昙迁法师所讲的内容，自己都知道，意识到自己已经通达了佛教的所有内涵。唐开国后，静琳法师主要讲《中论》与《维摩经》，贞观十四年秋染病去世，春秋七十六。尸体被送至终南至相寺火化，只有舌头烧不烂，再烧就更明净。

与至相寺联系最紧密的是华严二祖智俨法师。至相寺也因智俨大师而扬名海内外。《新修科分六学僧传》卷2记载：

> 智俨，于阗国质子也，冒姓尉迟，名乐受，隶鸿胪寺。授左领军卫大将军、上柱国、封金满郡公。性聪锐，每思脱屣尘累。神龙二年五月，疏乞以所居宅为寺，诏允之。赐额奉恩，景龙元年十一月五日，中宗诞节也，因剃染以祝寿，诏就寺翻译诸经成部，严有力焉，又重出生无边法门陀罗尼经。后行头陀于石鳖谷，充上座于终南山至相寺。

依此说则智俨为西域于阗国国王的质子，俗姓尉迟，少年曾袭大将军、上柱国等爵位，但一直想出家。后来智俨舍宅出家，行头陀行于石鳖谷，充上座于终南山至相寺。需要指出的是，本则材料中的时间并不正确。《起信论疏记会阅卷首》卷 1 记载：

二祖讳智俨。俗姓赵氏。生于开皇二十年也，别号云华和尚，师居是寺因而名之。又号至相尊者，亦因主化其中，人故称之。

也就是说，智俨法师生于 602 年，他享年 66 岁，那就是圆寂于 668 年，而神龙二年是 706 年。智俨主要在两个寺庙居住，一为云华寺，一为至相寺。所以也被称为“云华和尚”或“至相尊者”。

智俨出家时，在佛前立誓选经，抽得《华严经》，就往终南山杜顺和尚那里，拜他为师。待了不久，就尽得杜顺的学问。后来碰到一个怪僧，告诉他说，你要想了解华严一乘法界宗，就必须了解十地中六相之义，不能懈怠，可一二月间，静静地思考，就能自己体会出个中道理。说完就不见了。智俨因此发奋学习，豁然贯通，时年二十七岁。就在至相寺写出华严经搜玄义钞五卷，题名《华严经中搜玄分剂通智方轨》，开明六相、十玄的涵义。

显庆四年(659 年)，智俨在云华寺中讲华严经，影响很大，当时法藏 17 岁，辞亲求法于太白山。后来听说亲人生病，就回到了京城。半夜忽见有神光照亮庭院，法藏认为肯定是有人在大弘佛教。就到云华寺拜见智俨。可见，云华寺位于长安市区。法藏向智俨询问的问题，都是很艰深的难题。智俨非常赞赏地对门下说，这是个“义龙”，能问出这样的问题，确是贤才。有人告诉智俨，这个居士(指法藏)在太白山修行，研习华严经已

西安至相寺远眺

经很久了，因为亲人生病，才回到了长安，来到了这里。

法藏领教了智俨法师的学问，认为找到了自己的老师。智俨也很高兴收到了好徒弟。龙朔二年(662年)，新罗人义湘来到云华寺，拜智俨为师，与法藏为同学。总章元年(668年)，智俨将要去世，对道成、薄尘等大德说，法藏是个有才华的人，对华严学很倾心，无师自通，将来光大华严学，只有靠他啦，我只是幸运成为他的老师而已。然后就梦到般若台倾倒，高幢也倒了。就告诉门人说，我将到净国去了。接着就圆寂了，享年七十二岁。侍读兼翰林学士崔致远撰《终南山至相寺智俨尊者真赞》：

走者之麟，飞者之凤，犹我人杰，法门梁栋，雷吼一音，石排四众，六相能演，十玄斯综，后素图真，腾光化身，叶文耀掌，莲界栖神，镜挂尘表，灯传海濆，东林佛影，永契良缘。

这是称赞智俨法师对华严学的卓越贡献，甚至影响到了海外。这里讲的是智俨的新罗弟子义湘。义湘学成后回到新罗弘传华严，成为新罗华严初祖，号浮石尊者。后长寿年间(692—694年)新罗胜诠法师回新罗，法藏还寄书给义湘说，咱们是前世的缘分，今生能够一同授业，学习华严经，智俨法师把他的著作传授给我们，希望我们光大华严学。但师父的注疏，文约义丰，以至后人很难看懂，因此我对老师的作品再加详细的释读，写成《义记》，让胜诠法师带到你处，希望得到你的批评。义湘于是闭门观看法藏的阐释，过了十天才出来。他招来自己的弟子真定和圆亮，以及元表、元训四人，将《探玄记》分与四人，每人分十卷。并告诉他们：法藏公让我开阔了眼界，你们让我有启发，我们各自努力，将华严学传遍新罗，这都是智俨大师加持的结果。

《华严经传记》卷4记载，居士樊玄智曾经拜至相寺的“整法师”为师父。樊玄智是泾州人，十六岁离家投华严初祖杜顺，杜顺让他读诵华严经，并依此经修普贤行，同时又服膺至相寺“整法师”，进入终南山，把华严经通学完毕。曾在石窟中白天读华严经，晚上修习禅定，长达二十余年。到唐永淳元年(682 年)，有人看见石窟内有光，才发现居士已经迁化多时了。

总之，至相寺是在北朝末年建立的，具体建立时间不详。建立者静渊法师与普安法师在北周武帝灭佛时期，住在终南山楩梓谷，为了接济逃到山里避难的义学僧侣，建立了至相寺，因为寺庙具有避难所的性质，所以位置很偏僻。后来隋朝建立后，灵裕法师来到京师，劝静渊法师舍弃至相寺原来偏远的位置，搬到现在所处的位置。至相寺建成后，很快成为华严学的研究中心，高僧云集，围绕至相寺有十几位著名高僧的瘗窟或灵塔，并因信行法师在至相寺山下建塔院而形成了百塔寺。

唐以后至相寺的历史很不清楚，笔者曾到至相寺考察，发现有元代曹洞宗僧人的舍利小塔还在，说明后来至相寺被禅宗僧人接收了。现今至相寺为西安卧龙寺的下院，卧龙寺也是禅宗的寺庙。卧龙寺出资将至相寺扩建一新，成为了西安非常有名的禅修基地。华严祖庭至相寺，已经走过了她最艰难的时刻，即将迎来新的开始。

律宗祖庭净业寺

稍有历史常识的人都听说过“鉴真东渡”的故事，但有多少人知道他是个佛教律师呢？律宗是佛教界颇受尊重，但多少带些隐逸色彩的佛教宗派。所以至今律宗带有某种神秘色彩，知之者不是很多。但据有些专家研究，我们常说的“批评与自我批评”、“言者无罪，闻者足戒”这类方法均源自佛教律宗，你会很吃惊吧？本章我们将简单介绍佛教律宗的情况。

一、律学概述

1.“律”的重要性

《佛说阿难问事佛吉凶经》曰：“人有戒德者，感动诸天龙鬼神，莫不敬尊。”佛教的“律”犹如儒教的“礼”，都是用来节制人的行为，调解人际关系的。“戒”、“定”、“慧”是佛教的“三学”，而“戒学”更是“三学”之首。《佛遗教经》中说：“佛子，离我数千里，忆念我戒，必得道果。”“当知此则是汝大师，若我住世，无异此也”。这就是说，佛制定的戒律在佛不在或涅槃时，就等于佛本人，“戒为无上菩提之本”，“以戒为师”讲的都是佛教对戒律的高度重视。

按照佛的教诲，由“戒”才能够入“定”，由“定”才能够得“慧”，所以对出家人来说，受戒和持戒是第一位的，所以现在南传佛教的大藏经中，律学部分是放在第一位的，南传的小乘佛教理论虽然没有我们北传大乘佛教这么复杂和高深，但是由于佛教界对戒律和践行比较重视，僧人持戒较严格，所以佛教的声誉很高。笔者曾到缅甸观摩，就感觉比我们国家更像是一个佛教国家，佛教在社会中所起到的作用是我们北传佛教远远不能比的。为什么小乘不甚精深的佛教反而更能够深耕民间？这中间原因很多，北传佛教对戒律的重视不够恐怕是很重要的一个原因。

律宗祖庭西安净业寺山门

一般提起修律宗的法师，不管其有没有高深的佛教知识，人们都会很敬仰，为什么呢？因为修律的话，只靠自己的聪明才智是不行的，更要靠坚定的信念和不移的恒心，以及时时忏悔自己的过错行为的反省心。现在好多人对有些僧人的言行颇有微词，觉得有些僧人不像僧人了，那正是因为时下对戒律的重视不够。僧人在社会中就是佛教的代表，僧人犯了戒大家都装作不知，或者简单处理了事，长久这样就会使佛教在很多人眼中失去吸引力，也容易被外道诟病。

2. 什么是律宗

“戒”，作为三学之一，是指佛教为出家和在家的信徒制定的戒规，借以防非止恶，从是作善；“律”的本义有“调伏”、“善治”之意，代表着制服、灭除诸多的过恶，内调心念，外治身业。所谓的律宗，简单地说，就是重点研究“戒学”的佛教宗派。

“一切众律中，戒经最上，佛法三藏教，毗奈耶(律)为首”。梁启超曾经总结说，在印度是“律”第一，“经”第二，而在中国是“经”第一，“律”第二，这是中印佛教的重大区别之一。印度人称“戒”为“波罗提木叉”，称“律”为“毗奈耶”，“戒”是用来节制人的欲望和行为的，而“律”则是一种佛教徒都必须普遍遵守的行为规范，以使行为协调一致。

3. 戒律的形式

(1) 羯磨。羯磨就是“业”、“仪式”的意思，分三种：“心念法”、“对首法”、“众僧法”等。僧团中的重大事件如受戒、忏悔等都要通过羯磨的形式来进行。所谓的“心念法”就是做了轻微犯戒之事，独自心想口念此事，以求得忏悔；“对首法”是指犯戒者面对一至三位比丘进行说明；“众僧法”是指犯戒者对四位以上的比丘进行说明。

(2) 布萨。布萨，意为“长养”，布萨是汇集僧众讲说戒经、共诵戒本以对照检点自己身口意三业是否清净，或向众人诚心忏悔自己所犯之罪，通过这种有则改之、无则加勉的布萨活动，既能使僧众清净戒住，又能增长功德。

(3) 自恣。自恣是指随他人之意而举自己所犯的过失，这很像延安整风时的“批评与自我批评”，揭露出来以后就对全体僧众进行忏悔。

(4) 忏悔和发露。忏悔是指在佛、菩萨、师长和大众面前申明过失，通过谢罪求得谅解，使自己达到灭罪的目的。“忏”是对轻罪的悔过，而“悔”是对重罪的反省。

发露是指如实表白自己所犯的错误和罪过，以求大家依律批评。

4. 戒律的分类

(1) 一般而言，佛教的戒律可分为小乘戒和大乘戒，小乘戒又有法藏部的“四分律”、化地部的“五分律”、有部的“十诵律”、大众部的“摩诃僧祇律”；大乘戒一般分两种：“梵网菩萨戒”和“瑜伽菩萨戒”。在汉区，“梵网菩萨戒”比较流行；在藏区，则“瑜伽菩萨戒”比较盛行。

就区别而言，小乘戒律重在解脱生死，推究生死的根源是贪欲，因此以断除个人的贪欲为戒律的基本内容。后来的大乘佛教则强调图谋一己私利而妨碍、侵害、毁坏他人，即自私的贪心是一切罪行的根源，戒律必须以根断私心、贪心为根本，并相应提出“摄众生戒”，也称“饶益有情戒”，以教化济度众生。

净业寺天王像

(2) “戒”按其内容可分为止持戒和作持戒两大类。止持戒指禁止错误行为的戒条，如我们常说的五戒、八戒、十戒和具足戒等。作持戒则是指奉行一切善行的戒，如二十犍度等。

五戒：不杀生，不偷盗，不邪淫，不妄语，不饮酒。这是在家男女信徒都必须终身受持的五条戒律。

八戒：不杀生，不偷盗，不邪淫，不妄语，不饮酒，不作任何赏心悦目的娱乐活动和不任意装扮自己，不坐不睡高广华丽的大床，午后不食。八戒不像五戒那样需要终身受持，只需要在一个月中间奉行几天，或者一天也可以，这是考虑到在家信徒由于被俗务缠身，难以每天坚持五戒而设立的方便戒法。

十戒：不杀生，不偷盗，不邪淫，不妄语，不饮酒，不涂饰香鬘，不观听歌舞，不坐不睡高广华丽的大床，不蓄积金银财宝，午后不食。“十戒”一般是授予 7 岁以上 20 岁以下的出家男女。

净业寺舍利塔

大乘教的十重戒：杀戒，盗戒，淫戒，妄语戒，沽酒戒，说四众过戒，自赞毁他戒，悭惜加毁戒(即吝啬布施，并对别人的布施进行嘲笑的戒)，瞋心不受悔戒(即不接受对方忏悔的戒)，谤三宝戒。

具足戒：也称为“大戒”，指20岁以上僧尼奉行的戒条，出家人只有受持了具足戒，才能取得正式僧尼的资格。《四分律》中比丘戒250条，比丘尼348条，通常说是500条戒，对重戒、轻戒、如何防范过失都做了详尽的规定。

5．二十犍度

“犍度”是“按类别编聚戒条”的意思，主要是讲关于僧团的修法仪式和僧尼生活的礼仪制度的规定。《四分律》分二十犍度：

① 受戒犍度，指受具足戒的仪式；② 说戒犍度：僧尼每月说戒忏悔；③ 安居犍度：在每年农历4月16日到7月15日为安居期，僧人们安居一起修习禅定；④ 自恣犍度：安居结束时众僧相互揭发他人的过错罪恶，并进行自我反省；⑤ 皮革犍度：对于应用动物的皮革制成的器具的规定；⑥ 衣着犍度：对于僧人衣着的规定；⑦ 药物犍度：因病用药的规定；⑧ 迦稀那衣犍度：安居后受在家居士赠功德衣的规定；⑨ 拘睒弥犍度：对于比丘之间的争斗，应该如法制止；⑩ 瞻波犍度：评论僧人中不正确的做法；⑪ 呵责犍度：说七种惩罚的方法；⑫ 人犍度：指行忏悔法时应具备的人数；⑬ 覆藏犍度：治罚隐瞒犯罪的事情；⑭ 遮犍度：禁止罪人进入僧侣行列中来；⑮ 破僧犍度：说佛陀弟子提婆达多背离僧团的事情；⑯ 灭诤犍度：平息七种争论；⑰ 比丘尼犍度：对于比丘尼行事的规定；⑱ 法犍度：对于比丘的

种种行为的规定；⑲ 房舍犍度：关于僧房卧具的规定；⑳ 杂犍度：其他种种有关杂事的规定。

二、净业寺的简史

净业寺位于凤凰山半腰处，与丰德寺相邻，是在同一个山的东侧与西侧，沿着山路，可以从丰德寺走到净业寺，沿着山下的环山公路，走半个小时也可以走到。净业寺初建于隋代，具体情况不详。但其成为律宗的祖庭，则是和南山律宗的创始人道宣律师有关的。《宋高僧传》记载："(道宣)隋末徙崇义精舍，载迁丰德寺，尝因独坐，护法神告曰：彼清官村故净业寺，地当宝势，道可习成。"道宣本来在丰德寺修道和著述，有一次独坐时，一个护法神降临，告诉他说，山东边的清官村的老净业寺，地势风水很好，在那里修道可以有成就。于是道宣就搬到了净业寺居住。

《佛祖统记》卷53记载："唐高宗时期，道宣律师曾于净业寺建石戒坛，为岳渎沙门再受具戒。""岳渎"即五岳和四渎，泛指天下。今存有道宣著《大唐雍州长安县清官乡净业寺戒坛之铭》，其文如下：

> 原夫戒坛之兴，其来久矣，肇於祇树之始，流渐淮海之阴，开佛化之羽仪，扇仁风於寰宇。遂得定慧攸托，非戒无以成基，业行是依，必律仪方能堪济。其德既广，非恒地之所任持；其绩既高，岂常务而能构克。故使于僧院内别置戒场，又于场中增基列陛，阶除四布，坛塔高严，幽明之所监护，凡圣于焉景仰。集僧作业，经三灾而莫亏；登降受行，历万古而长鹜。是则慈化弘远，诚资戒德之功。烦惑廓消，咸假场坛之力。统其绩也，岂不盛哉。若不式树旌铭，将何启其津径。略述所缘。

戒坛的兴起，由来已久。肇始于古印度祇园精舍，渐渐传到中国。将佛教传遍天下，为环宇带来仁慈。佛教所倡导的禅定与智慧，没有戒律都无法成就，僧人信众修行，只有按照律法来做才能成功。戒台这么重要，不是清

净业寺律师塔

净的地方不能够建立，故而我于净业寺内建立戒坛，又在戒坛中建立阶梯。戒塔高严，有神人护持，凡圣都需敬仰。规范僧人们的行为，让他们登上戒坛接受约束，这是保证他们成就的基础，也是长久以来的传统。这样，佛教慈悲教化天下，都要依靠戒律的约束；众生烦恼的破除，都要依靠戒坛的力量。这么说来，戒坛的作用能不大吗？不给戒坛树立铭文，怎么能让大家认识它呢，所以我略微讲述作铭的缘由。

后来荆州等界寺沙门无行法师，来到陕西巡礼佛寺，见到道宣在净业寺所立的戒坛和铭文，有感而发，也作《终南山北澧福之阴清官乡净业寺戒坛佛舍利之铭》而赞之：

维大唐乾封二年岁在丁卯孟夏朔日，京师西明寺沙门释道宣，与诸岳渎沙门，会于前乡之道场，平章法律。仰惟三圣垂教以戒为先，四生归德遵涂莫绝，遂使住法六万之寿，作化在于律仪。时经三变之秋，启务资于定慧，所以敢承余烈，克构场坛，陈瘗灵躯，镇兹福地，冀愿皇觉慈照，景业统宇宙而无疆；垂裕含光，神功谅堪济而逾远。

大唐乾封二年(667年)，京师西明寺沙门道宣，与各地沙门，汇集在净业寺道场，研讨佛教律法。想到儒释道三圣传教都强调以戒律为首，天下生灵都要依靠一定的规范才能延续，佛法能延续六万年，靠的就是律仪，佛教强调的禅定与智慧，都需要建立在戒律的基础之上，所以才继承佛教界的优良传统，建立戒坛。戒坛坐落在净业寺这块福地上，寄希望于佛教大业能够永远传承下去，戒坛的功能永远不变。

《佛祖统记》卷 39 记载："(道宣)尝於净业寺建石戒坛，为岳渎沙门再受具戒。有长眉僧来，谓之曰(即住世宾头卢)：昔迦叶佛曾此立坛。"道宣为天下沙门建立戒坛后，有个长眉毛僧人来见他，这个长眉毛僧人就是十八罗汉之一的宾头卢尊者。他告诉道宣说，过去迦叶佛曾经在净业寺这里建立过戒坛。

据传道宣在净业寺授戒度人，影响很大，甚至惊动了天人。有天人敬佩道宣的功德，向他供奉奇果："形似枣华大如榆荚，香气馝馞数载宛然。又供奇果季孟梨柰，然其味甘其色洁，非人间所遇也。"这就是后人津津乐道的"天人应供台"。

白居易衣冠冢

道宣在净业寺时，与当时著名的道士孙思邈交好。一年天大旱，有个西域僧人在昆明池结坛祈雨，七日后池水日涨数尺。有个老人于夜间到道宣处求救，说自己是昆明池的龙，天下大旱是天意，不是自己作怪。现在胡僧从池水中取水降雨，违反天命。我命危在旦夕，希望道宣法师救我。道宣法师讲，我没有办法救你，你可以去找孙思邈先生，就说我让你去找他的。老人找到孙思邈，孙思邈说："我听说昆明池里有三十仙方，如果能让我看看，我就救你。"老人无奈，只好拿仙方来见孙思邈，孙思邈就出手救了老龙。

《法苑珠林》卷 10 记载了道宣晚年的一些灵异的事情：大唐乾封二年(667 年)，也就是道宣圆寂前那一年春天，他在净业寺修道，忽然听到门口有人走动。道宣问："谁呀？"对方回答是南方天王毗琉璃第十五子张琼。道宣问："贫道入春已来，气力渐弱，医药无效。是不是该往生了？"回答说确实如此，不用再吃药了，你不久就要往生到弥勒的兜率天宫。还有天人王璠，是韦陀天将帐下天神，来拜会道宣。道宣向他询问疑难问题，都得到了解答。还有天人姓罗，为道宣广说律相。还有天人姓费，为道宣广说各地佛迹来历。还有天人陆元畅，为道宣讲鸠摩罗什的因缘。道宣遂号天人感通，声名大振。

唐高宗对道宣非常器重。西明寺建成后，道宣奉诏入住，担任上座。玄奘法师回到长安组建翻经译场，在全国征集名僧前往辅助翻译，皇帝下诏让道宣参与。后来送佛指舍利到法门寺，皇帝也让道宣前往。唐穆宗也称赞道宣："代有觉人为如来使，龙魔归降，狱神奉事，声飞五天，辞惊万古，金乌西沉，佛日东举，稽首皈依，肇律宗主。"唐懿宗于咸通十一年(870 年)曾谥道宣号为澄照，塔为净光塔。

唐朝著名诗人白居易曾到访过净业寺，这里至今还保留有白居易的衣冠冢。

唐代著名诗人贾岛曾经到访过净业寺，并留下《净业寺与前鄠县李廓少府同宿》诗一首："来从城上峰，京寺暮相逢。往往语复默，微微雨洒松。家贫初罢吏，年长畏闻蛩。前日犹拘束，披衣起晓钟。"我从京城出来，和你在净业寺相逢。和你交谈时，你常常欲说又止，就像细雨淋在松树上。你解除了职务去过贫苦的生活，是因为人年纪大了就畏惧别人的弹劾。当官就要接受束缚，常常得早起处理公务。李少府解除了职务，大概心里觉得忐忑，贾岛以此诗来安慰他。

唐以后，净业寺的历史不详，但寺庙无疑一直存在。到明代正统二年(1437 年)，当时的住持云秀法师住持修葺过净业寺。明天顺四年(1460 年)，净业寺住持本泉法师、丰德寺主持惠海出资重修净业寺。嘉靖三十四年(1555 年)，关中地震，道宣净光塔倾倒。隆庆元年(1567 年)，寺僧又重修寺庙。但塔直到清康熙二十年(1681 年)，寺僧严安禅师才又重建，其塔铭写有"宣公严公本来唯一，日面月面超然入室"的字样，大概是说，严安法师是道宣律师的转世，继承他的传统弘扬律法。半个世纪后的康熙五十二年(1731

年），诸山长老即各个寺庙的住持共同出资，重修道宣律师塔。嘉庆十八年(1813 年)，净业寺住持际桂法师重修过庙宇。道光十二年(1832 年)，净业寺监院明川重修净业寺，置田地，并树立碑记。

1921 年，福建僧人智海来到净业寺，他看到净业寺破败，就到南洋化缘，在东山谷修建茅棚 68 间，供僧人禅修，并置地若干。据康寄遥居士讲，智海曾邀请当时在慈恩学院讲唯识学的丘希明居士，到净业寺研讨唯识义理一段时期。

1949 年后，智海回福建。1950 年，智真和尚管理净业寺，并改净业寺为十方道场，当时寺内以及茅棚常住僧人五六十名，每年结七净修，是西安地区最大的丛林。当时还给信众传沙弥居士戒，智真法师希望能复兴律宗道场。可是一切美好的愿望都被“文化大革命”打碎，僧人被迫接受改造，寺庙一蹶不振。

改革开放后，政府落实政策，净业寺交给僧人管理，政府出资修缮了寺庙，少林寺僧人永心发心住山，住持道场，四方集资，重修了山路、天王殿、大雄宝殿、祖师殿等等，寺庙焕然一新。

现在净业寺的当家人为本如法师，他毕业于厦门大学，擅长绘画、书法、武术，出家后师从妙湛老和尚与南怀瑾，在禅修方面也有很多心得。净业寺在他的带领下一定会越来越好。

律宗祖庭丰德寺

丰德寺山门

丰德寺位于长安区滦镇的沣裕口太一山的半山腰上，坐东朝西，南山律宗的创立者道宣法师曾在这里认真探索律学的核心问题，并以大乘佛教经典《法华经》、《大般涅槃经》的内涵诠释小乘佛教的《四分律》，兼采其他部派的优点，将大小二乘贯穿起来，写成了《四分律删繁补缺行事钞》、《四分律比丘含注戒本》、《四分律随机羯磨疏》，后来被称为“南山三大部”。由于律宗的核心经典都是创教祖师在丰德寺写出的，因而丰德寺为律宗祖庭的地位不可动摇。就让我们先回顾一下律学在中国的发展演变吧。

一、律学在中国的早期发展

律宗成立之前，对律学有重大推动作用的有萧子良、梁武帝、慧光等人。萧子良(460—494年)，南朝齐国的竟陵王，他自幼博学，尤其喜爱读佛典，他认为学佛重在修行，如果自身不净，何以度己度人，所以一生持戒很严，曾写有《净住子》二十卷。所谓的“净住”，就是“布萨”，即僧众每半个月集会讲说戒法，检点自己的言行，如果有违反戒律的行为就在众人面前发露忏悔，令自己的身口意三行不起恶，能依法住于清净。萧子良还组织了“净住社”，对推广普及律学起了很大作用。

梁武帝(464—549年)，名叫萧衍，他是水陆法会和盂兰盆会的发起者，影响至今。水陆法会，也称水陆道场。水陆道场是我国民间的一度非常盛行的民俗项目，最早开始于梁武帝时期，其基本仪式都由梁武帝礼请宝志和尚整理，合为著名的“梁皇宝忏”。“水陆”之名，指据说天神都从水上用食，鬼灵都在陆地干净之处用食，意在强调供奉的不仅仅是一佛一灵，而是十方三宝、六道万灵。其缘起是梁武帝有一晚上做梦，梦到一神僧对他说：六道四生，受苦无量，何不作水陆普济群灵？于是梁武帝就做了第一次水陆道场，其内容主要是施舍食物、超度亡灵，其法事内容，在七昼夜之间，主要为结界洒净、遣使发符、请上堂、供上堂、请下堂、供下堂、奉浴、施食、授戒、送圣等。上堂三宝十位圣贤，奉请于午前；下堂圣凡十位神灵，召请于初夜，其上堂十位是：十方常住一切诸佛、十方常住一切尊法、十方常住诸菩萨僧等。下堂十位是：十方法界四空四禅六欲诸天圣众、五岳四河福德诸神等。水陆道场在宋代尤为兴盛，最有名的是苏轼为其亡妻王氏举行的“水陆法会”，由于宋代战事频繁，水陆道场也成了官方祭奠亡灵、超脱烈士的重大活动，明朝以后逐渐衰落。

盂兰盆会，盂兰是梵文音译，意思是“救倒悬”；盆是汉语，为盛供品的器皿。根据“目连救母”的故事，盂兰盆会可以解亡灵的倒悬之苦。最早也是开始于梁武帝，现在已成为一种寺庙文化活动，每年七月十五日，全国各地的大型寺院都要举行盂兰盆会。今天，人们在农历七月十五日上坟，给死者烧纸上香，供献食品，还有盂兰盆会内容的遗迹形成了今天所讲的中元节，即俗称的“鬼节”。

慧光对律学的发展有重大贡献。南北朝时期的律学，前期总的说来是南朝注重《十诵律》，北朝注重《僧祇律》，但是到了后期，《四分律》经过法聪、道覆、慧光等人弘扬而逐渐兴起，慢慢取代了《僧祇律》的地位。《四分律》早在姚秦弘始五年(403 年)就已经由罽宾三藏佛陀耶舍译出，由于译者佛陀耶舍西还罽宾，所以未能弘通。北魏孝文帝时，法聪在平城讲《四分律》，并口授弟子道覆作《四分律疏》六卷。后相州南派地论师慧光(468—537年)撰《四分律疏》，宣讲四分律义，始奠定该宗基础。慧光的弟子很多，有道云、道晖、洪理、昙隐等。道云奉慧光遗命专弘律部，著有《四分律疏》九卷。洪理著《四分律钞》二卷。道云之下分为道洪、洪遵两个系统。道洪传智首，智首传道宣，形成南山律宗；洪遵传洪渊，洪渊传法砺形成相部宗；法砺传道成，道成传怀素，形成东塔宗；这就是后来所说的律宗三家。

相传为道宣律师所建的戒坛

二、律宗在中国的创立

隋唐时期是我国佛教发展的黄金时期，国家富裕、文化昌明、思想自由、兼容并包，在这一大环境下，佛教界名僧辈出，灿若繁星，我国律宗三大宗(相部宗、南山宗、东塔宗)都产生于这一时期，由于篇幅所限，仅择其要者简单介绍：

洪遵(530—608 年)，河南安阳人，从邺下的道晖学习律法，他对律法的精神有着透彻的把握，在北齐时期他曾经平息过诸派僧人的论争，名扬天下，被称作“断事沙门”。隋朝开皇七年(591 年)，他奉敕出住大兴善寺，后又被尊为十大德之一。正是由于他的努力弘扬，《四分律》才取代《僧祇律》成为关中地区的主导性的律学。

智首(567—635 年)，道洪的弟子，福建漳州人，幼年出家，智首有感于当时五部律相互混杂，即研核古今学说，撰《五部区分钞》二十一卷，为此前的诸本律学的发展画上了句号。至此，《四分律》确立了自己的最终地位，智首也因此被尊为“律宗九祖”。

法砺(569—635 年)，是洪渊的弟子，但是他并不满足于师说，又到南方求学，隋朝末年北归，隐居在安阳，他创立了唐代律宗最早的一家，因为他长期待在相州，即现在的安阳地区，所以他创立的律学派别就被称为相州宗。法砺对中国佛教律学有很大贡献，开创了很多带有创新性的理论，如将“受随”为律学的宗旨；提出了“戒体”的理论，他的《四分律疏》开创了以后众多疏本的写法和体例。法砺的弟子满意律师，在长安弘律三十年，因住在长安崇福寺西塔，世称“西塔律师”，后来法脉兴盛，人才辈出，一直到北宋都还有存在。

丰德寺舍利塔

东塔怀素(624—697 年)，祖籍南阳，贞观十九年跟随玄奘出家，后来又跟随道成律师学律，提到怀素，人们马上会想到李白的一首诗：“少年上人号怀素，草书天下称独步。”可惜，此怀素非彼怀素，东塔怀素比书法怀素要早一百多年，后者生于 737 年，799 年圆寂，所以大家不要弄混。事实上，东塔怀素持戒严谨，而书法怀素则比较自由，他吃鱼、喝酒，经常喝得大醉之后在寺墙上书写。

因怀素长住在长安崇福寺东塔，遂被称为“东塔律师”，与相州宗的“西塔律师”满意相区别，东塔怀素虽然是相州法砺的再传弟子，但是他并不拘泥于师说，对法砺的学说也进行了批评，连自己的师爷都敢批评，更别说其他人了。在怀素生活的年代，道宣的地位如日中天，但是怀素还是批评他经常宣称的“神异”和“感应”；对“神通”之类的东西进行怀疑，作为一个僧人来说是非常难得的。怀素认同《四分律》就是小乘的戒律，认为小乘的戒律对大乘也是适用的，从而直接运用小乘说一切有部的经论来说明戒律，从而形成了唐代律宗三大部之一的东塔宗。

三、丰德寺的历史

丰德寺的建立时间，可能是北周灭佛的建德三年(574 年)五月，和一个叫做智藏的僧人有关。《续高僧传》卷 19 记载，智藏，俗家姓魏，华州郑县人(今华县人)。十三岁从“蔼法师”出家，当时属于西魏时期，住在长安陟岵寺(大兴善寺的前身)。后来周武宗灭法，他就藏到了终南山丰谷东面，仍然穿僧衣，剃头发，没有还俗。他在这里隐居，所住的应该是简陋的山洞，或简易的茅屋，这就是丰德寺最初的样子，但当时还没有丰德寺的名字，最多只是个精舍之类的简易修行地，由于当时处于北周武宗灭佛时期，智藏不大可能逃到一个有寺庙的地方。

智藏法师修行的绝壁

六年后隋朝建立，智藏返回大兴善寺居住。开皇三年(583 年)，离开城市，隐居到终南山丰谷的东面，他曾经住过的精舍，继续隐居修行，并想把这个地方作为自己终老的福地。《续高僧传》讲：“乃卜终南丰谷之东阜，以为终世之所也，即昔隐沦之故地矣。”可见他第二次隐居，所住的仍是丰德寺所在的位置。

后来隋文帝令大将军杨广征召智藏法师到京师居住，智藏婉言拒绝。隋文帝敬重智藏法师，就赐智藏法师所住的地方为丰德寺。“帝叹讶久之，乃遣内史舍人虞世基，宣勅慰问，并施香油熏炉及三衣什物等，仍诏所住为丰德寺焉。”

智藏法师修头陀行。《续高僧传》记载：“晚居西郊柏林墓所，头陀自静。文帝出游遇而结叹，与诸官人等各舍所着之衣百有余聚。藏令村人车运用充寺宇。”一天傍晚，智藏在长安西郊的柏林墓地修行，隋文帝刚好路过看见，赞叹不已，就与所行官人施舍所传的衣物等一百余件。智藏请村人将之运到丰德寺，换成钱财，用来建设丰德寺。寺庙建的很壮观：“故使福殿轮奂，回拔林端，灵塔架峯，迢然云表，致有京郊立望得传遥敬矣。”大殿美轮美奂，灵塔高架，直插云端，站在京师的郊外，就可以遥遥看见。可见隋代丰德寺已经是非常壮观的寺庙了。

智藏在丰德寺，经常讲法：“每至三长之月，藏盛开道化，以智论为言先，凡所登践者皆理事齐禀。京邑士女传响相趋，云结山阿就闻法要。”主要讲《大智度论》，所讲内容，既有理论方面的，也有修行实践方面的。京城信众经常前去听课。唐朝建立后，被征为僧官，管理僧务，但最终还是回到了丰德寺，武德八年(625 年)，智藏法师在丰德寺圆寂。享年 85 岁。

智藏法师常常在丰德寺南的绝壁上打坐：“常居寺之南岫四十余年，面临深谷，目极天际，俓途四里，幽梗盘岨，不易登升。而藏手执澡瓶，足蹑木履，每至食时乘崖而至，午后还上，初无颠堕。因斯以谈，亦雄隐之高明者故，图写象供，于兹存焉。”《续高僧传》讲智藏所打坐的绝壁，“面临深谷，不易登升”，绝不是夸张。笔者曾与同学攀登过一次，地方在丰德寺的南面的山上，根本就没有路，往上爬时，常有土石滚下，险些伤着一位同门。登上往南望，则正如文中所说“目极天际”，非常壮观(见上图)。

智藏圆寂后，可能埋葬在寺里。“京师慈门寺沙门小昙，钦藏素业，为建碑于寺门之右，颍川沙门法琳制文。”京师慈门寺的小昙法师，因为敬仰智藏，出资为其建碑于寺门的右边，法琳为其做文纪念。

丰德寺后来成为律宗祖庭则和道宣律师有关。道宣是后来成为律宗主流的南山律宗的创立人。《宋高僧传》卷 14《唐京兆西明寺道宣传》记载：“释道宣，姓钱氏，丹徒人也。……母娠而梦月贯其怀，复梦梵僧语曰：汝所妊者即梁朝僧祐律师，祐则南齐剡溪隐岳寺僧护也。”《宋高僧传》讲道宣的母亲梦见梵僧告诉他说，所怀之子乃《梁高僧传》的作者僧祐转世，僧祐则是南齐创建新昌大佛的僧护法师的转世。道宣法师 15 岁从智頵律师授业，16 岁出家，隋大业年间从智首律师受具足戒。曾在终南山隐修，隋朝末年迁到崇义精舍，再迁到丰德寺。

山下的沣峪口风光

崇义精舍就是崇义寺，位于长安长寿坊内。《四分律搜玄录》卷 1 记载：“二崇义寺者，按两京塔寺记云：西京长寿坊内，本是随朝延寿公于诠宅。唐武德二年，桂杨公主为驸马赵慈景之所置也。妻为夫置，故为崇义。寺者聚也，司也，随类聚在一处。如太常寺等农寺。即净行出家，伴侣共居，故称为寺也。仍别勅与西明与上座，将欲撰钞，遂入终南丰德寺，今取本住处之寺名也。”可见崇义寺原本是隋朝延寿公主的府邸。唐武德二年(619 年)，桂阳公主为驸马赵慈景所建。因是妻子为夫君建寺，妻子明大义，故称崇义寺。赐予道宣居住，后来道宣要隐居注疏，就离开崇义寺，到终南山丰德寺。

道宣在丰德寺完成了他的主要研究著述。《新删定四分僧戒本》卷 1 记载《新删定四分僧戒本序》：“终南山沙门释道宣撰。余以贞观二十一有年(647

年）仲冬，于终南山丰德寺删定戒本。”《四分律搜玄录》卷 1 记载：“南山云；余于唐武德九年六月内，此是时也，于京师终南山丰德寺撰集，此是处也。”这里的“南山”，指的就是道宣法师。道宣法师明确讲《四分律搜玄录》是在丰德寺撰写的。道宣法师是唐代著名的学问僧，著作丰富。除了对《四分律》进行广泛的阐述外，还有《广弘明集》、《续高僧传》、《三宝录》等二百二十余卷著述。

道宣律师持戒非常严谨。《宋高僧传》记载：“三衣皆纻，一食唯菽。行则杖策，坐不倚床。蚤虱从游，居然除受。土木自得，固己亡身。尝筑一坛。俄有长眉僧谈道知者。其实宾头卢也。复三果梵僧礼坛，赞曰：自佛灭后，像法住世，兴发毘尼，唯师一人也。”道宣法师所穿的衣服都很简陋，吃饭都很简单，走路时禅杖不离手，坐禅定不靠床。身上有跳蚤也不捕捉。他曾经造了一个戒坛，有个长眉僧人常来和他交流，这个长眉僧人就是十八罗汉之一的宾头卢。还有个印度僧人来拜会道宣律师，称赞道：“自从释迦佛灭度后，阐发律典的，只有道宣法师你一人啊。”

道宣法师持律严谨，名声甚至传到印度。《宋高僧传》云：“宣之持律声振竺干，宣之编修美流天下。是故无畏三藏到东夏朝谒。帝问自远而来得无劳乎。欲于何方休息。三藏奏曰。在天竺时常闻西明寺宣律师秉持第一。愿往依止焉。勑允之。”

道宣法师是颇有灵异色彩的僧人。《宋高僧传》记载：“干封二年春，冥感天人，来谈律相，言钞文轻重，仪中舛误。皆译之过，非师之咎，请师改正。故今所行著述多是重修本是也。”乾封二年（667 年）春，有天人来找道宣律师谈律法，告诉他的著作中的若干错误。但又告诉他，这些都是翻译者没有翻译好的缘故，不是道宣法师的错。

又有天人云：“曾撰祇洹图经。计人间纸帛一百许卷。宣苦告口占。一一抄记上下二卷。又口传偈颂号付嘱仪。十卷是也。”又有天人告诉道宣，他有《涅槃图经》一百多卷，于是道宣法师请求他念出来，并抄下了二卷，加上偈颂等共十卷。

丰德寺大殿

据《宋高僧传》讲道宣法师在贞观年间曾隐居在云室山。有人看见天童侍立在他左右。道宣在西明寺时，有一次夜间行走，一脚踏空，却没有摔倒，发现一个少年扶住了他。道宣惊讶地问：你是谁？怎么半夜在院中？少年回答：我是毗沙门天王的儿子哪吒，已经护持你很久了。道宣回答：我这里也没有什么事情，不必麻烦太子，西域那边可有什么东西可以作佛事？哪吒回答：我有佛牙和佛掌，愿意献给法师。

《宋高僧传》记载，还有一次，有个天人来拜会道宣，并告诉道宣，说道宣将往生到兜率天宫。百天后道宣坐化。时间是在 667 年，享年 72 岁。道宣法师圆寂后，舍利子被分为三处，分别建立舍利塔。三座塔的位置，《四分律行事钞简正记》卷 2 有介绍："时有丰德寺，寺主僧正伦，具事奏闻，请依西国法，荼毗得舍利。立塔三所：一在丰德寺，一在安丰坊，一在灵感寺。咸通四年，并安丰坊舍利入灵感寺，同起一塔。"可见，道宣圆寂后，丰德寺僧正伦上书，请按西域法荼毗(即火化)，所得设立舍利子，一份放在丰德寺，一份放在安丰坊，一份放在灵感寺。后来安丰坊的一份舍利也并入灵感寺。因此，丰德寺是有道宣法师的舍利塔的。唐高宗下诏令塑造道宣的塑像以纪念他，当时的名匠韩伯通塑成雕像。道宣从哪吒处所得的佛牙，被弟子文纲放到了崇圣寺东塔供奉。

道宣在唐代影响很大，曾奉诏参与玄奘法师的译经场。《大唐大慈恩寺三藏法师传》卷 6 记载："又有缀文大德九人至，即京师普光寺沙门栖玄、弘福寺沙门明泳、会昌寺沙门辩机、终南山丰德寺沙门道宣、简州福聚寺沙门静迈、蒲州普救寺沙门行友、捿岩寺沙门道卓、豳州昭仁寺沙门慧立、洛州天宫寺沙门玄则等。”可见，道宣在当时是著名的学问僧，并且他是被称为“丰德寺沙门”的。道宣自己也称自己为“丰德寺沙门”，道宣所著《释迦方志》卷 2 记载：“大唐永徽元年岁维庚戌，终南太一山丰德寺沙门，吴兴释道宣，往参译经旁观别传，文广难寻故略举其要，并润其色同成其类。”唐代宗大历二年(767 年)，曾观礼佛牙与佛掌。唐文宗太和初年(827 年)，宰相韦处厚建塔于西廊，保存佛牙与佛掌。唐懿宗咸通十年(869 年)，僧人令霄、玄畅等上表请皇帝追赠道宣。皇帝敕令谥号为澄照，道宣塔为净光。“澄照彰律镜不昏。净光显戒殊不耀”。澄照是显示律法严明，净光是说戒体纯净。

唐代丰德寺也是高僧们非常喜爱的归葬地。《续高僧传》卷 14 记载，慧頵法师就葬在丰德寺东岩。慧頵，俗姓张，清河人。祖上自永嘉年间，避乱于建业(今南京)，从小学习儒学，其父见其聪明，希望他能光耀门庭。但他后来迷上了道教，一心想羽化成仙。于是以死相逼，成为了道士。但发觉成仙的希望渺茫，由此在陈宣帝太建年间(569—582 年)改道为僧。隋灭陈后，慧頵于开皇末年(600 年)被召入京师寺庙，在京师，他利用京师经典齐备的资源，潜心研究佛教，最后归心于般若，与当时的名僧智首、道岳等交好。

丰德寺的僧寮

唐武德二年(619 年)，桂阳公主造崇义寺。慧頵入住，贞观十一年(637 年)夏末，慧頵病情加重，七月二十六日圆寂于崇义寺，春秋七十四岁，先是葬于高阳原之西，凿穴处之。后又迁南山丰德寺东岩。道宣法师曾和慧頵法师一同在崇义寺居住，后来慧頵归葬丰德寺，莫不是与道宣法师有关？

唐代唯识宗高僧圆测也曾埋葬在丰德寺。《大周西明寺故大德圆测法师佛舍利塔铭(并序)》记载："法师讳文雅，字圆测，新罗国王之孙也。三岁出家。……勅简召大德五人，令与译《蜜严》等经，法师即居其首。后又召入东都讲，译《新华严经》，卷轴未终，迁化于佛授记寺，实万岁通天元年七月二十二日也，春秋八十有四。以其月二十五日，燔于龙门香山寺北谷，便立白塔。在京学徒西明寺主慈善法师、大荐福寺大德胜庄法师等，当时已患礼奉无依，遂于香山葬所分骸一节，盛以宝函石椁，别葬于终南山丰德寺东岭上，法师尝昔往游之地，墓上起塔。塔基内安舍利四十九粒。今其路几不通矣，峭壁崭绝，茂林郁闭，险僻藏疾，人迹罕到，埋光蔽德，徒有岁年，孰知归仰。由是同州龙兴寺仁王院广越法师，勤成志愿，以大宋政和五年四月八日，乃就丰德分供养，并诸佛舍利，又葬于兴教寺奘公塔之左，创起新塔。"圆测是玄奘法师的弟子，新罗国人。武则天时期，诏令实叉难陀翻译八十卷的《华严经》，圆测也受皇命在洛阳佛授记寺参与翻译，但是经还没有翻译完毕，他就圆寂了。他圆寂后，先是将荼毗后所得的舍利子在洛阳龙门香山寺建塔埋葬。后来其在长安的弟子慈善、胜庄法师觉得在京师无所依靠，就将香山寺的舍利子分出四十九粒，在丰德寺东岭上建塔，这里是圆测曾经游玩过的地方。到了北宋政和五年(1115 年)，广越法师看到圆测塔所在位置极为偏僻，路已经不通，担心时间久远后，无人知道这是圆测的舍利塔，就出资将圆测的舍利移到兴教寺玄奘法师的塔的左边。

被称为唐代佛教的集大成者的宗密，也很喜欢丰德寺，他曾到丰德寺寻找《圆觉经》的古本。《圆觉经略疏钞》卷 5 记载："余又于丰德寺杂经中，见一本圆觉经，年多虫食，多已破烂，经末后两三纸才可识辨。"他在丰德寺的藏经阁找到了一本被虫子蛀食很严重的古本《圆觉经》，说明当时丰德寺藏书是很丰富的。

宗密曾经多次到丰德寺隐居，并在此完成自己的著述。《圆觉经钞辨疑误》卷 1 记载："释纶贯华严，乃云长庆二年(822 年)于南山丰德寺纶贯等。又长庆三年(823 年)夏，于丰德寺，因听四分律次，采集律文疏文，勒成三卷等。"可见，宗密曾到丰德寺听讲《四分律》，说明唐朝后期，这里仍然是律宗的中心。宗密还在丰德寺撰写华严的相关注疏，可见丰德寺也有不少华严方面的藏书。

《圆觉经钞辨疑误》卷 1 记载："况二年三年，皆在丰德寺，为造疏之资，又二年三年，皆在草堂寺正造疏。"可见，宗密在 822 年与 823 年，是在丰德寺与草堂寺两边换着住的。他到丰德寺主要是去利用丰德寺丰富的藏书的，"为造疏之资"。宗密是唐代后期最博学的僧人，竟然需要到丰德寺去听课与查资料，说明丰德寺在唐代末期仍为长安地区的佛学重镇。

明代的舍利塔

唐代文人也经常到访丰德寺。《唐才子传》卷 2 记载，河中人阎防，颜真卿甚敬爱之，欲荐于朝，他却不愿折腰，就隐居在终南山丰德寺百丈溪，建起茅屋读书。曾题诗云："浪迹弃人世，还山自幽独。始傍巢由踪，吾其获心曲。"又云："养闲度人事，达命知止足。不学鲁国儒，俟时劳伐辐。"后信命，不务进取，以此自终，有诗集行世，表现自己厌恶俗世功利而甘为隐士的人生追求。

阎防的好友刘昚虚曾有《寄阎防》一诗："青冥南山口，君与缁锡邻。深路入古寺，乱花随暮春。纷纷对寂寞，往往落衣巾。松色空照水，经声时有人。晚心复南望，山远情独亲。应以修往业，亦惟立此身。深林度空夜，烟月资清真。莫叹文明日，弥年徒隐沦。”青青的南山口，你和僧人们相邻而住。古寺藏在山里，人走在通往古寺的山路上，山花落满身。松树映在水面上，隐隐听到读经的声音。站在山上向南望，更能体会到自己的心境。应该修身净业，在森林深处与明月相伴，找回自己的本真。不要向外追寻功名而荒废一年又一年的青春。

唐代宗时期的进士李端曾有《丰德寺谒海上人》一诗："半夜中峰有磬声，偶寻樵者问山名。上方月晓闻僧语，下界林疏见客行。野鹤巢边松最老，毒龙潜处水偏清。愿得远山知姓字，焚香洗钵过余生。”半夜里听到丰德寺山上传来钟磬声，我向路过的樵夫询问山名。寺院上方，月亮挂在天空时，能够听到僧人的言语；寺院下方，森林疏浅，可以看到客人在走夜路。野鹤在最老的松树上筑巢，毒龙藏在水潭的最深处。但愿我能到这样的山里出家为僧，以烧香和清洗钵盂的生活度过余生。表现了诗人对出家人生活的向往。

唐末诗人唐彦谦曾有《秋霁丰德寺与玄贞师咏月》一诗："露冷风轻霁魄圆，高楼更在碧山巅。四溟水合疑无地，八月槎通好上天。黯黯星辰环紫极，喧喧朝市匝青烟。夜深独与岩僧语，群动消声举世眠。”圆月挂在清新的天空，轻风吹拂冰冷的露水，高楼矗立在山巅。四海之水纵横交错，等待八月时升腾到空中。星辰围绕着天人的住所，闹市升起缕缕炊烟。我在深夜还在与山僧攀谈，其他的声响都没有，大家都早已入睡了。表现了诗人与大自然合一的人生体会。

五代时期，丰德寺仍有高僧入住。《宋高僧传》卷 13《晋永兴永安院善静传(灵照)》记载，后晋时期的禅僧善静，曾到丰德寺去礼拜“广度禅师”，并在丰德寺受具足戒。从《新修科分六学僧传》卷 8《晋善静》的记载来看，他是个禅僧，他去丰德寺受戒，是否意味着丰德寺已经成为禅宗寺庙？有这个可能。

五代时期丰德寺是否已经改为禅宗的寺庙尚不确定，但北宋时期丰德寺为禅宗寺庙却是有证据的。《景德传灯录》卷 12 记载，邓州香严智闲禅师法嗣一十二人：“吉州止观和尚，寿州绍宗禅师，襄州延庆法端禅师，益州南禅无染禅师，益州长平山和尚，益州崇福演教大师，安州大安山清干禅师，终南山丰德寺和尚……”智闲禅师为禅宗六祖慧能法师门下第六世，“终南山丰德寺和尚”则为慧能下第七世。《景德传灯录》卷 12 记载了“终南山丰德寺和尚”的理论：“问如何是和尚家风？师曰：触事面墙。问如何是本来事？师曰：终不更问人。”大约是讲禅定打坐就是道之类的主张。

五代以后丰德寺的历史不详。明代时寺内为禅宗僧人居住，现在寺内还存有五座舍利塔，其中有一塔上写有“止舟大乘山独空通禅师塔”的字样，是明永乐年间的塔，是“空通禅师”的弟子，继任的住持“德注”建立的。从铭文可以看出，当时的寺名为“丰德万寿禅寺”。清乾隆五十八年(1793年)住持通慧曾重修过丰德寺，并立有重修碑石。清同治年间回民起义，丰德寺不幸毁于战火。光绪十九年(1893 年)，住持颍川主持重修了丰德寺，现有其所立碑石为证。

明永乐年间的
“止舟大乘山独空通禅师塔”

1949年以后，寺院殿房都还齐整，住僧一人。1957年康寄遥去调查时，丰德寺还有大殿五间，内有佛像三尊，山门三间，铁狮子一对，高约四尺，为明朝所铸造。“文化大革命”期间，寺院遭到严重破坏。明代的铁狮子、钟鼓楼都被毁掉，就连寺内的两棵古柏树都被挖掉。天王像、韦陀像、佛像都被拆除。1960年，丰德寺被改为尼寺。1986年，寺僧集资翻修了大殿，重塑了佛像，寺庙焕然一新。

三阶教祖庭百塔寺

西安市南郊有一个名叫天子峪的地方，紧靠着终南山，山上坐落着华严宗的祖庭至相寺，山下坐落着三阶教的祖庭百塔寺，相距大约三里地左右。

百塔寺山门

百塔寺大概是中国最小的祖庭了。没有寺庙常见的那种气派的山门，没有巍峨壮观的天王殿，没有庄严的钟鼓楼，只有一个大雄宝殿静静地伫立在寺庙中央，如果不是后院那颗硕大无比的银杏树，好多路人都会认为经过的是一个普通的农家小院子。然而，山不在高，有仙则名；水不在深，有龙则灵。百塔寺虽然寺庙不大，但因它是中国历史上赫赫有名的三阶教的祖庭，所以在中国佛教史上地位显赫。

一、三阶教的发源

三阶教是发源于北朝，兴起于隋代，盛行于唐代，衰落于唐末的著名佛教宗派。其创立人为信行法师。信行于公元 540 年生于东魏(今河南濮阳清丰一带)，俗家姓王。自幼心地善良，四岁时见牛拉车陷于泥中，哀悯牛的辛苦竟流泪。至于中年则思想成熟，认为应当效仿《法华经》里的“常不轻菩萨”，普敬众生，亲执劳役，故自愿舍去一些戒律，因为按照佛教戒律，寺庙里诸如扫地服侍等的杂活都是由沙弥完成的，已经授予具足戒的僧人是不能做这些事情的。

信行大约于天宝七年(557 年，17 岁)以后在相州(今安阳地区)开始了创教活动。他的主要思想有以下几点：① 三阶末法思想。信行从时间上将佛教分为正法时期(佛灭 500 年)，行小乘佛教；像法时期(佛灭 500 年至 1000 年)，行大乘佛教；末法(佛灭 1000 年后)，应行普法。末法时期，人性浊恶，应当礼忏地藏菩萨。这就是所谓的“三阶”划分。② 强调自己为当根佛法。三阶教认为，末法时期的人处于秽土，根器太差，已经当不起初阶与二阶佛法。所以，类似净土宗、华严宗、天台宗、唯识宗的佛法都是“二阶佛法”，已经过时，与当下末法时期人的根器是不适应的。③ 普佛思想。三阶教不是只崇拜某一个佛，而是崇拜所有的佛，并反对念一佛一名一经的，其代表性的经典是《七阶佛名经》。④ 抬高释迦牟尼佛与地藏菩萨的地位。信行在《三阶佛法》中提出，现在是五浊诸恶世界：“释迦牟尼佛、地藏菩萨摩诃萨为上首，等合举之。”⑤ 普敬思想。认为既然人人皆有佛性，则人人都有成佛的可能，因此要效仿《法华经》里的常不轻菩萨，普敬众生。⑥ 林葬。这是三阶教非常明显的特征，即僧人圆寂或信众死亡后，将尸体放到野外，布施给鸟兽，被认为是最后一次布施。也有所谓瘗窟，即将尸体放入山洞，洞口半堵，留下一个口子给野兽进出。⑦ 无尽藏。要求信众每日都要捐赠，按照经济实力或每天一粒米，或每天一文钱，一直延续，聚少成多。然后拿这笔钱修建寺庙，赈济贫民，赡养僧团。⑧ 忍辱苦行，看重布施、舍财、礼忏、乞食。三阶教僧人必须经历乞食养活自己的阶段。

信行可能年轻时患有心劳损，不适合坐禅。佛经浩如烟海，理论博大精深，他似乎也不适于长久坐下仔细研读学习与注疏。如果是一般僧人，肯定是无法出头的。然而信行有宗教家独特的性格理念，他有百折不回的宗教热情，有亲力亲为的实践精神，有与信众沟通的天然魅力，有与官方打交道的各种技巧。这些难得的气质让他最终成为了一代宗师。

如信行自序："自从十七岁以来，求善知识，至今四十八岁，积满三十二年，唯得相州光严寺僧慧定，并州严净寺道进，魏州贵乡县王善行，赵州瘿陶县王善性四人。"宣传自己的主张三十二年，才仅仅获得四名信众，可见信行的创教并不顺利。但毫无疑问，他的这些努力虽未获得众多信众，但确实扩大了自己的知名度。

转折在开皇初年(581 年)："开皇初，左仆射高炯，闻其盛名，奏文帝。征诣京师，住公所造真寂寺。"高炯为隋初最有名的宰相，主持修建了大兴城(唐长安城的前身)，将自己的家宅施舍为真寂寺，后于唐高祖武德二年(619 年)改名为化度寺，信行为寺主。后大兴城又有光明寺、慈门寺、弘善寺、慧日寺等基本为三阶教的寺庙。高炯的夫人也捐建了"积善尼寺"，也是三阶教的寺庙。京师三阶教徒有了很大发展，信行被尊为"五禅师"。

百塔寺大雄宝殿

开皇十四年(594 年)正月四日，信行圆寂，享年五十四岁。按照生前的遗嘱，埋葬在终南山下天子峪鸱鸣埠。因此地飞鸟众多，是林葬的好地方。其后，他的弟子信众将剩下的遗骨收集而成塔供养。此后，信众也将自己的灵塔建在信行法师塔周围，这便是百塔寺的缘起。

三阶教的发展并不顺利。信行法师圆寂六年后，隋代开皇二十年(公元600年)，三阶教就遭遇到了第一次行政干预。开皇十九年高炯罢相，第二年三阶教就遭到了止禁，或许与三阶教的大护法高炯失势有关。不过，根据张总教授的分析，这次只是禁断部分经典的流通，如《对根起行杂录》与《三阶集录》等，并未对三阶教带来太大的伤害。

二、唐初三阶教的兴盛

唐贞观年间，三阶教非常兴盛。李昉《太平广记》记载：“武德中，有沙门信义，习禅、以三阶为业，于化度寺置无尽藏，贞观之后，舍施钱帛金玉，集聚不可胜数。”据说这些钱主要用于三个方面：一是用于天下寺庙的修缮，一是用于慈善，一是用于日常的花费。

如此多的钱财，如果监督不到位，就可能出事。《太平广记》卷439就讲了一个“裴玄智盗金”的故事。说有个叫做裴玄智的人，在寺内充当仆役十余年，兢兢业业，任劳任怨，大家觉得他是个老实人，于是让他来管理寺内财富，不料，这么一个老实人，在金钱的诱惑下竟然不断地偷走金银，而寺僧竟都没有察觉，直到有一天裴玄智觉得拿的不少了，自己写诗一首：“放羊狼颔下，置骨狗头前，自非阿罗汉，安能免得偷。”

经此教训，寺院加强了监管：“常使名僧监之。”及时地挽回了名誉，并且有了进一步的发展：“所在州县造功德处，皆得普超，随喜助成，不必要须送化度寺。”在各个州县设立了临时的机构。

信行圆寂后，接替他维持大局的是僧邕。僧邕本是僧稠的弟子，传承的是佛陀禅师的禅法，是僧稠的嗣法弟子，可是，后来却被信行请下山，并拜信行为师。据说，信行说动他下山的理由是“修道立行，宜以济度为先，独善其身非所闻也。”（《化度寺僧邕塔铭》）

三阶教此时的兴盛远在隋代信行之上，这点从僧邕墓葬的规格上就能看得出来。唐太宗赠与锦帛予以追福，左庶子李百药撰碑文，书法家欧阳询书丹。就连僧邕的弟子德美圆寂后，也是由左庶子于志宁撰写的碑文。而信行法师圆寂时，撰写碑文的是裴玄证，只是个还俗的僧人，地位远远无法和李百药与于志宁相比。

信行塔周围，有他的弟子净名的灵塔，约在唐初起塔。然后是信行的嗣法弟子僧邕的灵塔，贞观五年(公元631年)起塔于信行塔之右侧。贞观十一年，有德美禅师，先后从师于僧邕、静默，圆寂后起塔于鸥鸣埠。另外还有光明寺的真行与慧了，以及化度寺的海禅师。这大概是早期塔院的情况，实际情况肯定比我们现在所知的要多很多的。

三、高宗时期三阶教的兴盛

唐高宗时期，三阶教继续发展。由越王李贞撰文、名书法家薛稷书丹的《信行禅师兴教碑》说明，三阶教和朝中权贵关系密切。越王李贞是唐太宗的第八个儿子，薛稷与唐睿宗李旦是儿女亲家，曾任礼部尚书、晋国公，位高权重。

隆和长老塔

高宗时期，三阶教的活动中心在长安，但是，其影响早已超出长安的范围。近年在陕西淳化石桥乡金川湾发现石窟内的刻经正是三阶教教徒所为。窟口宽9.5米，高7.1米，内宽10米，进深为10米。正壁为一大释迦佛像，“文革”期间被红卫兵炸毁，现又恢复。

东壁刻四经：《明诸经中对根浅深发菩提心法》、《明诸大乘修多罗中世间出世间两阶人发菩提心同异法》、《大集月藏分经略抄出》，均为信行法师所撰。另外还有《大方广十轮经》。

西壁也刻四经：《七阶佛名经》、《金刚般若波罗蜜经》、《如来示教胜军王经》、《添品妙法莲华经》。题记已经无法辨认，只知道开窟者的官职为“左戎卫兵曹参军”，这是唐高宗时期的中下层武官，属正八品。由于三阶教所留下的经典很少，并且多残缺不全。此窟能保留几部信行法师的经典，非常珍贵。

高宗时金川湾石窟附近，还有一个澄心尼寺，位于礼泉县赵镇吴村。现在其遗址发掘出来一方塔铭，记载其时寺主优昙尼师为三阶教僧人，崇尚“三阶八种之法……志尚不轻……遍行乞食。”可以证明澄心寺为三阶教尼寺无疑。

有迹象还证明三阶教曾传到法门寺。《法门惠恭大德之碑》讲，惠恭“年十四依慈门寺道场审禅师听授三阶佛法。”惠恭“以果收因，则含生皆佛……将时验质，则以位独凡；上根下根，洞悟其旨。”这里的“含生皆佛”，即普敬思想，是对常不轻菩萨的效仿；“将时验质”里的“时”即三阶的划分；“上根下根”即三阶教对正法、像法、末法时代人性的不同划分。惠恭曾在唐高宗显庆年间任法门寺三阶院的住持，可见，三阶教已经渗透到了这所著名的皇家寺院，并在寺内占有一席之地。

中国第二大的银杏树

四、武周时期的干预

武则天要称帝，薛怀义就炮制出了《大云经疏》，进而伙同菩提流志伪造了部分《宝雨经》的内容，加入了预言东方日光天子在大支那于此国当皇帝的内容：“汝于此瞻部洲东北方摩诃支那国，实是菩萨，故现女身，为自在主，经于多岁，正法治化。”武则天为了掩盖其伪造经书的行为，就开展了一场勘定伪经的运动。三阶教受到一定的影响，因为一些三阶教的典籍被定为伪经，停止传播。

同时，武则天因为残酷害死了王皇后和萧淑妃，晚上老是做噩梦，于是迁都洛阳。她企图利用三阶教的资产，下令将无尽藏总部迁至洛阳大福先寺，并指派净域法藏任监督。大福先寺是武则天的母亲生前的住宅，也算是武则天施舍的寺庙，在当时颇有皇家寺庙的色彩。

然而，无尽藏大本营迁到洛阳后，却没有打开局面。后来到了武则天后期，总部又迁回了长安，但洛阳大福先寺的无尽藏与三阶院仍然存在。不过这种来回的变动，或对三阶教的无尽藏事业造成不利的影响。

中宗李显复位后，对佛教颇为宽容。这可能跟他一出生，高僧玄奘就为他祈福，并授予“佛光王”的称号有关。三阶教又有所发展。

高宗武周时期，信行塔周边葬的人更多。僧人有赵景公寺的道安和尚、崇义寺的思言以及武则天非常信任的净域法藏、比丘尼坚行。这一时期的特点是俗人信众显著增加，著名的有王居士，太原人，久居长安，三阶教信徒，死后葬在信行法师塔林。还有梁成氏，是功曹参军梁某的夫人，二十二岁病逝，葬在信行塔林。

这一时期还出现了家族墓葬。管氏家族管均、管真、管俊都选择葬在信行塔院，其中管均的身份是绵州万安县令。类似的还有梁寺、梁师亮墓地。另外还有一位名叫尚直的信徒，也起塔于信行禅师林，他曾于武则天时期担任过庐州巢县县令。

信行塔林里最有名的俗众应该是河东闻喜裴氏家族了。太常协律郎裴庆远妻贺兰氏于开元四年(716 年)、礼部尚书裴行俭妻库狄氏于开元五年(717 年)先后起塔于此。库狄氏在武则天时期入宫为御正，先后获华阳、晋国夫人的封号。她是贺兰氏的婆婆，但比贺兰氏晚一年去世。

另外还有张常求、段常省等俗众，不一一列举。三阶教俗众的大量出现，说明三阶教在进一步向民众普及。

虽然看上去形势不错，但三阶教中也存在着重大的理论隐患。其最大的理论缺陷在于：既然认为第三阶众生由于根性太差，不适合读诵学习大乘经典，应该学习《三阶集录》，而《三阶集录》却是从大乘佛典中摘抄出来的。第三阶众生根器太差，诸佛不能救助，然而只要按照信行法师的要求去做，就可以得救。这不是说，信行比诸佛还伟大嘛！对此，善导大师的弟子，净土僧人怀感就毫不客气地讽刺道："信行禅师更能垂巧方便，陈于普真佛法，救得第三阶人，即慈悲胜于释迦，智慧过于无量寿……即信行禅师应胜佛者也。"

这就导致了其他宗僧人对三阶教的攻讦，不可否认，这也是几代统治者干预三阶教的重要原因。

五、唐代中期三阶教的沉浮

玄宗开元九年(722 年)，玄宗接连发布两条诏书《禁士女施钱佛寺诏》与《分散化度寺无尽藏财务诏》，诏令取缔无尽藏事业，将长安化度寺的无尽藏交给御史台，洛阳福先寺的无尽藏交给河南府处理。同时拆除寺庙中三阶院的围墙。禁止三阶教经典的流通。不允许传播三阶教的观点。

僧房

玄宗之所以会做出这样严厉的措施，可能出于对朝中权贵与三阶教交往的担心。前面已经有阐述，三阶教拥有巨额资金，并且上自宰相，下自平民都不乏支持者，如果两者联系起来，就可能对王权造成威胁，李隆基是靠政变夺得政权的，对其中利害不会不清楚。他本能地感觉到了这种威胁，所以才出手禁止三阶教。

玄宗的禁令是三阶教碰到的最严重的行政干预。但在二十年后爆发了安史之乱，唐朝政府对社会的控制一下子就松弛了下来。三阶教又重新复兴。三阶教典籍重新入藏，三阶院又在一些寺院里得到了重建，信行禅师的资料碑刻又被重新收集。

宋元时期的史料告诉我们，唐代宗大历二年(767 年)，三阶教信众为信行法师舍利塔重建了塔院。

三阶教“贞元复兴”最具标志性的事件，是贞元十六年(800 年)，化度寺僧善才奏请将信行禅师的《三阶集录》等 35 部三阶教典籍重新编入《贞元新定释教目录》，获得批准。

三阶教的壁画，在当时也很为人瞩目。段成式的《寺塔记》写于会昌三年(843 年)，讲光明寺中有李迪所画的鬼子母像，非常有名。净域寺三阶院有张孝师所画的地狱变。最有名的是赵景公寺，吴道子所画的地狱变，逼真形象，据说当时让看了的人都心生惊惧，连屠夫都吓得不敢行业了。

洛阳东都福先寺的地狱变，为吴道子所画，其中病龙尤为出色。张彦远的《历代名画记》作于大中二年(847 年)，告诉我们洛阳除了福先寺以外，大敬爱寺也是三阶教色彩非常明显的寺庙。他记载敬爱寺内有“月藏经变”与“十轮经变”。《月藏经》是讲末法时代的，对三阶教影响很大，也与三阶教思想契合；《十轮经》是抬高地藏菩萨的，也是三阶教非常推崇的经典。

三阶教与唐代著名书画家联系密切，可能与其拥有充足的财力，可以负担得起高额的费用有关。

此一时期，密宗已经在中国兴起，三阶教也受到密教的影响。其表现就是陀罗尼经幢在信行塔院的出现。现在我们知道有两个这样的经幢。其一为《大德惠澄经幢》，也称《湛大师经幢》，惠澄是三阶教徒，于长庆元年(821 年)附葬于信行塔院。另外一个为《僧无可书幢》，实际是长安群贤里真心寺比丘尼总静的墓葬经幢，无可法师为其书丹，立于唐大和六年(832 年)。无可是唐代著名僧人贾岛的从弟，书法学的是柳公权。

六、三阶教在海外的影响

三阶教在海外的影响，主要是韩国与日本。韩国方面，相当于北宋时期的名僧义天，为高丽朝王子，曾赴北宋求经。义天所学，主要是华严，也涉及天台、唯识、南山律、曹溪禅。他广求经典，回国后编著经目，主持编撰《高丽续藏经》，并把三阶教的部分经典如《三阶集录》等也传到了高丽。

曲径通幽

而在日本，早在第八世纪，三阶教的经典就已经传入。现在日本的古寺庙中还藏有一些三阶教典籍的珍贵古抄本，非常难得。如法隆寺藏本，东大寺正仓院藏本，兴圣寺藏本等。当代日本还有些机构和个人藏有三阶教的敦煌文献。

会昌法难之后，三阶教不断衰落。但似乎这并不是三阶教衰落的主要原因。因为日僧圆仁刚好于会昌年间入唐求法，详细记载了会昌法难期间的情况，北方三镇根本就没有执行。会昌法难时，敦煌位于吐蕃的控制之下，因而未受到影响。这样说来，三阶教的衰落，就不仅仅是经典被毁这么简单了。葛兆光先生在《理论兴趣的衰退——八至十世纪中国佛教的转型》一文中的分析，更让人信服。

他认为，种种的证据表明，经历了几个世纪以翻经、注疏为主要特色的佛教义理的学习后，似乎在8世纪的中国，出现了一股对理论钻研的反动。人们普遍觉得，皓首穷经，而藏经如海，学也学不完，“名相繁兴，以权为实”，反而不如个人体验式的宗教实践更直接和有用。正如葛先生所说，名相、因明的注疏，虽然丰富了人们的知识，但却日益背离了中国人的信仰追求。佛教成了智力的较量，而不是心灵的救赎。

葛先生进一步追寻导致这种情况的原因，他认为唐代前期的佛教可以称为“学者化的佛教”。其存在与发展要求有比较好的环境保证。而唐中期的战乱导致大都市中著名寺院的毁坏与衰落，而这些大寺庙正是贵族知识分子的集中之地。而禅宗崛起后，非常轻蔑地将唯识、华严等注疏贬斥为“理障”。故而中唐以后不仅仅是三阶教，除了禅宗、净土宗、律宗这些以修行、领悟为特色的宗派仍然在发展外，其他的宗派都衰落了。

七、百塔寺简史

从以上介绍，再结合地方史料，我们大概可以勾勒出百塔寺的历史演变过程。鸱鸣埠尸陀林因三阶教祖师信行法师的灵塔而发端，弟子信众逐渐附塔而起，但在隋代被称为“至相道场”，因为它距离华严宗祖庭至相寺不远，被视为至相寺的一部分。

唐大历二年(767 年)，三阶教信众为信行法师塔建立了塔院，以后信行塔院逐渐与至相寺区分开来，独自成一系统。

宋代可能又有发展，史载当时称为“兴教院”。北宋张礼《游城南记》记载：“百塔在緶梓谷口，唐信行禅师塔院，今谓之兴教院。唐裴行俭妻厍狄氏，尝读《信行集录》，及殁，迁窆于终南山鸱鸣埠信行塔之后，由是崇信行者，往往归葬于此，今小塔累累相比，因谓之百塔。”当时玄奘归葬的地方称为“兴教寺”，两者同时并存，以示区别。一般而言，寺比院规模大，寺内可能还有若干院，如用于坐禅的禅院，用于讲法的讲院等。宋代称“兴教院”，可能规模不是很大，但相比于唐代的塔院，已经是正式的宗教活动场所了，这是实质性的进步。从张礼的记载可知，当时小塔“累累相比”，百塔之名可能由此而起。

元代称“百塔万寿禅寺”。今百塔寺内藏一元代塔铭云：“终南山开山第一代主持百塔万寿禅寺嗣祖沙门正和尚，故佛国真净大禅师正公长老灵塔。

大朝至正六年岁次己巳望日。”“至正”为元代年号，张总教授考证时间为元代 1269 年。如此则百塔寺之名可能在元代由真净大师开始确立。真净大师自称禅师，可能意味着此时的百塔寺为禅宗僧人所有，但究竟是哪个派系尚需继续研究。金元时期，百塔寺有贵人重修。明代赵崡《石墨镌华》记载百塔寺：“殿壁金元旧画，雄伟可观。寺僧亦出一像，纱帽金龙红袍，云得之承尘，意是金元达官修寺者也。”赵崡是明代万历年间人，至明代时还可看到百塔寺的前朝旧画“雄伟可观”，并且寺僧还藏有当时重修寺庙的贵人画像，头戴纱帽，身穿红袍，上绣金龙。这种打扮，可能为地方大员，可惜未能留下名字。

百塔寺后院

明代的百塔寺，寺庙仍然华丽，但百塔久经战乱后已经保存不多。赵崡《石墨镌华》记载：“百塔寺本唐信行禅师塔院，山畔裴行俭妻库狄氏葬塔尚存，余小塔，《记》所谓累累相比谓之百塔，今止存三五而已。殿前石幢经，无可书，殊绝。寺亦入秦邸，故庄严稍胜。”赵崡还留下《游城南百塔寺》一诗：“遥望百塔寺，寺边塔累累。下有敷荣草，上有纷披枝……”

明亡清兴，百塔寺经历战火。同治年间回民起义，战火蔓延关中各地，很多寺庙道观都遭到破坏，百塔寺也没能幸免，从此之后日益衰败。

1912 年，百塔寺残垣内存禅兴堂、德道堂等殿堂，十方道场，皆五开间。寺院后有藏经楼，另有僧舍六十余间，当时寺院住持为心开和尚。院内外有唐槐四株，重达两千余斤的铁铸古洪钟一口，直径四尺的黑铁锅两口，枝繁叶茂的参天银杏树一株，寺西有方形五级砖塔一座，直插碧空，独立终南。

在寺之东南山下有塔院四十余亩，俗称“尚人墓”，存大小石塔数十座。1941年前后，国民党黄埔军校第七分校驻扎在王曲曹村一带。为了修建军队营房，将百塔寺大殿庙宇大多拆毁，法器什物抢劫一空，伐树毁像，寺内之古钟、大锅、名人壁画、经幢毁之净尽，荡然无存。

至 1949 年，百塔寺仅存大殿三间，僧房六间，留寺二僧圆寂后，已经有千年历史的百塔寺被红卫兵彻底毁掉。不过信行法师灵塔幸得保存。改革开放后，1986 年，隆和长老决定重建百塔寺。但苦于缺少砖瓦修建大殿，竟把宝塔拆毁，建立了今天所见到的百塔寺大雄宝殿。一千四百多年的宝塔，躲过了无数灾难，竟然在近年被拆掉了，真是黄钟毁弃，焚琴煮鹤之举。

这个劫难，正如佛家所讲的“成、住、坏、空”，从有到无的一个循环。果真如此，现在刚好够条件重新建立。好在日本学者民国期间考察百塔寺时所拍摄的照片仍在，青砖仍在，希望有关方面能够及时恢复信行法师塔，这不仅是对历史的负责，对发展西安佛教祖庭游精品线路，打造西安文化名片都有好处。

法师塔被拆后，能留下代表百塔寺的，就只剩下大殿后的银杏树了，相传为隋、唐时栽植，被称为“中国第二银杏树”、“千年活化石”，高约 30 余米，树冠达百余米，树围 18 余米，浓荫覆盖半个寺院。银杏树历尽千年风霜，依然枝叶茂盛，长势见旺，1998 年西安市公布其为重点保护文物。1999年日本三阶教研究专家西本照真大师莅临百塔寺，称赞说“此树是三阶教兴衰的活见证”。

绿度母祖庭广仁寺

广仁寺山门

广仁寺是陕西省唯一的一所藏传佛教寺庙，由康熙皇帝敕建。因文成公主在藏地被尊为绿度母的化身，所以文成公主的故乡长安广仁寺这一唯一的供奉绿度母为主尊的藏传佛教道场，就被广泛承认是绿度母的祖庭。

一、藏传佛教与汉传佛教的区别

藏传佛教，俗称喇嘛教、金刚乘佛教、密乘佛教，与南传小乘佛教，北传大乘佛教并列为佛教三大支派之一。实际上是大乘佛教密教化之后形成的一个佛教类型，也称为藏密或西密，与汉地的唐密与日本的东密相对而得名，是目前信众最多、流传最广、影响最大的密教宗派。

藏传佛教与汉传佛教的区别

(1) 皈依不同。显教只讲皈依三宝“佛法僧”，而密教则再加上“根本传承上师”，并且排在“佛法僧”三宝之前而称皈依“四宝”。

上师，又称“阿阇梨”，为“仪轨师”的意思，因为密教修法要首先布置“曼荼罗”，即坛场，布置得当才能请得佛或菩萨降临与之合一，这需要专门的知识才能布置。

上师对修行者而言，就是佛，要像对待佛一样对待他，上师身份的获得要有传承，上师不分大小，只看对待不同的根器，即最适合自己的上师就是最好的上师，如果自己没有好的根器，即使跟了名气很大的上师也不能契机。

(2) 所依经典不同。密教宣称显教经典为化身佛与报身佛所说，而密教经典为法身佛大日如来所说，因大日如来为“诸佛之佛”、“诸佛之本”，故密教经典称为“大教王经”或“密续”。

(3) 修法不同。显教注重念佛、唱诵、说教等，一般为公开传授；密教则注重手印、观想、咒语、气功等，认为只有通过上师的单独指导才能掌握，否则会走火入魔。

(4) 戒律不同。中国显教目前不许吃荤腥，不许结婚；而密教则允许吃荤，部分派别也可以结婚。

(5) 崇拜的对象不同。显教推崇的是佛菩萨信仰，而密教推崇的则是金刚、明王。金刚与明王被认为是已经进入“法界”的神祇，已经是十地以上，属于法身大士系列，位格上甚至高于菩萨，具备成佛的条件，但由于发心广大，誓愿度尽苍生才愿意成佛的一类神祇。密教认为，对于有善根的众生，用菩萨乘就可以度化他们。但末法时代的众生多魔障缠身，刚强难化，甚至会做出破坏佛教的错误行为，这种情况下，为了不让这些众生再造障业，再背因果，于是金刚、明王类身被盔甲、手拿武器的神祇就成为主流，运用强制力量来度化他们或阻止他们作恶。有些明王形象十分凶恶可怕，犹如恶魔，这就好比大人教育小孩，孩子听话时就好言相待甚至奖励，实在顽劣不像样子就会惩罚他。

（6）密教宣称“即身成佛”。密教认为信众自己修行当然成佛过程会非常漫长，但密教认为其为“一切如来”所集的“总持”法门，可以靠佛力的外力加持而迅疾成佛。

（7）密教修行需灌顶。灌顶有“驱散、注入”两层含义，是借助上师本尊的法力驱散障碍与罪业，注入相应的智慧后才有资格学习密法。密教认为密法是大日如来的秘密法门，未经灌顶之人，没有上师的许可与指导而擅自学习密法，不仅不会精进而且可能产生错乱进而对自身不利。灌顶分四级灌顶，宝瓶灌顶(代表东方不动如来)、秘密灌顶、智慧灌顶、胜义灌顶。

（8）密教修行非常讲究次第。次第即顺序。学僧先要根据家乡地域进入不同的康村，相当于大学的系；然后若干个康村组成一个扎仓，相当于大学里的学院；若干个学院再组成措钦。依照严格的程序逐级淘汰，留下的竞争上级学位，依次有拉然巴、措然巴、多然巴等学位，大致相当于学士、硕士、博士的等级。

密教并非不学显教经论，实际上，密教对显教经论也是很重视的，尤其是对“戒律、俱舍、因明、中观、般若”五类经典，需要经过专门的考试才算合格。

二、广仁寺诸尊

藏传佛教有所谓“三祜主”之说，分别为“观音、文殊与金刚手”，其中观音尤其被认为与藏地有缘。据《西藏王统记》记载，西藏人的祖先为一只猕猴，受到观音的点化，到藏地修行，一名罗刹女却缠上了他，非要和他结婚。猕猴百般拒绝，最后罗刹女威胁他说，如果不同意，她就自杀，那么她的死就是因为猕猴的拒绝造成的，这样猕猴就是间接杀人，“修行有何用？”猕猴无奈，只好到观音菩萨前问询，究竟该怎么做。观音菩萨告诉他，为了救罗刹女的性命，他可以与罗刹女结婚。于是猕猴就与罗刹女结了婚，所生的子女就是藏族的祖先。

千手观音

《王统世系明鉴》记载，一天，释迦佛白毫相射出五彩光芒，遍照北方有雪之地，然后告诉大家：“善男子，北方雪国是三世佛都未曾教化过的地方，是满布魔怪的边地。但是，到将来，那里的佛教会像太阳升起一样光大弘扬，有情众生将获得解脱的菩提道。完成这个调伏边地的善业者，应是圣者观世音菩萨。因为从前观音菩萨修行时，曾在千佛之前发过这样的誓愿：‘我一定要把三世佛都未曾到过的雪国边地，难调伏的有情众生引到解脱的正道上，使这块边地成为我所调伏之地……我将以教化一切之力使众有情成熟解脱，使雪国边地变成一个宝洲，这是我的心愿。’由于这个誓愿，三世佛未曾调伏的雪国边地，应由观世音菩萨教化。”由此，四臂观音成为雪域的保护神，广受藏人的崇拜。

《度母本源经》告诉了我们关于度母的来历。据说观音菩萨到处救苦救难，不得休闲，他一日睁开天眼，看到三恶道众生不但没有减少，而且越来越多。他大悲心起，落下了二十一珠眼泪，这二十一珠眼泪落到地上，化作莲花，从中生出身色各异的21尊度母，她们向观音菩萨合掌施礼，言道："汝心勿忧闷，我誓为汝助，众生虽无量，我愿亦无尽。"表示愿意帮助观音菩萨度化众生。度母里面以绿度母与白度母最为著名。

释迦牟尼佛的十二岁等身像

绿度母

据说，唐太宗李世民送文成公主进藏时，表示愿意送给文成公主一件礼物，让文成公主随便挑选，文成公主就提出要太宗所供养的释迦牟尼佛的十二岁等身像，太宗慨然应允。佛像搬走后，唐太宗望着大殿里的空位，正在想谁能替代佛陀的位置时，绿度母忽然开口说话了，说她愿意坐此宝座，继续弘扬佛法。从此长安就有了绿度母的道场，而文成公主被认为是绿度母的化身。绿度母的形象为：①"圣洁美妙翠绿身"。非常纯洁的美妙翠绿的身体。这是二八妙龄少女的身体。②"神态慈祥目深沉"。神态非常慈祥，眼睛非常深沉地关注着众生，悲喜交集的样子慈爱与可怜着众生。③"秀发半束半散垂"。头发很长，有一半梳成发髻，一半散开了披在背上和肩上。④"香菊插鬓珠宝饰"。一般这个都是指蓝色的菊花，香菊主要指蓝色的菊花。在顶上、头上、身上都有花瓣，手上拿的也是蓝菊。菊花是长寿的象征，菊花开花的时间比较长，代表长寿。头上还有宝石做成的宝冠、耳坠、项链、手镯和脚镯、腰带等等。胸前挂的都是宝石及金色的装饰品，上面有红宝石、蓝宝石、黄宝石等各种宝石，都灿灿发光。⑤“五彩绫罗为衣裙”。度母身上的衣服是件绫罗。穿的是五彩的裙子，非常薄。五彩的绫罗衣裙。⑥“仿佛彩虹罩翠峰”。五彩的衣裙穿在翠绿的身上，就好像在翠绿的山峰上笼罩了彩虹一样。因为这些五彩衣裙都是非常薄的纱衣，身体也是玲珑剔透。这些都是光形成的，不能观想为实在的身体及衣裙。⑦其一手拿青莲花，一手拿莲果，象征过去与未来，职能是能使女士变得更漂亮。

大威德金刚是藏密五大金刚之一，是文殊菩萨的教令轮身。教令轮身是佛菩萨为了阻止恶魔继续为恶而现的愤怒像，以强力降服破坏佛法的魔怪。经常以双身形象出现在护法殿中。藏传佛教中的双身形象，以“空乐双运”为理论基础。“乐”是指气入中脉后体验到的一种“乐境”，而“空”则指在此乐境中产生的“见空直觉”。这是一种哲学象征，象征了圆满的境界，男具阳德，女具阴德，“阴阳和合而道成”，只有男或只有女，都是片面的。但这种男女双身的形象并非意味着藏密修行一定要男女双修，而是观想。因为经典中总是强调“从心中出”，因而双身画像或塑像是为修炼时作“观想”用的，并非如攻击者所想的那般不堪。

转经筒

吉祥天女，“吉祥天母”也称“吉祥天女”，本是印度教中大神毗湿奴的妻子，现在也成了佛教的护法神了，印度教的大神频频出现在藏传佛教的大殿中，显示出了佛教密宗和印度教的密切关系。她的坐骑为屁股上长着两只眼睛的骡子，可上天入地，在三界中自在而行，广施救度，能给人以智慧和幸福，可主生死、疾病、祸福，传说她的骡鞍上挂有两个骰子，一个布袋。布袋可以盛放疾病。两个骰子红色的主杀，白色的主赦。吉祥天女是拉萨市、大昭寺、布达拉宫的保护神，也是藏传佛教最著名的护法神，她有二相，一为寂静相，一为愤怒相。寂静相异常美丽而愤怒相则异常丑陋。历代达赖喇嘛坐床后都要前往纳木错湖拜她，因害怕她的愤怒相而祈求她背过脸去。吉祥天女在藏语中称为“班丹拉姆”，布达拉宫二楼有“班丹拉姆护法殿”，也因其愤怒相过于凶恶而用布蒙住脸，害怕这个愤怒相吓坏游客。

姊妹护法

最左边的是“姊妹护法”，关于他的来历，有个说法，说是在过去劫中，“金力”王与妃子“邬波罗庄严”生有二子，长子名为“具称”，幼子名为“称生”，哥哥信仰佛法，弟弟则信外道，兄弟因此频起争执，两人后来决定斗法，输者当归入胜者教派。结果“具称”获胜，但弟弟不愿遵从而逃走，具称尾追将其逮住，正准备动手处死，弟子赶忙求饶说：“不要杀我！把我放了吧！”并发誓：“您将来成佛时，我当做您的护法。”当时的兄长“具称”就成为了我们的佛陀释迦牟尼，弟子“称生”便是姊妹护法。

当后来世尊在此娑婆世界中示现成佛时，姊妹护法因过去的愿力，降生于娑婆世界的东北方，经过七重荒谷才能到达一处险恶恐怖、令人汗毛悚立的地方。其父为药叉“铜发”，母为罗刹“血发”，二人和合生下一颗珊瑚卵与一颗犀牛卵，由于无力承担父母之责，于是将此二卵抛入夜空，结果二卵降伏了八大星宿；抛入上方，二卵降伏了八大天神；抛入海中，二卵降伏了八大龙王，最后连父母二人也差点被击倒，凶猛暴戾之极。父母随即到尸林药叉洞，向“摩诃德瓦”及其妻子“厄噶杂支”求助，二人即举起法杖击打，二卵当下破裂：从珊瑚卵中跳出一个红人，穿着铜衣，手持弓箭、铜刀与犀皮枪，摩诃德瓦命其立誓，以问答的方式说出《摩支屠夫度脱续》；从犀牛卵中跳出一个女人，体色青蓝，犀牛脸、螺齿、玉眉、火发，手持铜刀与钉橛。“厄噶杂支”令其发誓，并以问答的方式讲出《红色屠夫啖食世间续》，因为两人是一起出生，哥哥只要战斗，妹妹红面女神就出手相助，所以就被称为姊妹护法。

姊妹护法一面二臂，右手举剑，左手执持敌魔之心肺于胸间，左肘夹着弓箭并擎红枪。全身铜甲披挂，身着红丝大氅，头戴红铜头盔，饰有五骷髅顶冠。项佩五十新鲜头鬘。脚穿红皮高筒靴，全身住于紫红色火聚之中。姊妹护法的左边伴神是妹妹红面女神，貌如罗刹，一身黑蓝色如同乌云，多皱的面孔是红色的，上面有火焰燃烧，眉毛拧起，嘴大张，舌上卷，獠牙外呲，右手持铜剑砍向敌方，左手持三角霹雳橛，坐骑为食人黑熊。姊妹护法的右边伴神是红司命主索达玛保。身穿铠甲，戴头盔，右手持红矛，左手挥舞红赞绳套，骑一头野狼。经常伴随姊妹护法的是周围的是红色舞剑八屠夫。

有学者考证，姊妹护法极有可能来源于蒙古，原来可能是蒙古地区的部落神，因为藏语传说中，姊妹护法曾经数次阻挠三世达赖喇嘛进入蒙古，后来被三世达赖喇嘛所收服，才变为了佛教的护法神。

关羽是汉地神祇成功进入雪域神谱的代表。土观活佛在其《三界伏魔大帝关云长之历史和祈供法激励事业雨流之雷声》一书中，认为关羽是姊妹护法的化身，两者具有同一心识，并从他们的来历、外形进行了分析。因为章嘉活佛曾梦见关羽对他说，不仅汉地供奉我，给我供养者在藏地也不少，特别是后藏有一位老年高僧一再供奉我饮食。土观活佛认为，关羽托梦中在后藏供奉关羽的高僧就是班禅大师，因为历代班禅都尊姊妹护法为护法神。

关羽像

“大黑天”本来是印度教中的大神，为毗湿奴的化身之一，藏语称为“玛哈嘎拉”，后来被佛教吸收进来变成了战神，后来又演化成了财神。

宗喀巴本名“罗桑扎巴”，青海湟中县人，公元1357年10月10日，生于当地的一个佛教家庭。因藏语称湟中(今塔尔寺所在地一带)为“宗喀”，故被尊称为宗喀巴，宗喀巴三岁时依止敦珠仁钦，学了很多经论。七岁时，依敦珠仁钦受沙弥戒。

宗喀巴像

为了进一步深造，十六岁时(1372年)他辞别敦珠仁钦前往西藏。二十二岁时依上师“仁达巴”为他讲《集论》、《入中论》。那年秋后闭关专修，兼阅经论，对于法称的理论，生起了无限的信心。

他学习圆满，即改戴黄帽，以后他的弟子们也就随着戴黄帽，因此形成黄帽派。黄帽原是持律者所戴，据土观《宗派源流》说“贡巴饶塞”，即朗达玛灭法后复兴佛法的大律师，送卢梅到西藏去的时候，把自己戴着的一顶黄帽子送给卢梅，说戴上这个就想起我来了。因此，过去一些大持律者都戴黄帽子。宗喀巴想振兴戒律，因而也就戴上了与过去的持律者们同样的黄色的帽子。据此，黄帽并不自宗喀巴始，宗喀巴采用黄帽，用意是复兴戒律，并没有改革宗教的含意。

三十岁时他受比丘戒。然后开始一边著述，一边讲课弘法。在他三十四岁时，打算学金刚乘讲授、灌顶、密传、事相等法。于是到了后藏，向称友法师学五种次第密乘法类。会见精进狮子喇嘛，详谈法义。这一期间，他了知中观月称、清辨的差别，而肯定月称论师是解释龙树论的正宗。

宗喀巴以前所学偏重显教经论，此后打算专攻密法，于是到仰垛的德钦寺，从布敦的上首弟子法祥学习《时轮疏释》、修行事相、六加行法等。以后又从瑜伽寿自在学习各种瑜伽事相。学毕，仍旧回到法祥座前，听受《金刚心释》、《金刚手赞释》等时轮的各种注解，并布敦所造全部二派集密的各种释疏。后又听受了布敦所造的《金刚出生大疏》、《瑜伽部根本经》等重要经续和注释。

四十六岁时造《菩提道次第广论》，这部著作，总依慈氏《现观庄严论》、别依阿底峡《菩提道灯论》，开演三士道次第。后半别明止观，更是他的精心之作。四十七岁宣讲《现观庄严论》，讲授完毕，令弟子达玛仁钦依照所讲要义造成释论，即现在西藏讲《现观庄严论》的根本依。四十八岁时，移锡“雷扑寺”，讲解法称论师的《因明广释》，达玛仁钦加以记录造论。以后又到“俄喀”住“慈氏洲”讲经，因“胜依法王”等的劝请，造《密宗道次第广论》，总明四部密宗的全部。这部论与《菩提道次第广论》，一明密乘，一明显教，是宗喀巴生平两部主要著作。

五十一岁时，赴前藏，在“寒若却顶”安居，大弟子“克珠杰”初次参谒，为授大威德灌顶。这一年造《中观论广释》。五十二岁时，造《辨了不了义论》。这一年(永乐六年，1408 年)六月，明成祖派大臣四人，随员数百人，到西藏迎请宗喀巴来汉地，他宛然辞谢。大臣们转请派一上首弟子代表前往，他便令大弟子释迦智到京，谒见了永乐帝以后，被封为大慈法王。同年《中观论广释》完成，在有六百多位三藏法师的聚会中，广为宣讲。此外还讲了《中论》、《密宗道次第广论》等，又应徒众之请，兴建根本道场格登寺。

五十八岁时，藏王“明称幢”迎请他赴“札西朵喀”安居，为三藏法王数百人宣讲《中观》、《因明》、《菩提道次第广论》等。大弟子“根敦朱巴”初次参谒。以后回到格登寺。五十九岁时，另造《菩提道次第略论》。六十二岁在格登寺，完成了《入中论广释》的写作。岁末，令刻《集密根本经》，第二年刻成。六十三岁时(1419 年)宣讲《胜乐轮根本经》等显密诸法，《胜乐轮根本经释》也在这一年作成。明代永乐十七年(公元 1419 年)10 月 25 日，一代大师宗喀巴圆寂，享年 68 岁。

宗喀巴的平生，在学问修持各方面都具有很高的造诣，对于教理，他总结大小乘、显密一切教诫理论，而自成一家之言。他一方面有囊括大典、网罗众家的气度，一方面又以深刻严谨的态度抉择佛教各宗的见地，以中观为正宗，以月称为依止，他对于戒律，能矫正旧派佛教的流弊，他所创的格鲁派至今为我国藏地第一大教派，藏语系统的佛教徒，大多崇奉他为教主。

宗喀巴大师的右面是贾曹杰(1361—1432 年)，名叫达玛仁钦。最初在萨迦派出家，亲近仁达巴等，以十部大论在各寺立宗。后来，作宗喀巴的弟子，十二年中受学一切显密教法，宗喀巴圆寂以后，他继承法位，为格登寺的第一代坐床者，以后依据宗喀巴的成规，以戒律为本，宣扬显密教法，在位十三年(1419—1431 年)中，宗喀巴的弟子把他当做宗喀巴一样侍奉。

宗喀巴大师的左面是克珠杰(1385—1438 年)，名叫格雷倍桑。最初也在萨迦派出家，亲近仁达巴和达玛仁钦，也立过十部大论宗。后来因仁达巴的介绍而为宗喀巴的弟子。宗喀巴殁后，他到后藏弘扬显密教法。以后被达玛仁钦迎回格登寺，继承法位八年。他的学说完全祖述宗喀巴的主张，克珠杰即开创班禅世系的第一代班禅。

除此之外，宗喀巴大师还有几位重量级的大弟子：

妙音法王(1379—1448 年)，名叫札喜倍丹。在宗喀巴弟子中称为闻持第一，受持显密经论一百零八部，永乐十二年(1414 年)受宗喀巴的嘱咐，于次年建立哲蚌寺。讲授《中观》、《因明》等，一切依宗喀巴为依止，摄受弟子极多。

大慈法王(1354—1435 年)，释迦智。曾经代表宗喀巴到京谒见明成祖朱棣，回藏后创建色拉寺。以后又晋京作永乐、宣德两代的国师，把宗喀巴的教法传布到蒙古和汉地，为向内地弘法的最有力者。

根敦朱巴(1391—1475 年)，最初依止慧狮子，其后归依宗喀巴门下，后随愁狮子到后藏弘法，在那里创建札什伦布寺，住持三十八年。这是后藏第一大寺，后来历代班禅在该寺住持，根敦朱巴即开创达赖世系的第一世达赖。

上慧贤，阿里人。学成后回阿里芒域(今克什米尔地区)，建立达莫寺，弘布宗喀巴的教法。

下慧贤，西康人。起初在色拉寺求学，后回西康，在昌都建立寺院，从此黄教即盛行于西康。

除了培养了众多杰出弟子以外，宗喀巴的著述同样极多，他的全集拉萨版共十八帙，凡一百六十多种。他是我国历史上完全可以和玄奘、慧能大师相提并论的世界级的大师，然而，对于他的思想，我们的研究还很不到位，对于他的地位，也还没有提高到应有的水平。

黄财神

黄财神，藏名藏拉色波，是密教之护法神祇，诸财神之首。黄财神是藏传佛教各大教派普遍供养的五姓财神之一，因其身相黄色，故称为黄财神。他主司财富，能使一切众生脱离一切贫困、灾难，增长一切善法、财富，富饶自在。黄财神的功德有：能增长富德、寿命、智慧、物质及精神上之受用。

相传黄财神过去是位菩萨，早已修证五道十地。昔日释迦牟尼佛在中印度摩陀国之灵鹫山（又译鹫峰山）讲说大般若经义时，诸方魔鬼神怪前来阻碍，令山崩倒塌，此时黄财神奋勇现身庇护，使得众多闻法比丘安然无恙，后来释迦牟尼如来嘱黄财神皈依佛法，助益一切贫苦众生，走佛教之路，遂成为大护法神。

身色金黄，头戴花冠，头顶有发髻，嘴角有两撇胡须，下部又有一周短胡须。全身不戴甲胄，上身袒露，下身着裙。左手抱一只大猫鼬（老鼠的一种），鼬嘴里含着宝珠，象征财宝，两腿弯曲，坐在莲花座上，左脚踏一只白色海螺，右手拿着海螺，象征他能入海取宝。藏地民间对他十分崇拜，有如汉地财神一样的地位和影响。

千手观音殿的后面墙壁的外侧，画有著名的“香巴拉之战”壁画。据说当初释迦牟尼佛在印度中部的灵鹫山讲述《般若波罗蜜多心经》时，因“达瓦桑布”法王所请而化现为时轮金刚本尊，首次讲述《时轮金刚经》于印度南方的时轮塔处，《时轮金刚经》分三部分，讲述宇宙万物实相真理的外时轮，讲述生命整体实相真理的内时轮和两者的一体实相真理的别时轮。时轮金刚像代表十方一切佛菩萨以及显密佛教的总体，是真理最完美绝妙的显现，空色大手印则是时轮金刚修行的最高觉悟境界。宗喀巴大师曾经称赞道：“懂得时轮金刚修行，就懂得一切密宗修行。”

时轮金刚是藏密尊奉的五大本尊之一，藏名叫“唯柯”，意为时轮。据《西藏王臣记》等典籍记载，它来源于古印度北方的“香巴拉国”（极乐世界），约于公元 12 世纪时传入西藏，成为藏密无上瑜伽修法中所奉重要的本尊，按《时轮金刚法》所说，一切众生都在过去、现在、未来“三时”的“迷界”之中，轮回流转，不得解脱，若依此尊修习，控制体内“有生命之风”，以保长寿，并通过“五智”和“禅定”合一的相应方法，便可达到即身成佛。他的形象也有多种，有一头的，有多头的，但最常见的是四头十二臂双身像。

四头十二臂形象为：身体呈蓝色，并放出五彩光芒，是佛体之象征，四头颜色也不同，前后左右依次是蓝、黄、白、红，分别表示增益、息灾、敬爱、降伏四种事业，也是功德圆满的象征；面各三目，象征洞察一切；每头皆以人骷髅为冠，头顶也有半月和双金刚。共有 12 支手臂，而每只胳臂上又有两只手，因此总共是 24 只手。手的颜色也有区别，从手臂看，有四双蓝色，有四双红色，有四双白色，从手指看，每只手的五指从拇指到小指颜色亦各异，依次是黄、白、红、蓝、绿色，每个手指由指尖到手掌也不同，依次为蓝、红、白色。藏密颜色的意义和作用在这尊神像上得到了充分的运用和体现。他的 24 只手中，有两手抱明妃，并持铃杵以表方法与智慧双成，其余手伸向两边，手中各持不同器物，都含有宗教寓意，但主要表现的是主尊的智慧，以及大愤怒、大无畏的威力。他呈站立姿势，右腿伸，脚下踩红色欲望神，左腿曲，脚下踩白色可怖妖魔。

他的明妃呈黄色，四面八臂，四面颜色各异，手中持不同器物，伸左腿，曲右腿，与主尊相反。双身时轮金刚本尊象征慈悲，四首二十四臂，红白双脚，拥抱着象征智慧的空色大手印明妃，明妃四首八臂。

由时轮金刚护持的国家为“香巴拉国”，即香格里拉。传说中的香巴拉，隐藏在青藏高原雪山深处的某个隐秘地方，整个王国被双重雪山环抱，有八个成莲花瓣状的区域，中央耸立的内环雪山，被称为卡拉巴王宫，宫内住着香巴拉王国的国王。那里有雪山、冰川、峡谷、森林、草甸、湖泊、金矿及纯净的空气，是美丽、明朗、安然、闲逸、知足、宁静、和谐等一切人类美好理想的归宿……而就是这样一个地方，却为了抵御外来的侵略，投入了一场浩大的战

康熙题“慈云西荫”

争之中，原因是这样的：

“香巴拉国”本来有时轮金刚护持，现在大家都看不到，但是随着人类科技的发展，香格里拉净土将被公元 2500 年以后的人类发现，那时不信佛教的外道军队（“黑暗之师”）便以极先进尖端之科技做工具，以那好强掠夺凶残的原始本性为思想，发动战争，以数以万计、百万计的军队、武器侵略香巴拉王朝。香巴拉王朝总共有六个王朝，现今是属于第一个王朝中的第二十一世国王，当到了第二十五世国王时，就会爆发这次战争，由于佛陀早于住世之时，就已经预言了三千多年后整个世界的这种大共业，故香巴拉王朝于几千年前就开始准备，以抵御外面野蛮民族来侵略抢夺金银珠宝等浩劫，全香巴拉子民早就修炼成彩虹之身，任何物质科技不能伤其毫发，而且也集体修持了极多降伏物质科技的密法及神咒，以超科技、反物质的各种密法神咒及武器，横扫全世界，外道的科技难以抵挡。香巴拉王朝受本师释迦牟尼佛所托付，将于佛入灭三千多年后，人类最需要佛法之时，应外道人类入侵的因缘反攻取胜，最终统治地球，令正法(尤其是时轮金刚体系的密法)重新弘扬起来，并传遍全世界，并将解救心灵黑暗，以及纯以物欲为中心的我们这世界的人类及其他众生。依经典的预言，班禅喇嘛将来会转生于香巴拉国，任其第二十四任国王。

有关这次战争，第六代班禅喇嘛在他所写的《香巴拉王国指南》中，是这样描述的：“百万雄兵兮彩色缤纷，四十万大象兮愤怒狂奔，黄金战车载满战士武器，齐赴大战场兮英勇莫敌。”可见战况之惨烈。

三、广仁寺简史

西藏甘丹颇章政权始建于 1662 年。当时格鲁教派首领五世达赖阿旺罗桑嘉措由于受到支持噶举派的辛夏巴藏巴汗的威胁，不得向新疆北部的和硕特蒙古固始汗求助；而和硕特蒙古当时也受到正在崛起的准噶尔部的威胁，于是双方一拍即合，明崇祯十五年(1642 年)，固始汗率大军入藏，击败了藏巴汗，支持五世达赖建立了所谓的甘丹颇章政权。“甘丹颇章”汉语是“兜率宫”的意思，原是拉萨哲蚌寺的宫殿，三世达赖、四世达赖、五世达赖都住锡那里，因而五世达赖与固始汗所建立的政权就被称为“甘丹颇章政权”。

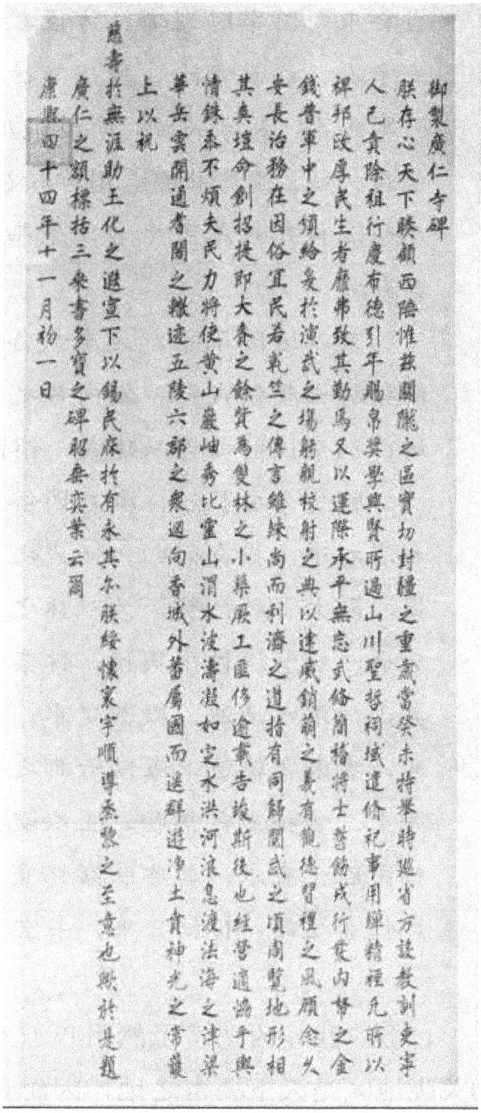
御製廣仁寺碑
朕存心天下眷顧西陲惟茲關隴之區實切封疆之重嵗當癸未特舉時巡省方設教訓吏寧
人已責除租行慶布德引年賜帛奬學興賢所過山川聖哲祠墟遣僚祀事用牌精禋允所以
禅邦政厚民生者靡弗致其勤焉又以運際承平無忘武備簡稽將士誓飭戎行伐內帑之金
錢晉軍中之頒給爰於演武之場躬親校射之典以達威銷萌之義有饗德習禮之風顧念久
安長治務在因俗宜民若氣竺之傳言雖殊尚而利濟之道指有同歸闡武之塡陶暨地形相
其爽塏命創招提即大壽之餘貲爲雙林之小藥厥工匯修途載吉竣斯役也經營適協乎輿
情銖黍不煩夫民力將使黄山巖岫秀比靈山渭水波濤凝如定水洪河浪息渡法海之津梁
華岳雲開通耆闍之蹤迹五陵六部之衆迴向香城外蕃屬國而遥群遊淨土貴神光之常護
上以祝
慈壽於無涯助王化之遐宣下以錫民庥於有永其尔朕綏懐寰宇順導烝黎之至意也然於是題
廣仁之額標括三乘書多寳之碑昭垂奕葉云爾
康熙四十四年十一月初一日

御制广仁寺碑

康熙年间，青藏高原风云变幻，摄政西藏的桑结嘉措与和硕特蒙古的达赖汗的矛盾激化，双方明争暗斗，都在寻找援军。桑结嘉措暗中勾结准噶尔蒙古的策妄阿拉布坦汗，准备借助准噶尔军队驱逐拉藏汗。康熙皇帝预见到如果准噶尔军队控制了西藏，将对其统治下信仰格鲁教派的喀尔喀蒙古产生巨大的影响。因此，康熙认定大战不可避免，决定西巡，考察一下西北的边防。

康熙四十二年(1703 年)，康熙皇帝携皇太子胤礽、皇三子胤祉、皇十三子胤祥等莅临西安，考察武备状况，并接见青海等地的蒙古首领，布置对准格尔部的防御大计。后来策妄阿拉布坦命大策凌敦多布率军奔袭西藏，劫掠拉萨，康熙皇帝两次派兵入藏，都是以陕西为基地的。康熙皇帝在陕西巡视的时间长达半月之久，除了注重军备之外，对陕西的文化也感兴趣，他不仅祭祀华山和汉唐皇陵，也敕令在西安城内修建一所喇嘛庙。康熙四十四年(1705 年)，寺庙建成，康熙皇帝亲自题写了碑记，立碑留念。碑文如下：

朕存心天下，眷顾西陲，惟兹关陇之区，实切封疆之重。岁当癸未，特举时巡省，方设教训吏宁人，己责都除，行庆布德，引军赐帛，奖学兴贤，所过山川，圣哲祠域。遣修祀事，用殚精禋，凡所以裨邦政厚民生者，靡弗致其勤焉。

康熙碑亭

又以运际承平，无忘武备，简稽将士整饬戎行，发内帑之金钱，普军中之颁给，爰于演武之场，躬亲校射之典以建成，销荫之义有观德习礼之风。

顾念久安长治，务在因俗宜民。若乾竺之传，言虽殊尚，而利济之道，指有同归。阅武之顷，周览地形，相其爽垲，命创招提，即大赉之余赀，为双林之小筑，厥工匪侈，逾载而告竣。斯后也，经营适协乎舆情，铢黍不烦夫民力，将使黄山岩岫，秀比灵山，渭水清波，凝如定水，洪河息浪，渡法海之津梁；华岳开通，耆阇之辙迹，五陵六郡之众，回向香城。外藩属国而遥群游净土。贲神光之常护，上以祝慈寿于天涯，助王化之遐宣；下以锡民庥于有永，其亦朕绥怀寰宇，顺导蒸黎之至意也欤。于是提广仁寺之额，标括三乘，书宝多之碑，昭垂奕叶云尔。

康熙四十四年十一月初一日

（大意）我作为皇帝虽然用心于天下四方，但是也时时惦记着西陲，陕西的关陇地区是天下要害之地，因而我于 1703 年前来巡视。我在陕西考察军政，奖学兴贤，祭祀山川与先贤陵祠。总之，只要是对国家有益，对民生有益的事情，我都不辞辛苦，尽量多做些。

又因现在天下承平，不能忘记武备，因此在此检阅军队，奖励先进，以国库之钱抚恤军人及其家属，以保持军民的战斗士气。还想到天下安定时，必须要教化民众。印度传来的佛教，语言虽然和我们汉语不同，但慈善助人的道理是一致的。我在陕西考察军务之余，查看西安的地形，命令利用现成的城墙，建立一座寺庙，用这次西巡所余下的钱，建成像佛陀生前所住的双林精舍那样的寺庙，用工不奢侈，第二年就建成了，没有滥用民力，引起舆情不满，却使得土山石料，像佛陀在印度的灵鹫山一样秀美，渭水因此功德不能再泛滥祸民，华山也因此功德堪比印度佛讲法之耆阇崛山，四方之民将心生向往，外地藩国之僧俗也能在此停留。依赖佛光的护佑，上可以荣耀佛祖，帮助教化；下可以安定民众的疾苦，使他们获得心灵的慰藉。这也是我关心天下，顺导民心的体现。于是就给广仁寺题写这篇碑文，留与后人。

康熙的碑文，第一段主要讲陕西地位重要，是经略西北的基地，故而来此巡视。第二段讲在陕西西巡期间，对军事的重视。第三段则重点讲筹建广仁寺的过程与目的，主要是教化民众，接待藩国僧俗。

后来的乾隆皇帝对此深有体会，乾隆亲书《御制喇嘛说》石碑文："盖中外黄教总司以此二人(达赖与班禅)，各部蒙古一心归之，兴黄教即所以安蒙古，所系非小，故不可不保护之。"

我们因此可以确定，建寺是为了顺应民心，一分一毫都没有耗费民力，修寺的经费全部来自"内帑之金钱""之余赀"。最迟于1705年就已经建成。其西与其北利用了城墙，减少了工程量，其南至玉祥门，其东至小北门。分前院、中院、东院三个院落。今之寺庙范围相当于当时的中院位置。

据记载，当时广仁寺的主要建筑样式为歇山式和推山式建筑，佛殿一般为歇山式建筑，这在古代是比较高档次的建筑样式；周围的偏殿和厢房一般为推山式建筑样式，即如北方百姓传统家居的样式。这样比较节俭，确如康熙皇帝所言："经营适协乎舆情，铢黍不烦夫民力。""厥工匪侈"，却也达到了目的。

歇山式建筑

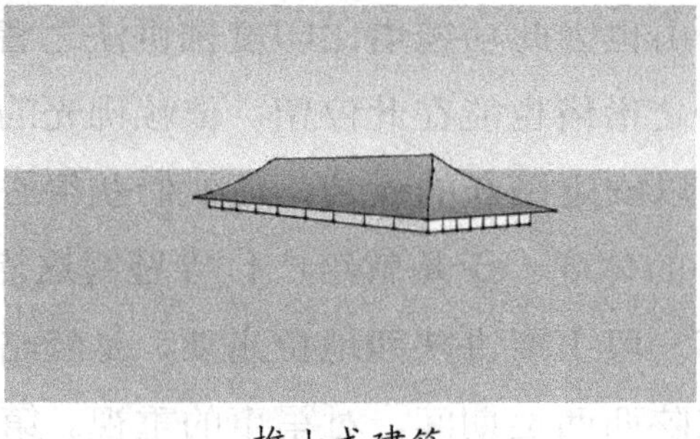

推山式建筑

东院原本为达赖和班禅的行宫，主要有静修殿、卧宿殿、诵经佛堂、随从的经师与喇嘛的寮房，总共二百多间。

广仁寺的建筑布局非常独特，为一条仰头摆尾的大龙，在寺院建筑中很少见。一般寺院是自山门到后殿高度（指单体建筑）逐个增高，形成前低后高之壮观气势，而广仁寺则是自前向后逐个降低。具体布局依次（由南向北）为山门，影壁，御碑亭，天王殿，东西配殿，主殿，宗喀巴大殿，财神殿、关公殿左右偏殿，金瓦殿等。

广仁寺金瓦殿

根据现有资料，第六任住持名包什斤巴，蒙古族，由清廷从北京派来，被册封于清咸丰年间（1851—

1861年)。

清光绪二十六年(1900年),八国联军攻陷北京,慈禧太后西逃陕西,曾经到访过广仁寺,并留下了“法相庄严”的匾额。

九世班禅于1923年11月15日,带领随从进入内地,途中经过西安时曾入住广仁寺,他在内地弘法时间长达十四年之久,1937年12月1日,病故于青海玉树寺甲拉颇章宫。

广仁寺班禅行宫

据陈景富先生考证,1911年辛亥革命爆发,陕西革命党人张云山曾住在广仁寺中领导本地革命运动,喇嘛们被集中起来住于寮房之中,大殿与厢房都被占用。后来包什斤巴自杀。第六世达喇嘛之死造成了一定的社会影响,加之寺中喇嘛的诉讼活动,终于将寺庙要回。

袁世凯执政时期,广仁寺又来了一位新住持,名陈•林青杂木素,这一时期正是全国军阀混战时期。1926年镇嵩军刘镇华率军包围了西安城,杨虎城曾亲自前往广仁寺,指挥战斗,成功诱敌四百余人。但军队将部分弹药埋入广仁寺西墙也即西城墙根下,留下容易爆炸的隐患。陈•林青杂木素20世纪20年代圆寂后,经全体喇嘛推选,汉族喇嘛王玺(字恩铭)成为寺主。

后来王玺将寺主之位直接传于其法孙关苻清。关苻清是青海民和县人,蒙古族,1907年出家,住在青海保和寺,后迁到塔尔寺,1920年到广仁寺,1940年12月至1941年6月赴峨眉山朝拜普贤道场。1942年,由国民政府蒙藏委员会任命其为第七世“达喇嘛”。他社会交往广泛，和章嘉活佛、十世班禅、喜饶嘉措关系不错，1949 年后先后担任过中国佛教协会代表、莲湖区政协委员、西安市人大代表、莲湖区人大代表等社会职务。1952 年，国家对广仁寺进行了一次修整，关苻清出力颇多，寺庙面貌焕然一新。至 1957 年，广仁寺占地 16 亩 8 分 5 厘，殿宇房舍 109 间。1952 年，十四世达赖与十世班禅去北京时经过西安，都去了广仁寺诵经说法。1957 年，十世班禅第二次来到广仁寺，曾在寺内摸顶。关苻清于 1971 年 6 月圆寂，终年 71 岁。

王玺(王恩铭)禅师塔

1978 年，杨宗仁喇嘛和龚明勤喇嘛重返寺院，寺内其他三名喇嘛已客死他乡。寺内文物只剩下康熙《御制广仁寺碑》真迹、康熙所题写的“慈云西荫”匾额及汉文大藏经三种。

此时，杨宗仁喇嘛主持寺庙，他原是长安县明犊镇人，法号措巴尼玛，1924 年到的广仁寺，拜关苻清为师。他曾担任莲湖区政协委员、西安市佛教协会、陕西省佛教协会常务理事。他在 20 世纪 80 年代初为广仁寺的恢复与建设出力不少，但不幸于 1986 年亡故。其弟子龚明勤接任了住持职务，他法号森建，长安郭杜人，1936 年到广仁寺出家，主持了重修山门、重建御碑亭以及两眼龙眼井的工作。1995 年 9 月，中国佛教协会任命其为第八世“达喇嘛”，1997 年 5 月 25 日升座。当时的中国佛教协会会长赵朴初曾到广仁寺视察，并题写了“广仁寺”匾额。

2001 年 11 月，广仁寺从内蒙古地区请了数位喇嘛进驻广仁寺，其中就有现在的广仁寺住持仁钦扎木苏上师。仁钦上师，蒙古族人，1976 年 4 月出生于内蒙古赤峰市翁旗高日苏。1993 年 7 月，仁钦上师从赤峰市蒙古族中学毕业后，以优异成绩考入内蒙古佛学院。1996 年从佛学院毕业后，入承德大佛寺(普宁寺)，跟随住持哈木尔活佛进修，研习佛法。1998 年底，仁钦上师应请到内蒙古呼和浩特市大昭寺长住，期间被中国佛协副会长、内蒙古自治区政协副主席乌兰活佛册封为藏传佛教格鲁派的“金刚上师”。2004 年，广仁寺通过选举产生“广仁寺管理委员会”，仁钦上师以出色的管理才能和工作成绩，当选为广仁寺管委会主任。2005 年，龚明勤达喇嘛圆寂后，仁钦上师全面主持全寺工作。仁钦上师现任陕西省佛教协会副会长、西安市佛教协会副会长、陕西省文化产业促进会副会长、西安广仁慈善功德会会长、政协陕西省委员会委员、西安市人民代表大会代表、全国青联委员、陕西省青联常委等职务。在他的带领下，广仁寺扩建了寺门口的广场，举办了“西藏—长安千年情”大型唐卡展，建寺三百周年全国楹联征集活动，请来了释迦牟尼佛的十二岁等身像以及文成公主像等大型佛教文化活动。2006 年，在美籍华人齐茂椿居士出资 260 万元的赞助下，广仁寺组织了“梦回长安古城、重走唐蕃古道”活动，扩大了广仁寺的影响。

仁钦上师与十一世班禅大师

2009 年 8 月 1 日，广仁寺还迎来了珍贵的佛舍利子。据中国经济时报社长包月阳先生在《西安广仁寺获赠佛骨舍利记》中的介绍，大约 200 年前，一位住在印度的英国人从居住的院子的地窖里挖出一个装有舍利子的罐子，罐子附有文字说明其中是佛祖的舍利。后来他把舍利交给了印度政府。由于印度已经不是佛教国家，印度政府把舍利转赠给了泰国政府。泰国政府将这些佛骨舍利分发给各地的寺院。这些舍利子一百多年来陆续流散到民间，那位捐赠女士的家族因为虔诚信仰佛教，也得到九颗舍利，就一直保存供奉在家中。当问及她为什么要捐赠佛舍利给广仁寺时，她说，她的同伴此前曾经到广仁寺参佛，对寺院印象很好，而且她了解到广仁寺是陕西唯一一座藏传佛教寺院，因此她决定把佛骨舍利捐赠给广仁寺。

泰国信众向广仁寺捐赠佛骨舍利

广仁寺建成后，西安城北的敦煌寺主动归附广仁寺，成为了广仁寺的别院。敦煌寺是西安地区最早的佛教寺庙，位于西安市汉城乡青西村南侧，汉城街西侧，距西安城西北角约 8 公里，为汉朝长安城东北部青门的外侧。敦煌寺始建于西晋(280—316 年)，道宣在《妙法莲花经弘通序》中说：“西晋惠帝永康年中，长安青门敦煌菩萨竺法护者，初翻此经，名《正法华》。”《佛祖统记》卷 37 中说，晋武太康七年，竺法护来长安青门译《正法华》及《涅槃》等经 210 部。竺法护原籍月氏，本名支法护。出生于敦煌，八岁时出家，拜外国沙门竺高座为师，随师姓而称竺法护。

竺法护从小就“博览六经，游心七籍”，打下了良好的中国文化基础，在他生活的西晋，“寺庙图像虽崇于京邑，方等深经蕴在葱外”。“葱外”指的就是葱岭以外，葱岭就是指现在的帕米尔高原。就是说，虽然西晋时期佛教在京城洛阳已经很常见了，但是大家还只是简单的信仰，不明白佛经的甚深含义。故而他下定决心万里求师，游遍西域三十六国，学遍三十六国语言，携带大量佛经回到中土，在从敦煌到长安的路上，他就开始翻译，一生翻译佛经 167 部 366 卷。主要分为以下几类：第一，般若类经典，如《光赞般若经》，这是对《放光般若经》的再译。第二，华严类，如《渐备一切智德经》，为《华严经•十地品》的早期形式。第三，宝积类，如《密迹金刚力士经》。第四，法华类，如《正法华经》。第五，涅槃类，如《方等般泥洹经》。翻译涉及面广，种类多。杜继文先生认为，竺法护的翻译，带有印度瑜伽行派的特点，可能反映了当时瑜伽行派刚刚兴起时的一些观念。中国历史上第一次大规模翻译佛经的历史是由竺法护在长安揭开的。此前洛阳为佛经翻译的中心，南京也有一些翻译，可都是零星的，规模不大。到了西晋时期，竺法护来到长安，在长安白马寺、敦煌寺、西寺等处翻译佛经，所译佛经种类之多，数量之大，前所未有。所以，李利安教授在其《敦煌寺考》一文中认为："他翻译出《法华》、《光赞般若经》、《渐备一切智德经》、《弥勒成佛经》等重要经典。"可以说，竺法护是中国佛教史上第一位大规模翻译佛经的人，长安城敦煌寺则是中国佛教史上第一个大规模翻译佛经的场所。竺法护的译经时间几乎伴随西晋整个时期，达四十七年之久(266—313 年)，故僧祐曾在《高僧传》里这样评价："经法所以广流中华者，护之力也。"所言不虚。竺法护被时人称为"敦煌菩萨"，故而他在长安青门外的住所也被称为敦煌寺。

敦煌寺资料还有《胜严寺并入广仁寺管理记》与《长安县志》。据此我们可以大致勾勒出敦煌寺建立后的简单历史。

> 僧有别院，犹人之有别业也。别业即遥为之主者，未有不欲其子孙世世守之。推之别院，情岂有异哉！胜严寺者，广仁寺之别院也，距长安城十八里，初名敦煌寺，盖晋永康时有敦煌高僧

曾译《法华经》于此，因以名寺。至金大定二年，赐额曰胜严禅院，故又以胜严名。按县志及本寺碑记，隋时曾经重修，金皇统五年僧政公重建；明正统间僧了庵与徒性福继修；成化十一年，僧性惠、觉成增修。此皆记载之可考者。又邑人张宗器舍近寺地三十亩为僧常供之产，经秦藩宗老玉峰道人撰文勒石纪其事。洎清康熙四十四年敕建广仁寺于长安城内西湖园，斯时胜严寺住持喇嘛为尚经巴，同兹宗教．声气相关，遂以胜严寺并所有地产均归广仁寺管理。迄今二百年，世守其业，经收租课，托庇神休，用弘法教。唯寺中原有碑碣，于同治初遭花门之变，多被失遗，实堪痛惜。记曰：有其举之，弗敢废也。矧为佛所，凭依香火之梵宇乎？夫自晋以来，千有余载，其间沧桑几变，丛林名刹，毁于兵燹，化而为墟者不知凡几．而兹寺岿然存在，得与城南兴善、慈恩、荐福诸寺并留古迹，苟非神灵默佑，乌克臻此第？虑□事代谢，世运年湮，后之人或数典而忘祖，则前之典守者何能不为之昭示以滋备考用。

特历叙崖略，镌诸贞石，俾后来者知所守焉。庶斯寺香火可以永传不替也。

大清光绪甲午四月　僧王恩铭记

据寺内碑文《胜严寺并入广仁寺管理记》记载，敦煌寺建立之后隋代曾经重修。金代皇统五年(1145 年)政公法师重建。金代大定二年(1162 年)，赐寺额“胜严禅寺”。明代正统年间(1436—1449 年)，寺中住持和尚了庵法师和他的弟子性福法师相继增修。明成化十一年(1475 年)，性慧法师、觉成法师再次扩建。当地信士张宗器将寺院附近三十亩良田捐献给敦煌寺，作为寺僧常供之资。明孝宗弘治元年(1488 年)和弘治十六年(1503 年)又有两次重修。清康熙四十四年(1705年)，敕建广仁寺于明长安城西北隅，作为达赖和班禅进京途中的住锡之地，寺内一切轨制均尊藏传佛教，迎请喇嘛住持，传习藏地密法。此时，敦煌寺住持为修习藏地密法的尚经巴喇嘛，他认为同广仁寺“同兹宗教，声气相关”，便以敦煌寺所有地产尽归广仁寺管理，从此敦煌寺便成为广仁寺的下院。清同治年间回民起义，寺庙遭受严重损坏，多块重要的碑石也相继丢失。

据康寄遥在1957年左右的调查，当时寺宇占地19亩多，整个寺院坐东向西，尚有山门3间，伽蓝殿1间，内供关羽和韦陀；大殿3间，内供释迦牟尼佛。有古塔1座，六角形，共7层，砖表土心，高约20米，底层每边长约2米，高约3米，底层檐下每边有5块砖雕，为各种动物造像。底层东面有一门洞，高约1米，宽约0.6米。四层以上每角有风铃。塔砖上时见“敦煌塔砖”字样，说明此塔即名“敦煌塔”。据《胜严寺并入广仁寺管理记》可知，金代本寺已经称“胜严寺”，则有可能此敦煌塔之建立最晚也在金大定二年(1162年)之前。

敦煌塔

山门北边有一偏院，占地约 2 亩，后为广仁寺达喇嘛王玺禅师的塔院。寺内还存有碑石 4 块，其中明代碑 2 块，分别为《明孝宗弘治元年(1488 年)重修碑记》与《明弘治十六年癸亥(1548 年)重修碑记》。另外还有清代碑 1 块，近代碑 1 块。当时寺庙内已经没有喇嘛，寺庙由王玺喇嘛俗家外甥杜德福、杜德宽兄弟两家住在寺内。两家共十口人，负责照顾敦煌寺。“文革”期间，该寺宗教活动停止，寺院殿堂被毁坏，寺址西南约 60 米处有古汉城遗址。

笔者曾于 2009 年在西北大学读博士期间，蒙李利安教授推荐，在广仁寺为陕西文化户外大讲堂做过“汉地雪莲，民族纽带”的户外讲座。今天，“汉地雪莲”已经成为广仁寺的别称，回想起当时的情景，真是怀念万分，希望广仁寺在仁钦上师的带领下，越来越兴旺。

广仁寺全景

世界佛教祖庭之一的法门寺

法门寺因藏有释迦牟尼佛之“指骨舍利”而成为中国佛教乃至世界佛教祖庭之一。舍利，佛教中认为是有修行的高僧，定慧所熏，全身的能量会汇聚于身体的某个部位，圆寂后荼毗(火化)之火不能焚毁的部分遗存物。现在释迦牟尼佛的真身舍利，举世公认的就是斯里兰卡所保存的佛牙舍利与陕西法门寺所保存的指骨舍利。其他有些地方虽也号称拥有释迦牟尼佛的舍利子，但都没有获得普遍的公认。释迦牟尼佛是佛教的创始人与祖师，他的真身舍利所在的法门寺，是全世界佛教信众崇拜的圣地，当然是世界佛教祖庭。

一、北朝时期的阿育王寺

《处胎经》介绍，释迦牟尼佛涅槃后，即三分舍利。一份归神天，一份归龙王，一份归八王，即当时印度的八个国王。而阿阇世王将八万四千枚舍利，藏于王舍城。公元三世纪，印度孔雀王朝的阿育王为了弘扬佛法，将王舍城所藏之舍利分送当时印度人所知的世界各地。据说秦始皇嬴政当政时，有两个罗汉携佛陀指骨舍利来见始皇帝。但当时秦始皇刚刚平定六国，正着手统一思想与文化，将前来华夏传播异国宗教的罗汉投入了监牢，两位罗汉后来运用神通逃出了咸阳，到扶风县藏了起来，将所带的指骨舍利起塔供奉，最初称阿育王塔，这就是法门寺的缘起。

法门寺

早期法门寺规模究竟如何，已经无可考究。但可以肯定的是，它未能逃过魏太武帝的灭佛活动。太武帝拓跋焘，公元 446 年在镇压盖吴起义时发现了长安的一所寺庙中藏有武器、财物、酒与美女，就以此为借口，声称要除伪定真，回归伏羲，掀起了中国历史上第一次大规模的灭法运动。阿育王塔就在长安附近，自然难逃厄运，成为了一片废墟。

北魏于公元 534 年分裂为东魏、西魏，分别以安阳与长安为都，与南朝对峙，法门寺位于西魏境内，受到西魏的实际统治者宇文家族的控制。宇文泰欲效仿周公辅政，并进一步夺权篡位，因此对刚好位于周原的法门寺非常重视，宇文觉篡位自立为“周孝闵帝”后，更视阿育王寺(即今法门寺)为皇家寺院。王公贵胄经常来阿育王寺朝拜。道宣也记载：“周魏以前，寺名育王，僧徒五百。”公元 555 年，岐州牧、小冢宰拓跋育曾扩建法门寺，“广以台阶，高其闸闳，度僧以资之，刻名以纪之”。

拓跋育重修法门寺，有深刻的历史背景。他本是西魏大统十六年(550年)左右的十二名大将军之一。当时宇文家族把持朝政，取而代之的野心已经是路人皆知，作为皇室代表的拓跋育，显然对宇文家族非常忌惮，不管是从维护拓跋氏的政权的角度还是从维护家族生存的角度，他都会忧心忡忡。从当时留下的碑文看，他为了维护家族的安全，采取了与宇文家族广泛联姻的策略。他的第三个儿子所娶的媳妇就是“周太祖文皇帝”即宇文泰的女儿；而其六儿媳则为“周太师、大冢宰、晋国公”权臣宇文护之女。在与宇文家族联姻的同时，也广泛与其他有实力的家族联姻，他的四儿媳独孤浑氏的父亲是“周大将军、晋原郡开国公”；其五儿媳越勤氏的父亲是“周大将军、华山郡开国公”；七儿媳为“申国公”李穆的女儿，这些人都是当时的权臣。广泛的联姻能为其家族保全性命，但却无法维护大厦将倾的江山社稷，西魏恭帝元廓上台后，距离最后的倾覆已经只有两三年的时间了，作为西魏皇室的一员，拓跋育自然十分担心，既然无法消灭强臣，就只有靠神佛的佑护了。这大概是他重修阿育王寺的动机吧！

阿育王寺的显赫并没有持续多久，再次遭遇法难。北周武帝宇文邕，指责佛教为“五横”之一，视为心腹大患，在道士张宾与曾出家为僧后又还俗的卫元嵩的鼓动下，掀起了中国历史上的第二次灭佛活动，其内在动机是为灭北齐筹集军费。从武帝建德三年(574年)至建德七年(578年)，历时五年，致使“北地佛教，一时绝其声迹”，曾经规模宏大的阿育王寺，只留下了“两堂独存”。故《大唐圣朝无忧王寺大圣真身宝塔碑铭并序》说法门寺为“汉魏初创”，后“齐梁鼎峙，遭时毁歇，晦迹丘墟”，被称为“圣冢”，埋没于乡野间，但“祯祥异气，往往间出”，于是有“二三沙门”，“奉以身命”，在废墟中找到些许铭文，“验其铭曰育王所建”。北周灭法对阿育王寺影响甚大，以致《魏书·释老志》的作者魏收在列举中国的阿育王寺时，只列举了洛阳、彭州、姑藏与临淄四地，因为陕西的阿育王寺都已经不存在了。

二、隋唐时期法门寺的鼎盛

隋代开国皇帝杨坚对佛教非常重视，法门寺重建于隋代。《大唐圣朝无忧王寺大圣真身宝塔碑铭》记载，隋代法门寺称为“成实道场”，仁寿末年右内史李敏重修。但隋炀帝掌权后，曾“省天下伽蓝”，即沙汰过多的寺庙，“废其寺，逐其僧”，法门寺再次废弃，可谓多灾多难。

唐皇室先后六次迎请佛舍利

考诸史料可知，隋炀帝佞佛甚深，怎么会对这么一所在关中有名的寺庙如此刻薄？原因可能与法门寺成为“成实道场”有关。北朝后期，“成实学”盛行，宣扬“人生无常，人死灯灭”，彻底否定人生价值的消极思想，是印度小乘佛教在中国的体现。而从隋炀帝一生与佛教徒的交往看，主要是大乘佛教徒。因此，“成实道场”被沙汰掉，也在情理之中吧！

法门寺的真正鼎盛，是在唐代。唐高宗武德元年，改名“法门寺”，京城八十四名大德前往祝贺，拥有僧众过百人之多。唐太宗贞观五年二月十五日，舍利放光，大有感应。显庆五年(670 年)，有司上奏唐高宗李治：“古所谓三十年一开，则岁谷稔而兵戈息。”请求迎舍利入京城供养。高宗欣然应允，掀开了神州历史上第一次大规模的官方迎请佛骨运动，后来盛放舍利的“九重宝函”就是唐高宗与武则天所造，并由高僧惠恭与意方负责规划事宜。

僧意方事迹不显，惠恭则有《法门惠恭大德之碑》介绍。惠恭俗姓韦，山东邹县人，14 岁出家，23 岁入法门寺，“上士稽首，中庸归命”，别安禅院，供养灵塔，并于贞观末年，沐浴舍利，烧二指供养，显庆初年，布施丝绢三千匹，修营塔庙。与僧海导与惠乘交好，曾刻石经两部，分别为《遗教经》与《般若心经》。据杨维中教授的研究，惠恭是三阶教徒，在法门寺内建有三阶院，说明法门寺也受到当时声势颇大的三阶教的影响。惠恭圆寂于永昌元年(689 年)。高宗时期的这次迎佛骨运动，时间长达两年，标志着法门寺佛骨舍利正式获得了官方的承认与资助，开始了从关西名刹到佛教祖庭、总持道场的惊人跃变，对法门寺世界佛教祖庭地位的形成，影响深远。

武则天笃信佛教，在第一次迎请佛舍利时，武氏就施舍衣帐、丝绢一千匹，用来造金棺银椁。长安四年，武则天已经是八十多岁的老人了，也许是感到大限将至，希望延长寿命；也许是回顾自身半个世纪的从政生涯，感到获益于佛教甚多，希望感谢佛祖的大恩。暮年的武则天于公元 704 年开始了第二次迎请佛骨舍利的运动，将佛骨迎入东京洛阳宫廷的内道场供养。《唐中宗下发入塔铭》记载，李显、韦后、长宁、安乐公主、郧国夫人、崇国夫人等皇室贵族七人施舍头发供养，后唐中宗初年送回法门寺，前后历时三年多。

捧真身菩萨

唐睿宗李旦、玄宗李隆基均崇信道教，对迎请佛骨没什么兴趣。第三次迎请佛骨是唐肃宗时期。唐肃宗于公元 756 年登基，执政六年，都是在安史之乱的战乱中度过。他迎请佛骨，极有可能与利用佛教安抚民心士气有关。当时为上元初年(760 年)，李光弼部唐军正与史思明部叛军在洛阳血战，康楚元又在襄州叛变，剪断了唐军的漕运粮道，党项等羌人也不断啃食边地，唐肃宗的迎请佛舍利运动，在一片刀光剑影的不安气氛中进行，可能对安定人心与军心有帮助。

然而迎请佛骨的次年(761 年)唐肃宗即积劳成疾而死去，唐代宗李豫上台。他于大历十三年(778 年)在法门寺立碑，即前文介绍过的《大唐圣朝无忧王寺大圣真身宝塔碑铭并序》，介绍了法门寺的历史。

第四次迎请佛舍利是在唐德宗时期。唐德宗李适热心于加强中央集权，打破藩镇割据的局面，本对佛教并不倾心，登基第二个月就下令从今“不得奏置寺观及度人”，建中元年(780 年)，有人献金铜像也不接受。但他削藩的举动遭遇到藩镇势力的强烈反击，建中四年(784 年)，朱泚之乱，叛军攻入长安，自定国号为秦。德宗被逼逃入汉中避祸，后来仰仗其他军阀势力才平息了叛乱，从此德宗心灰意冷，放弃了削藩的努力，而归于佛教。恰好在他执政时期的贞元六年(790 年)，到了“三十年一开”的时机。他迎请佛骨，由于唐王室刚经历战乱不久，时间并不长，前后不过月余。

第五次迎请佛骨是在唐宪宗时期，并且因此与韩愈发生冲突，将韩愈贬往广东潮州。宪宗虽是被宦官拥立的，但颇有作为，他执政 15 年(806—820 年)，着力削藩并部分成功，加强了中央政权的威望与权力，被后世称为“元和中兴”。宪宗本人信佛教甚笃，曾封华严宗四祖澄观为“僧统清凉国师”，管理天下僧众。元和十四年(819 年)，宪宗迎请佛舍利，他曾亲启宝塔，亲奉佛灯，十分虔诚，认为佛教能“济群迷于彼岸，渐诸妄于此门”，对民众有教化作用。

第六次迎奉佛舍利是在唐懿宗时期，懿宗李漼，荒淫无道，国内烟尘四起，叛乱纷纭，在治国无能的情况下，懿宗将希望完全寄托在了佛陀的护佑上了。咸通十二年(871 年)八月，就开始为一年后的迎奉佛骨做准备，敕造捧真身菩萨，金花锡杖等供奉物。咸通十四年(873 年)三月二十日，组建了迎舍利班子，成员都是当时的名人，包括大臣、高僧、僧官、地方官等。也许是当时百姓们都预感到了即将到来的乱世，这次迎佛骨表现得非常疯狂，有断臂于佛前的，有断指于佛前的，当然更多的是断发供养的，更有甚者曰“炼顶”，以艾草置头顶，以火烧之，乃至头顶焦烂，倒于地面。据说当时有谏官以宪宗迎佛骨晏驾来试图阻止懿宗，懿宗说“生得见之，死亦无恨”，态度非常坚决。没有料到一言成谶，当年懿宗去世，僖宗李儇上台，于当年十二月将舍利送还法门寺。沿途百姓争相送别，耆老们感叹说，“六十年一度迎真身，不知再见复在何时”！即俯首于舍利前，呜咽流涕。王公大臣、贵妃贵妇们都纷纷出各种宝物供养，由当时著名的密宗大师智慧伦按照密教礼仪将佛骨送入地宫并封闭。这是封建帝王时代的最后一次迎请佛骨运动。

三、五代与宋时期的法门寺

五代时期，宝鸡地区的军阀李茂贞曾对法门寺进行过长达二十年的修复与重建，这当然是法门寺历史上的大事，有必要给予介绍。李茂贞，河北人，无家庭背景，在唐末年镇压黄巢大起义中以军功起家，后割据关中，成为一方军阀，与南方四川的王建、北方山西的李克用、东方河南的朱温对峙。可能由于自觉实力不足以称帝，他在唐朝灭亡后仍然使用唐朝年号“天复”。《大唐秦王重修法门寺塔庙记》中给我们介绍了他对法门寺的多次修复与重建。介绍如下：

舍利宝函

天复元年(901 年)，重修相轮塔，布施堂柱一条；天复十二年(912 年)，绕塔修建房舍二十八间；天复十三年，重建金像；天复十四年，建房舍十八间，天王像两铺，塑四十二尊圣贤菩萨，画西天二十祖师像并传法记，皆彩绘完毕。天复十七年，造八面铜炉，内外画八龙王。天复十九年至二十年，扩建墙舍四百余间，以及塔庭两廊，金刚经一万卷。天复二十年至二十二年，修复塔上琉璃砖瓦，穷华极丽，尽妙罄能，妙夺天工。

为了纪念李茂贞的功劳，建碑于法门寺。

从以上介绍可知，天复元年，李茂贞就开始了对法门寺的修复，可惜很快就被与朱温的战争打乱，起因是李茂贞将唐昭宗劫持到宝鸡，试图效仿曹操挟天子以令诸侯，引起有同样野心的朱温的攻击，经过长时间的争夺，朱温打败了李茂贞，将昭帝夺走。昭帝在朱温困城时期，只能以小磨磨面煮稀粥充饥。战乱使得李茂贞从天复元年到天复十一年长达十年时间无暇对法门寺进行修复。

李茂贞重修法门寺的原因可能有以下几点：首先，他自己是个佛教居士。宋张舜民的《画画墁録》记载，李茂贞曾在崆峒山受戒成为佛弟子。一介武夫，却放下屠刀，皈依佛教，《庙塔记》里说出缘由“恶杀好生，泣辜罪己”，即对自己早年的杀戮心存悔恨。这可能是李茂贞崇佛的原因之一。其次，李茂贞崇佛可能还受到其夫人刘氏的影响，清朝达灵阿《重修凤翔府志》存有刘氏墓志，讲其笃信佛教“依奉能仁之教，诵持大乘之文”，甚至说刘氏愿意“舍身禳蝗灾”，可见信佛之笃。最后，李茂贞割据关中，实际上是个独立王国，他想利用佛教来辅助教化，用佛教作为意识形态来麻痹人们的思想。

宋代的法门寺名“重真寺”，已经失去了皇家寺院的地位，但仍不失为关西名刹。据太平兴国三年（979 年）的《法门寺浴室院暴雨冲注唯浴室镬器独不漂没灵异记》记载，法门寺的浴室院，“缁侣云集，凡圣混同，日浴千数”。并且有以杨延昭为首的结缘社众给予支持。说明法门寺在失去皇家地位后与民众的关系反而更紧了。

重重棺椁

宋代《普通塔记》记载了僧智顒的故事。智顒，俗姓李，京兆武功人，重真寺天王院沙门，看到法门寺附近游方僧人的遗骨散落于地面无人收拾，遂于庆历二年（1042 年）建普通塔，收僧人遗骨四十余殓之。有众多僧人前来游方，说明法门寺当时还是颇有感召力的。

大宋咸平六年(宋真宗时期的 1003 年)的《重真寺买田庄记》记载有当时寺主志谦和尚购买田庄的记录："余与师兄志永、师弟志元，去寺北隅，置买土田四顷有余，又于西南五里，买来水磨一所，及沿渠田地，一则用供僧佛，一则永滋法嗣……且列所有土田段数如下：寺南……二十亩；寺后东北……八十五亩；东北一段计四十五亩，东北上地一段五十五亩；东北上地一段三十亩；东北上地一段四十五亩；正北上地一段计二十五亩，正北上地一段计七亩，西北上地一段共计五十亩，西北上地一段计三十五亩，西北上地一段计二十亩。庄子一所，有舍八间，牛三具，车一乘。"

志谦住持法门寺时期，拥有寺田共计 417 亩，均为能水浇的"上地"，庄园内有房舍八间、牛三具、车一乘、水磨一所。养活僧人大约二三十人。可以看到，法门寺此时虽然比之唐代衰落不少，但生活还是颇为宽裕的。

宋仁宗庆历五年(1045 年)的《法门寺重修九子母记》记载了北宋仁宗年间法门寺曾重修九子母殿的故事。碑文所讲的"九子母"，就是佛教所说的"鬼子母"，佛经讲其原本为夜叉鬼，生有五百个孩子，但还是经常去王舍城偷别人的孩子吃。佛陀一日将其一子藏匿，鬼子母四处找不到，非常伤心，去向佛陀求救，佛陀告诉她，你有五百个子女，丢掉一个你就这么伤心，你偷吃别人家的小孩，别人难道不伤心吗？鬼子母幡然悔悟，皈依佛教，佛陀还给她的孩子，她表示愿做儿童的守护神。碑文讲法门寺原有鬼子母像，但因年久倾倒毁坏。景祐年间，里人石匠薄钜鹿、魏德宣与清河房有邻，武威人安召商议修复，可惜为西夏边乱所阻，直到庆历五年(1045 年)才完工。当时的真身塔主为正辩大师，院主为广随法师，雕塑人为王泽，画工为任文德。乾州司理参军张爽撰文。碑文讲塑造鬼子母像的目的是希望"家钟余庆，业茂素封，惟慈有后。"反映了当时关中百姓的信仰状态。

宋徽宗时期曾大力推行佛道合流政策，对法门寺也非常重视。他曾为法门寺写了《赞真身舍利》一诗："大圣释迦文，□□等一尘；有求皆赴感，无刹不分身。玉莹千轮在，金刚百炼新；我今恭敬礼，普愿济群伦。"并为法门寺题写"皇帝佛国"四个字于山门之上。

四、宋以后的法门寺

金代法门寺仍名重真寺。金代法门寺最有名的僧人是法爽。《金烛和尚焚身感应之碑》介绍，法爽是京兆云阳人，少年即从万善寺普涓法师出家，曾学习经律论三藏，赴五台山礼拜文殊菩萨，后于崇寿寺礼拜禅宗的"善公"长老，言下开悟，后游方洛阳龙门宝应寺、乾元寺，认识了"基公"，被授予衣钵，让法爽住持洛阳善西堂一年。后到法门寺礼拜真身宝塔。又去长安永安寺与福昌寺遍阅藏经。法门寺净土院"因公"，请法爽到法门寺净土院住持。

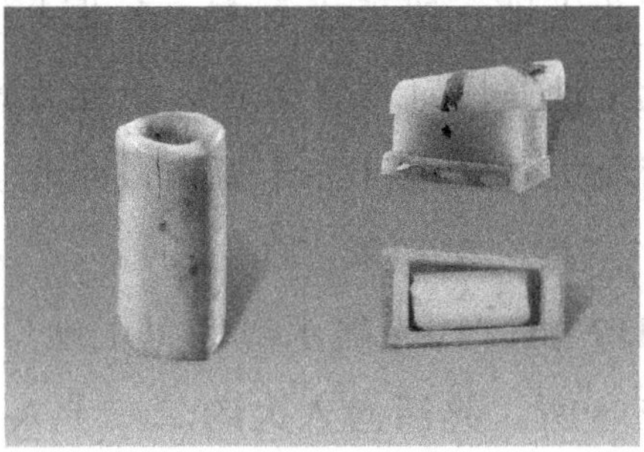

佛骨舍利

法爽喜读《法华经》，求生兜率净土，曾在真身塔东西两侧造二石经幢，东幢刻有观音像，一日忽见甘露法水从幢而下，三日乃止。法爽认为是自己的诚心感应所致，受此启发，决心仿效《法华经•药王品》中药王菩萨的做法，焚身供养。他在寺东南构建宝塔十九座，于金大安二年(1210 年)三月十七日夜，法爽头戴五佛冠，身披褐色僧衣，诵偈语云："诸恶莫做，众善奉行，自净其意，是诸佛教。"最后又嘱托僧众："辞别，各需努力。"随即点燃烈火，合掌诵经而圆寂，被时人尊为"金烛和尚"。

金烛和尚所生活的年代，儒家已经占据主流地位，佛教逐渐被边缘化，加之禅宗兴起，将彼岸拉回现世间，强化了中国人重视现世而忽视来世的心理。佛教方面也试图扭转颓势，在与儒家抗衡中为自己争得一席之地。同时期(1210 年)所立的《谨赋律诗九韵奉赞法门寺真身宝塔碑》中，当时的师伟和尚就写下了“三级风檐压鲁地，九盘轮相壮秦川”的诗句。讲法门寺的风檐(代表佛教)能压倒鲁地(孔孟的故乡，代表儒教)，表达了作者崇佛反儒的倾向。在这种思想背景下，金烛和尚的焚身之举，其意义就不仅仅是自身修行的个体意义了，客观上也能极大地提示人们对来世的关注，这种震撼人心的行为客观上能为佛教起到宣传作用。我们常偏重说宋以后儒释道三教逐渐融合的一面，师伟和尚与金烛和尚则为我们提供了三教互动的另一个方面。

金代法门寺的藏经情况，《法门寺藏经碑》有介绍：“搜索四十九年……五千余卷……并诸贤圣集记，不啻万卷。”金皇统元年(1141 年)，僧人永显等对这些经卷进行了修补，但不幸又遭遇兵革，仅剩余二千卷。至金大定二十四年(1185 年)，主僧义高又率众将经文修补。刻碑以记功德。

从法爽游方的经历看，他东游山东、汴梁、洛阳、燕山，拜谒各地名寺高僧，最后归于法门寺。可见金代的法门寺，仍是关西名刹无疑，与洛阳乾元寺、宝应寺等均为当时有名的寺庙。而法门寺藏经阁的众多藏书，可能在当时也为罕见。从金代留下的三块碑文看，有两块将法门寺称为“法门寺”，一块将法门寺称为“重真寺”，并且是在同一时期。这说明当时已经有很多人称“重真寺”为“法门寺”了。

元代时期诸帝崇尚藏传佛教，汉地佛教受到冷落，加之关中要地驻扎很多色目人，又崇信伊斯兰教，法门寺的衰落不可避免，具体情况由于元代文化衰退，无资料可证。

《重修法门寺大乘殿记》记载，明代永乐年间(1403—1425 年)，僧满忻曾住持翻修大乘殿舍利塔盖，更换瓦栈。但只算是小范围的修补而已。这里所说的“大乘殿”，实际上就是舍利塔所在的塔院大殿，“其制七间九梁，内挎四廊，外回背高，约有三丈栋宇，深沉大势，严整殆非他处可比。”另外，明宪宗成化年间铸造了一口重约 1500 斤的巨钟，挂在钟楼内，“法门晓钟”成为法门寺一景。

《重修法门寺大乘殿记》记载，弘治元年(1466 年)时期的法门寺仍有较大规模，“唐制二十四院、钟鼓楼、护法幢、九子母殿，并皆完俱。”宋徽宗题写的“皇帝佛国”四个字仍挂在山门上。

护法天王

由于满忻当时并未更新栋梁，导致后来大梁倾颓，瓦裂木坏，朽皮剥落。于是，本寺僧人通璟决心维修大乘殿。他汇集众檀那说：“为儒敬孔，黄冠重老，缁衣尊佛，此理势之必然。吾既为僧，舍佛何以为尊哉？”并于弘治元年(1466 年)组织大家重修大佛殿。通璟法师于弘治十八年三月(1505 年)圆寂，其徒弟清满、清泽等于当年四月立碑纪念。

五十年后的嘉靖三十四年(1555 年)，华县大地震，法门寺的四层回廊式木塔严重损坏。大明隆庆二年(1568 年)八月二十四日，关中大地震，木塔轰然倒塌。

真身塔倒塌，震惊了万千佛子。史载有位“西周大居士”自称“痴僧”，以恢复宝塔为志。他以铁链穿于肩，拖着长链四处化缘募集资金。曾留有诗一首：

“法门寺，成住坏，空中忽起痴僧债。百尺铁索挂肩筋，欲与如来增气概。增气概，尔勿苦，好待当年许玄度。”

痴僧所说的“许玄度”，西晋时著名的隐士，曾将家里房子捐给寺庙，家产也全部捐出。痴僧以许玄度的事迹激励信众捐钱重建寺庙。当时的扶风县令陈子需感动于痴僧的义举，将该诗刻于石碑，镶于法门寺西墙。

然而，在封建专制社会中，老百姓生活都极其穷困，光靠老百姓的捐助是不够的。万历皇帝上台后，年仅十岁，其母李太后实际上执掌了政权，她崇信佛教，下诏重建法门寺真身塔。李太后出身寒微，只是裕王朱载垕宫里的一名宫女，偶然被裕王宠幸了一次，怀孕生下了万历皇帝朱翊钧，后来因皇后无子，朱翊钧登基，李太后母凭子贵，掌握了政权。可能由于运气实在太好，李太后一直觉得自己受到佛教的恩惠，故对佛教非常照顾。《扶风县志》介绍，“明神宗万历七年至三十七年(1579—1609 年)，邑人党万良、杨禹佐主持社众修真身宝塔，历三十年艰辛修成十三级八棱砖塔。”当时的住持法师是成信法师。

工程有钱了就修，没钱了就停，故耗时久远。但明塔规格要远远高于唐塔，由四级上升为十三级，并且由木塔升级为砖塔，成为关中著名的文化景观。

明代重修法门寺真身塔时，地宫宝藏似乎已经被时人发现。《扶风县志》记载：“启其藏视之，深数丈，修制精工，金碧辉煌，水银为池，金船泛其上，内匣贮佛骨，旁金袈裟尚存。”如此，则法门寺地宫在明代确被发现，里面的大批珍宝为何没有被发掘？恐怕只能归于当时人们的保守秘密。倘若真的如此，我们不禁对当时群众的觉悟赞叹不止。

1644 年，清军入关，建立清朝。十年后的顺治十年(1653 年)，法门寺就迎来了一次小范围的修葺。《重建钟楼记》记录了法门寺钟楼残破，邑人重建钟楼的经过。法门寺那么多待修的殿阁，为何单单重修钟楼？可能是为了恢复“法门晓钟”的美景。清代曾有两位诗人留下了有关诗句，一首是清扶风知县刘翰芳的《法门寺晓钟》：“瞳瞳晓色未全分，无限钟声入梦闻；京兆虚传佛骨表，浮屠依旧矗青云。”另一首是清扶风县丞陈允锡的《法门晓钟》：“不妨葬佛地，谏表两并存；而我千年后，西来登法门。深山负夙志，浅学坠名根；默省方多疚，寺钟更晓昏。”

地宫宝器

第二年，即 1654 年 6 月 8 日，法门寺遭遇到了临近的天水八级大地震，致使宝塔向西南方倾斜，塔体出现裂痕，真身塔遭遇重创。

光绪十年(1884 年)的《重修崇正镇法门寺碑记》给了我们清末法门寺的一些信息。提到重修的原因是：“逆回掠境，长发侵疆。”文中所说的“逆回”是对同治元年(1862 年)陕西回民大起义的污称，“长发”指的是西捻军进军陕西与回军合流之事。造成的结果是：“烽烟四起，殿宇一空，神像于焉暴露，人心胥为感伤。……于是合镇绅民商贾之人等，共议重新之举，远募四方之资，大兴土木。遂建成大佛殿三间，东佛典、西佛殿各三间，铜佛殿三间，九子母殿五间，浴室佛殿三间，钟楼一座。”光绪十二年(1886 年)重修了禅院，光绪十四年(1888 年)，重修了北极宫。均有碑刻记之。

清朝时期的法门寺，规模日渐缩小，尤其是在回民起义之后，因为战火的破坏，虽又重建，但已经衰落到乡野小寺一般的规模了。

辛亥革命爆发后，寺院被改作学校，僧人流散。1921 年，军阀陈树藩一度将军队驻扎在法门寺，寺庙被破坏严重。但后来也曾有过小修小补：1924 年，法门寺重修了玉皇菩萨阁，1940 年重修了真身宝塔。

1929 年，陕西遭遇“民国十八年饥馑”，陕西人口减少了三分之一，1930 年，朱子桥将军奉印光大师委托，来陕西赈灾，开始了民国时期对法门寺大规模的一次维护。

朱子桥(1874—1941 年)，浙江绍兴人，1903 年，任东北三营统领，深受东北总督赵尔巽的赏识，后随赵尔巽到四川，辛亥革命时期任四川副都督，1931 年，九一八事变爆发后，朱子桥积极组织“抗日后援会”，并任会长，支持宋哲元将军在喜峰口的抗战。1927 年后，投身慈善事业，发起组建“华北慈善联合会”。朱子桥是佛教居士，皈依印光法师，陕西 1929 年大旱时，朱将军受印光大师之托，到陕西赈灾。

《重修法门寺真身宝塔碑记》记载了这次维修的缘由：一是感动于“塔之魏然挺立，历千数百年，风霜兵乱剥蚀之余，犹能永保其贞而莫之或动。”

二是感叹于"世之士女崇佛者往往掷巨资于有名无实之举，互相夸耀，而于佛之真身所在反茫乎若无所闻。"因此在朱将军的号召下，于1937年开始筹备修缮工作。1938年春，正式动工。为了防止文物丢失，朱将军还成立了文物保护委员会，对文物进行编号，记录，并使保管人员相互牵制与监督。1940年，修复工程完成，并于当年七月二十四日，进行了盛大的开光法会。

传说朱子桥将军在维修真身塔时，曾发现真身塔地宫，顶盖被打开后，里面忽然窜出四条大蛇，众人逃散，其中两人当场吓昏。朱将军看后告诫大家不要声张，以免被日寇知道后入侵陕西抢宝。此事只是传说，并无史料依据，倘若真的如此，关中百姓真是为保存国宝做出了巨大贡献，而他们朴实守信的性格，更让人赞叹喜爱。

五、新中国成立后的法门寺

20世纪80年代的法门寺

新中国成立后法门寺遭遇到的最大一次劫难是史无前例的"文化大革命"，法门寺珍藏千年的珍贵石碑被抬走修水利工程，有些被破坏，现已不知所踪。1966年7月12日，一群"革命小闯将"唱着革命歌曲，开进了法门寺，声言要"破四旧"，挖出舍利。住持法师良卿苦劝他们罢手无效，于是在院内堆满柴草，自己端坐其中，他告诉红卫兵们："你要破坏佛舍利，就先把我烧了！"红卫兵们不为所动，正当他们挖掘时，忽然浓烟滚滚，大家一看，良卿法师双手合十，端坐于火光中，他自焚了！也许是被良卿法师的举动所震撼，这群无知的人泄了气，一走了之。

良卿法师(1896—1966年)，河南偃师人，出家于宜阳灵山寺，俗名戚金锐，法名永贯，字良卿。后任灵山寺住持，1931年，应白马寺德浩住持的邀请，到白马寺，任监院。建国初年，在终南山南五台茅棚隐修，1953年，受邀请到扶风县法门寺任住持，与澄观、慧明、常慧、心如等为法门寺的各项工作奔走。

二十年后专业考古人员清理地宫时，发现了红卫兵所挖的深坑，与地宫口仅咫尺之遥。若不是良卿法师的义举，地宫宝物或许会被红卫兵破坏殆尽，独一无二的佛真身舍利也许会被砸碎无存。若真如此，法门寺将失去最宝贵的根基，将会和一般寺庙无甚差别，良卿法师以自己宝贵的生命维护了法门寺的未来。

十一届三中全会以后，拨乱反正，1979年，陕西省政府拨款修缮了大雄宝殿和铜佛殿。1980年澄观法师重返法门寺任住持，各项工作走向正轨，1976年松潘大地震，真身宝塔塔身裂缝逐渐扩大，1981年秋天阴雨连绵，泡软了地基，终于在8月4日凌晨1时57分，宝塔的一半塔身轰然倒塌，只留下另一侧伫立在风雨飘摇之中。

真身塔倒塌后近一年国内无人问津，相反在国外却引起了震动，日本、泰国、缅甸、尼泊尔、马来西亚、新加坡、香港、甚至苏联和德国、阿富汗、沙特阿拉伯等国的宗教组织都纷纷致电。终于，法门公社宝塔大队书记党林生联合部分群众向政府提出了修复宝塔的请求。后来人们才知道，这个党林生竟是明代万历年间主持修建明代十三级宝塔的组织者党万良的后代！这是因缘际会的巧合？还是冥冥之中的注定？

1986年12月，陕西省政府决定重修法门寺真身塔。在清理塔基的时候，意外地发现了法门寺地宫。参与发掘的学者韩伟的一段话后来广为引用："当我第一个举起手电筒，向这座刚刚启开的却已经封闭了1113年的地下宝库照射时，一股强烈的那个时代的云烟气息扑面而来，我看到了宗教信徒们的无比虔诚和敬意，看到了统治者为求得安稳而不惜耗费巨大的财富，也看到了那样一个被神学时代所统治的中世纪的风貌……”

法门寺新姿

法门寺地宫所出土的宝物中，影响最大的就是释迦牟尼佛的真身舍利。它被放于九重宝函内，外面放有类似的“影骨”，以防真骨被盗走或被破坏。要知道，唐武宗灭佛时，法门寺僧人就是用上交“影骨”的办法保护了真身舍利。有趣的是，地宫里还发现了“捧真身菩萨”，这种专门捧佛陀真身的菩萨不见于印度，大概是中国化的产物吧。

释迦牟尼佛的真身指骨舍利很快震惊了世界。1994 年 12 月 5 日，被泰国国王迎入曼谷供养 85 天，并举行了隆重的参拜仪式。民间约有 220 多万人前往顶礼膜拜。2002 年，真身舍利应邀到宝岛台湾展出，引起极大轰动。

法门寺出土的秘色瓷器也意义重大。秘色瓷，为晚唐五代时期专门为贵族陪葬用的瓷器，庶民不得使用，故称秘色瓷器。该种瓷器以色彩圆润冰洁著称，出产于越州(今绍兴)。但后来绝迹再无发现，长期以来，人们只能从“九秋风露越窑开，夺得千峰翠色来”的优美诗句中体会它的色彩与式样。法门寺出土的秘色瓷，终于为人们撩开了她们神秘的面纱。

法门寺出土的大批茶具也很有影响。有银笼子、银风炉、茶碾子、银匙、茶罗子、银坛子等等，这批茶具多是唐僖宗、懿宗时期的，反映了唐代丰富多彩的宫廷茶艺文化。

法门寺还出土了十八件伊斯兰玻璃制品。法门寺出土的伊斯兰玻璃虽然数量不多，但均为珍品，档次高，质地好。对研究唐代与阿巴斯帝国的文化技术交流很有意义。

法门寺还出土了大批金银器，包括金钵、银盒、银碟、银盆、金杖、银如意、银瓶等等。做工细致，质量上乘，对于研究唐代贵族宫廷生活很有帮助。

法门寺地宫出土的佛舍利供养曼荼罗壁画，对研究晚唐密教史有重要意义。20 世纪 90 年代，法门寺博物馆先后召开了法门寺历史文化研讨会、法门寺佛教学术研讨会、法门寺唐代茶文化学术研讨会、法门寺国际秘色瓷学术研讨会、法门寺唐密曼荼罗学术研讨会等大型专题学术会议，汇集各方专家，从多个方面、多个角度展开对法门寺文物的研究，“法门学”的理论框架已经基本建构成功，在世界上的影响肯定会越来越大。

进入 21 世纪以来，具有悠久历史的法门寺又迎来了新的发展契机。2007 年，曲江新区管委会与宝鸡人民政府组建了法门寺开发管委会，依托古寺，投入 25 亿资金，建设了现代化的法门寺景区。法门寺景区占地 1300 亩，由般若门、佛光大道、舍利广场、合十舍利塔等中心景观构成，规模宏大，视野开阔，现在已经成为陕西佛教文化、佛教旅游的重镇，必将对“文化陕西”的建设起到极大的推动作用。

参考文献

[1] 王亚荣. 陕西汉传佛教祖庭研究[M]. 西安：陕西人民出版社，2006.

[2] 畅耀. 华严寺[M]. 西安：三秦出版社，1993.

[3] 畅耀. 青龙寺[M]. 西安：三秦出版社，1986.

[4] 周仲民. 悟真寺[M]. 西安：陕西旅游出版集团，2013.

[5] 李永斌. 终南古刹[M]. 西安：陕西人民出版社，2015.

[6] 王宏涛. 西安佛教寺庙[M]. 西安：西安出版社，2010.

[7] 陈景富. 兴教寺：玄奘灵塔耀古今[M]. 西安：三秦出版社，2004.

[8] 樊耀亭. 长安兴教寺[M]. 西安：陕西人民出版社，1997.

[9] 陈景富. 大慈恩寺寺志[M]. 西安：三秦出版社，2000.

[10] 史生辉. 草堂寺寺志. 内刊，2005.

[11] 陈景富. 密宗祖庭大兴善寺[M]. 西安：三秦出版社，2002.

[12] 陈景富. 香积寺[M]. 西安：三秦出版社，1986.

[13] 陈景富. 广仁寺. 内刊，2003.

[14] 韩金科. 法门寺文化与法门学[M]. 北京：五洲传播出版社，2001.

[15] 张总. 中国三阶教史[M]. 北京：社科文献出版社，2013.

[16] 吕建福. 中国密宗通史[M]. 北京：中华社会科学出版社，2011.

[17] 王建光. 中国律宗通史[M]. 南京：江苏人民出版社，2008.

[18] 陈扬炯. 中国净土宗通史[M]. 南京：江苏古籍出版社，2002.

[19] 杨维中. 中国唯识宗通史[M]. 南京：凤凰出版社，2008.

[20] 潘桂明，吴忠伟. 中国天台宗通史[M]. 南京：江苏古籍出版社，2001.

[21] 魏道儒. 中国华严宗通史[M]. 南京：江苏古籍出版社，2001.

[22] 杜斗城. 河西佛教史[M]. 北京：中国社会科学出版社，2009.

后　记

在古城西安读博士的三年，是我最难忘记的三年。古都丰厚的历史文化，使我至今怀念不已。虽然回到老家洛阳四年了，我仍保持着每年都要到西安看看，到母校西北大学看看的习惯，并且以后永远都会如此。这里有我的老师、我的同学、我的朋友，已经成为我的精神家园。

在西安读博士期间，我出版过一本《西安佛教寺庙》的小书，获得广大读者的认可，曾有读者拿着该书到西安各寺庙游览朝圣，也有读者亲自到西北大学找我询问，笔者大受鼓励。但《西安佛教寺庙》一书，主要侧重于从横的方面去介绍各个寺庙的景点、大殿、神祇，对寺庙的历史介绍很简略。鉴于广大读者的期望，我也一直有写一本从纵的方面介绍各个祖庭历史的作品的愿望，与《西安佛教寺庙》组成姊妹篇。因此，当西安电子科技大学出版社的高樱女士邀我写一本《西安佛教祖庭》的书时，我就欣然同意了，我同时感到，弘扬长安佛教文化是受到西安培育三年的我的义不容辞的责任。为此，我在期刊网上查阅了大量的资料，在旧书网上高价购买了很多早已绝版的相关著作，为本书的写作打下了坚实的基础。在此要感谢陈景富、畅耀、樊耀亭、周仲民、王亚荣、李利安、张总、韩金科等老师筚路蓝缕的开创工作，本书的研究是在他们研究的基础上取得的。

感谢李利安老师在百忙之中给本书写序，为弟子微不足道的成果添油鼓劲，师恩如山，师情如父，我经常不知如何才能回报李师。

本书的出版，得到陕西出版资金的资助，在此表示诚挚的感谢。陕西省领导高瞻远瞩，对文化事业的支持，对弘扬文化的热情让人敬佩。感谢高樱对本书的贡献，可以说没有高樱的策划，就没有本书的写作与出版。本书从2012 年的立项申请论证，到之后申报的各个环节，都有高樱的辛勤努力，高樱还亲自到陕西省图书馆查阅资料，为本书的写作尽心尽力，我曾几次推迟交稿时间，真是愧疚不已。感谢西北大学的曹振明老师，曹老师是个老西安了，曾不辞辛苦地带我到各个寺庙去拍照片，找资料，现在回想起这段友谊，依然很怀念。也感谢李永斌等西北大学的诸位同门，给我寄资料，找信息。最后，特别感谢我的家人承担了大量的家庭工作，为我提供了宽裕的写作时间。

经过紧紧张张的写作，现在终于完稿。屈指一算已经两年多了，两年多没有停闲，所思所想都是各个祖庭。在本书即将完成之际，传来了陕西省打算将六大汉传佛教祖庭打包申请世界文化遗产的好消息。可以说，本书的出版恰逢其时。本书图文并茂，详略适宜，对各个寺庙的历史梳理清楚，是了解长安佛教文化的很好的参考书。在写作过程中，笔者也发现，西安佛教祖庭文化，有些资料还未公开，譬如净业寺、丰德寺所藏的古代碑刻不少，但均未公开，无法利用，诚为遗憾。如有关部门能组织对西安地区佛教相关碑刻进行整理出版，将对未来的申遗工作有很大好处，笔者也愿为此尽绵薄之力。

另外，本书也是河南省教育厅规划项目“河南佛教古寺庙的研究、利用与保护”(项目号：2014-GH-805)的相关研究成果之一。

本人才疏学浅，虽然竭尽全力，仍不免出现错误，如有方家愿意指正，可通过邮箱与我联系：luoyangwanghongtao@sina.com.

河南科技大学历史系 王宏涛

2015 年 6 月